新建本科院校教学质量保障体系构建与教学管理创新

刘 伟 著

吉林大学出版社
·长春·

图书在版编目（CIP）数据

新建本科院校教学质量保障体系构建与教学管理创新 / 刘伟著 .—长春：吉林大学出版社，2019.11
ISBN 978-7-5692-5935-3

Ⅰ.①新… Ⅱ.①刘… Ⅲ.①高等学校—教学质量—质量管理体系—研究②高等学校—教学管理—研究 Ⅳ.①G642.0②G647.3

中国版本图书馆 CIP 数据核字（2019）第 270302 号

书　　名	新建本科院校教学质量保障体系构建与教学管理创新 XINJIAN BENKE YUANXIAO JIAOXUE ZHILIANG BAOZHANG TIXI GOUJIAN YU JIAOXUE GUANLI CHUANGXIN
作　　者	刘伟 著
策划编辑	樊俊恒
责任编辑	刘佳
责任校对	赵莹
装帧设计	达诺传媒
出版发行	吉林大学出版社
社　　址	长春市人民大街 4059 号
邮政编码	130021
发行电话	0431-89580028/29/21
网　　址	http：//www.jlup.com.cn
电子邮箱	jdcbs@jlu.edu.cn
印　　刷	长春市昌信电脑图文制作有限公司
开　　本	710mm×1000mm　1/16
印　　张	13
字　　数	250 千字
版　　次	2020 年 6 月　第 1 版
印　　次	2020 年 6 月　第 1 次
书　　号	ISBN 978-7-5692-5935-3
定　　价	60.00 元

版权所有　翻印必究

前 言

随着我国经济社会的发展,人民群众日益增长的对高等教育的需求和高等教育资源供给严重不足之间的矛盾,日渐成为高等教育的主要矛盾。2000年以来,在"共建、调整、合作、合并"方针指引下,新建本科院校应运而生,经教育部批准,一大批地方高职高专或成人高校通过合并、升格、新建等方式组建成具有高等学历教育资格的普通本科高等学校。2017年10月,教育部高等教育教学评估中心发布的《中国本科教育质量报告》中显示,在2000年至2015年短短的16年时间里,新建本科院校有678所,占全国普通本科高校1219所的55.6%,已实实在在占据了我国高等教育的"半壁江山"。作为我国高等教育的重要组成部分,新建本科院校主要位于省会城市之外的地级城市,生于地方,长于地方,与地方有着天然联系,在推进高等教育大众化、促进高等教育公平、提高国民素质、建立人力资源大国、服务国家和区域经济发展等方面,发挥了重要的作用。

由于许多新建本科院校内部教学质量保障体系的建立在一定程度上是依靠政府外力推动,高校主体意识比较薄弱,因此,在质量保障环节中没有形成有机的、完整的、连贯的内部质量保障体系。《全国新建本科院校教学质量监测报告》在监测预警与建议中也提到,质量保障队伍结构问题突出,质量保障相关制度执行不到位。目前新建本科院校毕业生结构性失业,其主要原因之一是教学质量评估和监控环节方面出现问题,导致教学质量和人才培养与经济社会需求之间适应不良,结构性错位。此外,高校办学目标定位不明,教学管理体系陈旧落后、职责不清、权重失衡、师生参与教学管理积极性不强等都进一步阻碍了新建本科院校教学质量的提升,不利于高校人才培养目标的实现。2019届全国普通高校毕业生预计达834万人,就业工作面临复杂严峻的形势。因此,地方本科院校如何根据自身实际情况,在组织机构和教学管理机制层面进行有效的变革,建立行之有效的院校内部教育质量监控与保障体系，走以提升教育质量为核心的内涵式发展道路，提高毕业生的就业质量，成为相关研究领域关注的热点。这些也正是本书的写作背景及阐述重点。

具体来说，本书在编写上具有以下特点：首先，论述结构严谨，说理性强。因为新建本科院校质量保障体系是一个复杂的、系统化的工程，要对其进行准确的理解、分析以及完善，必须要有充实的理论作为基础，而充实的理论阐述又必须借助于严谨的论证结构；其次，篇章设置逻辑分明。本书遵循"概述阐述—顶层设计—教学管理创新—师生参与"的基本思路进行编写，符合认识问题、解决问题的基本思维，逻辑清晰；最后，内容充实，有"问"必有"解"。本书在阐述中不仅对当下新建本科院校质量保障体系各环节的问题进行了归纳和论述，而且力求论述的完整性，凡有"问"必有"解"，针对每个问题都提出了笔者自己的解决建议和对策，力求为我国新建本科院校的教学质量提升奉献一些微薄之力。

书中若有疏漏或不足之处，敬请读者批评指正，以便本书的进一步完善。

编　者

2019 年 4 月

| 目 录 |

第一章　新建本科院校教学质量保障体系概述 … 3

第一节　相关概念与理论 … 3
第二节　新建本科院校概述 … 5
第三节　教学质量保障体系概述 … 9

第二章　新建本科院校内部教学质量保障体系构建研究 … 14

第一节　新建本科院校教学质量保障体系概述 … 14
第二节　新建本科院校内部教学质量保障体系的构建 … 18
第三节　新建本科院校内部教学质量保障体系的完善与创新 … 22

第三章　新建本科院校实践教学质量保障体系构建研究 … 28

第一节　新建本科院校实践教学体系相关理论概述 … 28
第二节　新建本科院校实践教学体系存在的问题 … 35
第三节　实践教学体系存在问题的原因分析 … 37
第四节　新建本科院校实践教学体系的构建 … 39

第四章　新建应用技术型本科院校教学质量保障体系构建研究 … 58

第一节　我国新建应用技术型本科院校质量保障体系的现状与问题 … 58
第二节　新建应用技术型本科院校教学质量保障体系的运行机制 … 63
第三节　新建应用技术型本科院校质量保障体系的完善策略 … 69

第五章　新建地方本科院校教学质量保障体系构建研究 … 82

第一节　新建地方本科院校教学质量保障体系的形势分析 … 82

第二节　新建地方本科院校教学质量保障体系的构建 …………… 87
　　第三节　完善新建地方本科院校教学质量保障体系的对策 ………… 97

第六章　新建本科院校教学管理创新概述 ……………………………… 103
　　第一节　新建本科院校教学管理概念及理论 …………………………… 103
　　第二节　新建本科院校教学管理创新 …………………………………… 109
　　第三节　新建本科院校教学管理问题分析与对策 ……………………… 113

第七章　新建本科院校教学管理的问题分析与对策研究 ……………… 118
　　第一节　新建本科院校教学管理的主要问题 …………………………… 118
　　第二节　新建本科院校学院教学管理问题形成的原因 ………………… 122
　　第三节　加强和改善新建本科院校学院教学管理的目标与思路 ……… 125
　　第四节　加强和改善新建本科院校学院教学管理的原则和举措 ……… 132

第八章　新建本科院校教学管理组织与队伍问题分析及对策研究 …… 137
　　第一节　新建本科院校教学管理组织与队伍存在问题 ………………… 137
　　第二节　影响新建本科院校教学管理组织与队伍建设的因素 ………… 140
　　第三节　新建本科院校教学管理组织与队伍的整改建议 ……………… 144

第九章　新建本科院校教学管理模式的改进与创新 …………………… 151
　　第一节　新建本科院校基于契约理论构建的教学管理模式 …………… 151
　　第二节　新建本科院校人性化教学管理模式创新 ……………………… 164
　　第三节　新建本科院校实践教学管理模式改进与创新 ………………… 172
　　第四节　大学生参与教学管理模式的创新研究 ………………………… 182
　　第五节　构建基于学生满意的教学管理创新模式 ……………………… 192

参考文献 …………………………………………………………………… 198

后记 ………………………………………………………………………… 203

第一章　新建本科院校教学质量保障体系概述

21世纪初，随着我国政治、经济、教育体制改革的快速发展，新建或新组建了一批本科院校，这些院校已经成为高等教育事业中不可或缺的新生力量。新建本科院校多是由专科院校升格或是几所相同或不同层次学校合并组建升格的院校，很大程度上增加了人们接受高等教育的机会。由于新建本科院校学科建设起步晚，起点低，处于转型期，因此各方面的基础和条件都比较薄弱，在院校发展目标定位、教学与管理等方面存在着一系列问题。如何在新的形势下，以《普通高等学校本科教学工作审核评估方案》为契机，提高新建本科院校的教学质量，促进其发展，是各新建本科院校必须解决与完善的现实问题。

第一节　相关概念与理论

一、新建本科院校

新建本科院校是指为顺应我国高等教育大众化趋势和满足社会各界对高素质人才的需要，由几所专科学校合并或由一所专科学校经教育部批准升格而形成的本科院校。这些新建的本科院校多数建立在经济尚不发达的地级城市；体制上隶属于学校所在地的省（直辖市）地方政府部门管辖；办学上本科、专科教育并存，多数仍以专科教育为主。它们担负着为广大经济相对落后地区培养大量实用型或技术型人才以及振兴地方经济的责任。

二、教学质量

教学质量在不同的场合其意义往往不同。教学质量是人才培养规格的整体结构，是学校办学和教学管理的总体成果，是一个不断发展提高的动态过程。教学质量是一个有特定质的规定性的有机整体。如果把人才培养的规格结构各因素看作信息，我们就可以把教学质量看作是一个具有特定内容的信息综合体，即社会对人才的需求及高等学校适应社会需求程度的信息综合体，包括人才的思想素质、专业知识和职业技能水平、身体素质及心理品质等。教学质量又是学校办学和教学管理的总体成果。从管理的角度看，教学质量是对教学过程进行科学管理和控制的结果。这个"管理"包括：教学要素自身按照规律进行组织及运行；管理部门对各教学要素进行统一协调的组织与管理。由于社会在进步，科技在发展，教学质量的标准和内涵也会随之改变。因此，教学质量不是静止的某一状态，而是一个不断发展提高的动态过程。在高等教育界，传统的教学质量观已逐步转变为包含知识、能力等智力因素与非智力因素全面发展的素质教育观，科学教育与人文精神趋于相互结合，以培养高科技与高素质的人才，由单纯追求数量增长转变为数量增长与质量提高并重，注重规模、结构、质量、效益协调发展，这可以理解为可持续发展的质量观。

三、教学质量保障体系

教学质量保障是管理机构为实现教学质量目标，运用一定的管理手段和程序，作用于教学系统各要素并使各要素间组成优化的结构，从而使教学系统高效运转并发挥最大功效的过程。它是学校全员（含师生员工）参与的、贯穿教学工作和教学管理工作全过程的、涉及教学系统各要素全方位的一种质量保障体系。教学质量保障体系由全员、全过程、全要素组成，分别对应着组织系统、程序系统和教学系统。

四、新建本科院校的办学定位

新建本科院校的师资队伍建设，以及围绕队伍建设开展的师资管理工作是为学校的办学目标服务的。因此，厘清新建本科院校的办学定位对于明确师资队伍建设和管理的目标、任务及其路径具有重要的指导意义。

新建本科院校由于多数属地方办学，办学地点主要集中在地市级城市，因此，其办学定位主要是为地方经济社会发展服务，培养地方经济社会发展所需要的人才。新建本科院校要在地方经济社会发展中体现其功能和价值，在学科专业建设上必须充分考虑本地区经济结构、产业结构的特点及发展趋势，并结合其特点及其发展趋势加强学科专业建设和改造。从新建本科院校的人才培养定位来讲，这类院校主要承担着为地方经济社会发展培养应用型的技术、管理人才；从科学研究定位来看，主要担负着解决影响地方经济社会发展的科学、技术和管理等方面的问题，以应用型研究为主。

五、新建本科院校师资队伍建设和管理的目标

为了满足新建本科院校定位的需要，进而对新建本科院校的师资队伍提出更高的要求。师资队伍是新建本科院校办学的主体力量，新建本科院校又担负着为地方经济发展培养所需人才的历史使命。因此，建立一支数量充足、结构合理、水平较高，"留得住、用得上、用得好"的教师队伍，是这类院校师资队伍建设和管理的目标。

第二节 新建本科院校概述

一、新建本科院校发展的历史环境

1999年我国共有1 942所高等学校，普通高等学校1 071所，成人高校871所，在校学生413.42万人，高等教育毛入学率达到10.5%。此时我国教育发展水平相对较低，教育观念、教育体制、教育结构、教育内容和教学方法相对滞后，还不能适应提高国民素质和实现现代化目标的需要。为了顺应时代与社会快速发展，适应产业结构调整和技术升级，助力市场经济体制的完善与发展，满足对各类人才的需求，减轻20世纪80年代出生的独生子女即将步入社会所面临的就业竞争压力，适应我国加入世界贸易组织所面临的国际竞争，达到广大学生接受高等教育、提高全民素质的愿望，实现由精英教育向大众教育阶段的过渡，减轻高等教育面临的压力，国家和社会对高等院校人才的培养提出了新的要求。党中央、国务院全面分析了我国高等教育基本情况、全民素质、人才与知识结构，以及所面临新的机遇与挑战，清楚地认识到国家的综合实力和国际竞争力将越来越取决于教育发展、科学技术和知识创新的水平，并在1999年先后颁布了《面向21世纪教育振兴行动计划》《中国教育改革和发展纲要》和《中共中央、国务院关于深化教育改革全面推进素质教育的决定》等文件。这进一步把科技进步、人才竞争与全面振兴教育事业、实施科教兴国战略密切联系起来，并做出了加快高等教育改革发展、扩大高等学校招生规模的重大决策。

在"共建、调整、合作、合并"方针指引下，我国高等教育结构进行了调整，部分办学历史较长、办学条件基础较好、办学水平相对较高的高职高

专或者成人院校独立升格为本科院校,将几所相同或不同层次的学校合并重组升格,并经教育部批准而成立了本科院校。2000年—2015年,短短的15年时间里,我国新建本科院校(不含独立学院)扩展到403所,接近全国普通本科高校的一半,同时我国还有近300所独立学院,新建本科院校的发展从根本上改变了我国高等教育格局。新建本科院校在我国政治、经济、教育体制改革进程中以各级政府为主导,在政策与社会需求等各种因素影响下,招生规模不断扩大,生源数量逐年增加,高等教育事业得到了快速的发展。

二、新建本科院校存在的主要问题

在我国新建本科院校升本之初,学校中过去不同的办学层次向本科转型,单一学科专业向多学科专业转型,教学与管理也转型为本科教育模式。部分新建本科院校存在着办学定位不准、定位不清、定位模糊,对学科建设内涵缺乏深刻认识和了解等问题,部分新建本科院校办学目标好高骛远,在办学定位上普遍存在盲目攀高现象。譬如部分新建本科院校,在发展目标定位方面,提出"国内一流""行业一流""进入省内高校先进行列""创省内一流大学水平"等办学定位目标,严重脱离实际。从我国近百所本科院校教学合格评估来看,新建本科院校的定位方向,主要集中在发展目标定位、办学类型定位、办学层次定位、人才培养定位、服务定位上,缺少科学研究定位等核心定位要素。这种不按照社会趋势,不遵循教育发展规律办学,脱离自身办学条件和办学水平的目标定位方式,导致新建本科院校在制定发展规划中,盲目追求高起点、高目标,脱离实际,对学科建设影响很大。

新建本科院校多设置在地市级城市,隶属"省市共建"的管理体制,在教育经费方面处于弱势地位。新建本科院校各方面基础和条件相对薄弱,面临着基础差、底子薄等一些问题,不同程度影响着学校的建设与发展。主要表现在以下几方面:首先,部分院校存在资金不足、办学条件欠缺、教学基础设施一般、办学设施投入不到位、缺少实践教学条件、管理不善等问题;其次,专业结构不合理、师资力量不足、师资队伍建设力度动力不足等;最后,人才培养模式落后、学校定位存在误差等。由于新建高等院校面对激烈的生源与就业市场竞争,产生了许多矛盾和问题,因此高等教育发展不仅受自身办学条件的约束,也受高等教育自身规律的约束与社会发展环境的制约。新建本科院校应按教学审核评估的核心教学评价与要求,进一步明确办学指导思想、办学理念、办学目标、办学层次、办学类型和办学特色，站在高等教育与地方经济社会发展角度，确立具有发展潜力的学科、专业，做好前瞻性和可行性研究。避免带有片面性和模糊性，甚至把原来升本科院校前的一些办学优势、特色、文化积淀甩掉，盲目追求与模仿其他重点大学模式建设发展，将新建本科院校的目标定格为教学型、研究型、学术型等办学模式，导致新建本科院校出现学科过多、办学规模过大、发展目标定位模糊等问题。甚至个别学校出现教学质量滑坡的问题，影响着学校育人环境和学生素质能力的提高。

三、新建本科院校办学理念与发展思路

（一）明确学校办学目标和科学定位

明确办学目标和科学定位是高等院校办学指导思想的核心，也是既有重大意义又有长远意义的课题。办学目标定位不正确，不但会造成人、财、物等教育资源的浪费，也会影响学校的办学质量、招生生源质量以及信誉、效益。明确办学目标和科学定位是高等院校准确定位的基础，是提高教育质量和人才培养的关键，也是新建本科院校制定发展规划、拟定各项规章制度的理论依据。

高等学校的定位是指高等学校根据自身条件、职能、国家和社会需要，以及学生需求，遵循扬长避短的原则，参照高等学校类型和层次的划分标准，经过纵横向分析和比较，在清楚地认识自己的基础、优势和不足的基础上，准确把握自身角色，并确定在一段时期内的服务方向、发展目标及任务而进行的一系列前瞻性战略思考和规划活动。新建本科院校在办学目标的明确和科学定位上要做到：必须遵循高等教育和社会经济发展对各类人才的需求，站在新建本科高等院校教育新的转折点上，分析本校自身基础、条件、职能、师资、教学、学术、科研、生源质量等因素，参照其他本科院校的办学目标和定位，认清本校的基础和优势，遵循教育和管理科学规律；结合本校办学条件和办学水平，充分借鉴国内外其他本科院校的办学理念与发展思路，结合我国高等教育改革发展状况，立足于院校基础，充分利用和发挥升本前办学优势和办学特色，结合并突出新建本科院校的整体办学实力和核心竞争力，强化优势专业，围绕特色专业创建交叉学科和专业，形成以优势和特色专业为核心的学科体系；面向本校教育教学和社会与地方经济建设，突出本校特色和地方特色，坚持持续、健康、稳定发展；制定符合自身发展的办学定位目标。

(二) 以本科教学审核评估为契机，努力提高人才培养质量

高等学校本科教学审核评估是提高本科教学质量的有力保障。高等教育评估必须以科学的质量观为指导，以达到高等教育目标为标准，促使高等院校依据本科教学审核评估的要求解决问题。新建本科院校教育教学要依据相关要求推动改革步伐，明确办学定位和办学理念，改革教学内容和方法，加强教学内涵和学校特色建设；坚持走改革创新之路，进一步加大对学校基础设施、教学硬件、师资队伍、专业与学科、课程与教材建设的力度，改革学校教育教学体制，优化学校治理结构，建立健全教学管理制度，规范学校本科教育教学管理工作；提高办学水平和办学质量，建立先进的高等教育本科人才培养体系，树立面向社会、面向世界、面向未来的大教育观。

以新的教育理念，寻求适合自身的发展空间和切入点，营造良好的育人环境，走地方性、应用型发展之路，为促进地方经济社会和科学技术的协调发展培养高层次的人才。

(三) 完善高等教育教学质量保障体系

随着高等教育规模的扩大，高等学校面向社会自主办学力度的增大，高等学校教学管理工作面临许多新情况、新问题。而新建本科院校面临的情况更为复杂，各院校之间因管理理念、管理模式、办学基础等情况不同，不同程度地出现了教育教学质量的差异。所以，新建本科院校应在全面贯彻和落实《普通高等学校本科教学工作审核评估方案》《关于进一步深化本科改革，全面提高教学质量的若干意见》《关于做好普通高等学校本科学科专业结构调整的若干原则意见》等文件精神基础上，加快转型改革与发展步伐，在学习与借鉴其他高等学校本科专业设置与教学改革总体思路的基础上，围绕教育教学质量，以全面实施素质教育为主题，以提高本科教学质量为核心，以本科高等教育面向社会需求为导向，不断优化学科专业结构调整，全面加强教学监控体系，以新的理念推进高等院校教学管理改革和教学质量保障体系建设，实现教育管理理念、教育管理体制、教学管理模式、教学管理队伍和教学管理激励机制的创新，建立与完善符合本校特点、特色的，较为合理的高等教育教学质量保障体系。

综上所述，新建本科院校学科建设是一个系统性工程，确立合理的办学定位极为重要。我国著名教育学家、中国高等教育学会顾问潘懋元教授指出："高等教育改革和发展的一个问题是如何引导高等教育发展与社会现代化建设

相适应，使高等教育合理分类、科学定位与特色发展。"① 新建本科院校应在认真贯彻《国务院关于加快发展现代职业教育的决定》(国发〔2014〕19号)、《教育部、国家发展改革委、财政部关于引导部分地方普通本科高校向应用型转变的指导意见》(教发〔2015〕7号)等文件精神的基础上，进一步明确本科办学定位，发展目标定位，建立和完善教学质量保障体系，形成不断提高教学质量的长效机制，提升育人能力，使办学层次与办学水平适应高等教育改革发展与社会的需求。

第三节 教学质量保障体系概述

一、教学质量保障体系及其构成要素

高等学校教学质量保障体系是对高校的培养目标、教学计划、教师、学生、教学设施进行评价与调控的系统，是把教学过程的各个环节、各个部门活动与职能合理组织起来，形成一个任务、职责、权限明确的，能相互协调、相互促进，以达到最优化状态的有机体系，是整个人才培养质量保障体系的基本和核心部分。教学保障体系一般分为七个部分，即教学质量保障指挥系统、教学质量信息收集系统、教学质量信息处理系统、教学质量评估与诊断、教学质量信息反馈系统、教学条件保障支持系统以及质量文化建设系统。

（一）教学质量保障指挥系统

由学校的教学主管校长及教务处等有关部门组成。主要任务是确定学校教学质量管理的目标、教学质量的标准，协调学校内部各种教学质量管理活动的关系，制定有关教学活动的政策和措施，总结学校有关教学管理活动的经验和理论，建立规范化、科学化的教学质量管理的运行机制。这个系统是促进学校教学质量不断提高、确保教学目标实现的关键。

（二）教学质量信息收集系统

科学地进行教学活动评价，应该有一套科学收集信息的办法，并设置一个教学质量信息的收集系统。信息的收集应该是多渠道的，包含专家的信息、教学督导组的信息、校领导听课的信息以及学生听课的信息。

（三）教学质量信息处理系统

把大量的信息收集来了以后，究竟如何对一个老师的教学效果进行全面

---

① 郭超. 新建本科院校的转型发展与办学定位研究[J]. 职教论坛，2016(17)：58-62.

的、科学的评价，也是非常重要的。不能听某个老师的一堂课或者一个学期的课，就对这个老师做出评价，需要做进一步的信息处理工作。同时，在信息的来源是多渠道、多方面的基础上，还要有足够的、长时间段的样本量，才能保证信息处理的科学、合理和公正。

（四）教学质量评估与诊断系统

评估与诊断，包括信息处理完毕后对结果的全面分析工作，是进行教学评价的重要环节之一。其目的是为了帮助教师改进教学，促进学生、教师和管理人员之间围绕学校的办学目的和教学目标建立更为密切的关系。

（五）教学质量信息反馈系统

评估和诊断后，要将结果反馈给被评估者，目的是帮助他们改进和提高。现在学校的教学质量信息反馈是在网上进行的，网上有一个三级查询系统，校长可以查询全校教师的评估结果，系主任可查询本系全体教师的评估结果，而教师本人只能看自己的评估结果。教师看到学生或专家对自己的评估，就可以去分析怎么提高、如何改进。

（六）教学条件保障支持系统

教学条件是保证教学质量的物质基础。教学条件支持系统由学校教学服务部门，如教务、财务、后勤、设备等处室构成，任务是围绕"输入保障—过程保障—输出保障"的机制，来分析实现教学目标所需要的必备条件，进而为质量保障提供必要的人、财、物的支持。

（七）质量文化建设系统

高校质量文化，是指学校内部成员的质量行为模式及由此体现出来的质量价值观念和质量行为规范的总和，是教学质量保障系统有效运行不可或缺的支持条件。质量文化建设是学校所有部门的共同职责，只有当质量成为全校教职员工共同的内在追求并自觉行动时，学校保障教学质量的所有努力才能取得预期的效果。

二、当前学校教学质量保障体系运行中存在的主要问题

（一）教学质量保障体系建设观念不强

目前学校实施的以监控评价为核心的教学质量保障体系，存在着重评价结果而轻过程跟踪，重考核评价而轻分析改进，重校内反馈而轻社会反馈，重监控规范而轻监控质量等问题，尤其是监控体系对教师和学生自主意识的负面影响，使现有体系对人才培养质量的提升作用有限；教职工质量保障意识有待加强，部分人员对质量保障认识不到位，全员参与意识不强，质量文

化建设尚有一定差距。

(二) 教学质量保障体系建设不完善

学校现行教学质量保障体系组织管理体制尚不健全，质量监控队伍的成员多数既是教学管理人员，又是质量监控人员，管评一体影响了监控评价的客观性和准确性；管理目标决策过程缺乏外部信息的收集和分析机制，目标任务与人才培养质量的关联度缺乏清晰的分析依据；缺乏教学资源保障体系，造成资源建设与教学需求之间容易出现脱节现象；偏重于对教师理论课课堂教学活动的监控，对课堂之外的其他教学环节监控不够，对学生的学习情况监控不到位。

(三) 校、院 (系) 两级教学质量管理落实不到位

学校制定了校、院 (系) 两级管理制度，但在运行过程中措施落实不到位，学校层面的管控仍占主导地位，教学院系自主管理的主体作用没有充分发挥，少数教师和教学管理人员对教学质量管理的全员性和全程性认识不足，主动执行质量标准的意识不强，质量管理过程的落实和执行力存在一定偏差。在学生毕业论文（设计）选题、答辩指导、实习实训指导等过程管理方面不够严格，导致学校质量监控效能被弱化。

(四) 教学管理队伍建设需要进一步加强

教学管理人员"双肩挑"比例较大。部分教学管理人员从事教学管理时间较短，管理经验不足。由于事务性管理任务繁重，部分教学管理人员对高等教育管理研究不够深入，对教学管理中存在的问题思考和分析不足，教学管理研究成果比较少。

(五) 教学质量监控的信息化程度有待提高

在教学质量监控过程中，没能充分发挥利用现代化技术手段提高信息收集、分析、处理、反馈的作用，教学基本状态数据库建设及有效利用尚需进一步探索和实践。

三、完善学校教学质量保障体系的思考

(一) 以新的理念推进教学的质量保障体系

应牢固树立以人为本的思想理念，营造宽松的育人环境和严谨科学的质量管理，调动教学服务的积极性、主动性，建设形成有活力的、科学的教学质量保障系统。按照"预防为主，监管结合、全程管理、过程控制、深度分析、注重改进"的原则，做好教学质量保障系统的设计工作。各职能部门、教学单位及教学辅助机构围绕人才培养这一中心任务，统筹协调各系统间的

关系，优化学校人、财、物、事、信息等教育教学资源。师生员工必须增强责任心，加强质量意识，并积极主动参与质量建设，保证各教学质量管理系统有效运行。

（二）进一步完善目标管理，建立全面的教学质量保障体系

以人才培养为目标，重构管理目标体系，在原有的目标任务决策程序中，建立政府、社会及毕业生参与的外部信息收集及反馈机制，提高人才培养结果信息对管理目标的指导作用。完善组织管理，校内增加专业教师、学生代表；校外聘请行业专业人员参与质量管理，引入独立评估机构辅助管理目标的决策。充分调研和借鉴其他普通高校的先进经验，构建本校教学质量保障体系的基本框架，并在广泛讨论和集中意见的基础上梳理系统与系统之间、系统内部各层次与相关制度的逻辑关系，形成各系统的基本内容，在此基础上，依据管理岗位，明确管理职责，优化管理流程，制订岗位质量标准及评价办法并推行实施。贯彻落实校、院（系）两级管理制度，充分发挥院系办学的积极性、主动性，增强院系办学活力，通过实施常态化的校内自我评估制度，建立和完善院系本科教学、专业建设、课程建设、实验教学、毕业论文（设计）等方面的评估体系，有计划地开展专项评估与院系综合评估，以评促建，以评促管。提高教师对教学质量管理的认识，全面提高教学质量及教学管理水平，进一步明确教学管理岗位职责，强化薄弱环节管理，提高管理人员素质，确保教学管理运行通畅、高效。

（三）提高教学管理人员的专业化水平

有计划、有针对性地引进高等教育管理专业化人才。制定并执行教学管理人员培训计划，加强教学管理队伍的培训工作，通过进修、研讨、挂职交流等多种方式，促使管理人员开阔视野，增强专业性，提高理论素养，进而不断提高教学管理队伍的专业化管理能力，努力打造一支富有责任心、业务水平高、爱岗敬业、勤于奉献的教学管理队伍。

（四）提高教学质量监控的信息化水平

在教学质量监控过程中，充分利用现代化技术手段，借鉴国家本科教学基本状态数据库建设思路，实施监控及辅助决策系统，实现校内教学状态数据的实时采集及管理过程的实时监控，增加过程状态实时预警功能，提高状态数据分析实效性，为管理决策提供强有力的信息支撑。制定落实年度教学质量分析报告制度，加强对教学状态数据的分析与利用，提高信息收集、分析、处理、反馈的质量，及时解决教学中存在的各种问题，保障教学质量的不断提升。

（五）加大教学质量保障体系建设投入，进一步改善办学条件

要改善教学条件，必须增加教学经费投入，并合理有效地使用教学经费。要加强教学基本条件建设，如实验室、教学仪器、实习基地场所、图书资料等，强化实践教学，提高学生动手能力。加强学校质量文化建设，创造良好的育人环境，促进学生全面发展。

第二章 新建本科院校内部教学质量保障体系构建研究

第一节 新建本科院校教学质量保障体系概述

一、新建本科院校教学质量定义

高校教学质量属于高等教育质量概念范畴的一部分，又是高等教育质量这个广义范畴的中心点。教学质量是高校办学与教学管理的结果。从管理的视角看，教学质量是对教学进程进行有效管理和把控的结果。这样的管理包含：办学因素本身依照规律实行科学合理的运转；管理机构对教学各个因素实行整体协调的管理与规划。

教学质量管理中的教学质量被界定为：教学进程及其结果所拥有的，可以用以甄别其是否达到规定要求的一切特点与标准的总和。达到规定要求是定义教学质量的重要标准。所以，科学的教学质量概念，不仅仅要突出教学进程及其效果的内部特征及外在特性，更要突出社会与师生对高校教学的需求。

教学质量是教学行为与教学成果的真实体现，是人们对教学行为的需求及其期许。因此，不同的教学管理者会因价值取向、需求的差异而生成相异的高校教学质量观念。整体上看，高校教学质量是高校教学任务与人才培育达到一定的能力的特征之和。

二、新建本科院校教学质量保障体系定义

与高校教学质量概念密切相连的是教学质量保障或教学质量保证。高校教学质量保障是指高校通过协调与控制各种内外因素，运用相应的保障机制和评价手段，充分开发和利用各种资源，从而使高校的人才培养活动不断满足个人和社会需要的系统化过程。

高等教育质量保障体系是指与高等教育质量保障有关的基本因素相互影响、相互牵制而形成的一个有机组成。这个保障体系以提升教学质量为中心，以培养高层次人才为目的，把教学过程的每个环节与部门的活动有效地串联起来，形成一个责权分明，既能互相协调，又能互相提高的有机组织。

三、内部教学质量保障的目标与任务

（一）内部教学质量保障的目标

内部教学质量保障的目标是指在一定时期内，通过各种内部保障的活动，学校的教学质量所要达到的预期成果，主要包括宏观、中观与微观目标。

1. 宏观目标

宏观目标是校一级的有关组织制定的，关于教学质量内部保障活动或工作的一系列目标。该目标旨在指导全校的教学质量保障活动或工作，以及为宏观目标的构建提供依据。相异的高校因为在行业特点、地区环境及其经济发展水平、人才需求等方面，以及学校内部的专业设立、教学质量、师资队伍等多个内外因素有较大不同，所以其人才培养目的和规模不尽相同，教学质量保障所达到的具体目的也不尽相同。

2. 中观目标

中观目标是高校相关职能机构及各院系根据自己的切实情况，制定关于本部门或本单元教学质量保障工作的目标。这个目标在内部教学质量保障目标体系中有着承前启后的功用：一方面能把宏观目标具体化，另一方面又能为微观目标的建构提供依据。

3. 微观目标

微观目标是每位师生制定的关于个人教学质量保障在一定的时限内所要达到的目标。它不仅关系到个人工作和学习的发展，还是全部内部教学质量保障目标系统的基石。高校教学质量保障的宏观目标和中观目标能否实现，归根到底取决于其微观目标的实现情况。

（二）内部教学质量保障的任务

从控制论角度上来看，人才培养工作同企业生产一样，要提高其产品质量，就要控制好输入、过程和输出这三个过程。因此，在高校，要提高人才培养质量，同样要控制好这三个过程，这也是新建本科院校内部教学质量保障的基本任务。

1. 要严把输入关

要保证生源质量，就是在新生的学习成绩、道德修养、心理素质等方面严格考察，这一环节的成败将关系到今后教学质量成果的优劣。

2. 要精简人才培养路径

人才培养的路径就是教学质量形成和演变的过程，需要让实际知识、理论知识、专业知识等在学生身上发生作用，提升内化能力水平与素质；需要不断改革和优化教学过程，使之适应学生和社会发展需要。

3. 要严把输出关

高校要向社会输出高素质的合格人才，而检验毕业生质量的标准就是他们能否顺利毕业，能否找到适合的工作，能否在工作岗位上发挥作用并做出贡献。

四、内部教学质量保障的对象与内容

这里所说的保障对象是指高校内部教学质量保障活动的静态指向。凡对高校教学质量构成影响、发生作用的一切要素全部是保障的目标，包含人、财、物的要素及经营要素等各个方面。

这里所说的保障内容是指高校内部教学质量保障活动的动态指向，凡对高校教学质量构成影响、发生作用的一切环节都应是保障的内容，主要包括目标保障、输入保障、过程保障和输出保障。

（一）目标保障

就学校而言，首先要确立恰当的办学定位，合理制订自身的发展目标，其次要制订适合本校的人才培养目标及人才培养的具体标准。这两者是相互联系、相互影响的，但后者的方向和内容受前者规范和影响，因为层次不同、类型不同、特色不同，所以各个高校所培养的人才也是不同的。

就科系和其他职能机构来说，要结合学校实际的发展方向及其人才培养目的，根据本院系的基本情况，研究出适用于本院系的教学质量保障对象。部门的教学质量目标一旦确定，该部门的所有人员都必须齐心协力、共同为达成目标而奋斗。

微观的个人（师生）教学质量保障目标常常被人们忽视，没有质量保障的微观目标，个人就会盲从于学院或学校的目标，非常被动。只有结合学校和院系的目标，有意识地树立起个人的质量保障目标，才能化被动为主动，使教学质量的保障成为有意识的、自觉的行为。

（二）输入保障

1. 人力资源保障

人力资源保障包括教师资源保障、学生资源保障和教学管理人员保障。

老师在整个授课进程中发挥主要效能,在学校教学质量保障体系中起着主导作用,同时在较大程度上对所培养人才的质量产生影响。所以,要引进好的师资力量,精简教师队伍组成,增强教学和管理的沟通,提高师德的建设,使教师乐于教、善于教。学生是学习的主体,他们原有的智力水平、学习能力和学习态度等都影响教学质量,是决定教学质量的内在因素。所以,要及时地了解他们的学业水平、学习动机与学习态度。在培养过程中,要与学生全面接触,及时了解他们的思想状况、学习情况和群体结构,树立"不让任何一个学生落后"的保障理念。还要加强对管理人员的专业培训,提高他们的业务水平。

2. 物力资源保障

改善与教学直接或间接相关的物质因素,如教学设备、实验室、图书资料、宿舍、食堂等。学校要对影响有关教学质量的物质因素全盘考虑,以确保教学质量不受影响。

3. 财力资源保障

教学上的人力、物力的投入都是以财力为支撑的,所以财力资源的保障对提高教学质量非常重要。

4. 行政管理保障

在学校系统中,人、财、物的要素虽然有它们独立的位置和作用,但它们又是作为一个有机整体而产生作用的。想使各个要素之间合理构成,达到最佳效果,就需要科学、规范的管理。所以,学校需建立相应的管理机构及规章制度,充分发挥学校管理的主导作用,保障教学质量的提升。

(三) 过程保障

过程保障指的是对具体的教学过程中的各个具体环节或方面所给予的保障。

1. 教学活动保障

重点包含对课堂授课、实习教学、学习引导、课程考察与评价、完成毕业论文所提供的保障。

2. 课程建设保障

选用或制订适合自己的教学大纲;制订适合自己的课程标准;选用或编写适合自己的教材等。

3. 专业建设保障

综合考虑当前社会经济的发展和自身的特色、优势进行专业定位;制订长期、中期、短期的院系建设方案;调整本专业的人才培养议案与教学规划；制订本专业的人才引进和培养计划，加强师资队伍建设。

4. 学生服务保障

面向学生建立或完善教学信息询问系统、教学信息共享系统；增强对学生的学习辅导与安排。

5. 教学管理保障

设立教学管理部门，如教务处、教学监督办公室等；加强对管理人员队伍的建设，提高管理人员的素质；制定或落实教学政策和规范教学管理。

(四) 输出保障

教学输出就是教学的结果，即一系列的教学活动带来的成果，它主要体现在两个方面：人才质量的变化和学校社会声誉、社会地位的变化。

1. 人才质量的变化

人才质量的变化可以是阶段性的（如一学期），也可以是整体性的（指整个本科阶段），主要包括学生的思想道德与文化素质、基本知识与基本技能水平、专业知识与专业技能水平、学生能力发展、学生个性及特长发展等。高校要严把输出关，及时、准确地评价学生质量上的变化，并给予相应的指导和保障。同时，高校要实施毕业生跟踪计划，不仅了解学生的毕业率和就业率，还要及时了解用人单位对毕业生的评价，以及毕业生的职业成就和社会成就，并把这些信息及时反馈给学校，让学校调整和优化自己的教学。

2. 学校社会声誉及地位的改变

学校社会声誉及地位的改变，以及在获得资源的能力和对学生的吸引力上的变化，是教学质量间接作用的效果，及时了解和回馈这样的信息有利于教学质量的提升与改善。

在高校内部教学质量保障活动中，保障对象和保障内容两者相互交织，彼此联系。

第二节 新建本科院校内部教学质量保障体系的构建

一、新建本科院校构建内部教学质量保障体系的理论依据

(一) 全面管理理论的含义及原理

以前的高校质量管理包含如下几个特点：由学校管理层通过对老师工作的检查来完成；以结果为导向进行考量；考核的范围太过空泛，缺乏具体

性。这种质量管理模式仍限制在依照负责人个人的过往经验，系统性、规划性不强。这样的情况一定会造成学校内教学质量的不稳定，使管理工作缺少持续性。为解决以上问题，可以参考企业推行的全面质量管理的理念。

全面质量管理是一种全新的质量管理思想和管理技术。工业质量管理在其发展中经历了三个阶段。第一阶段是事后检验阶段（传统的质量管理阶段），这一阶段人们对质量的理解主要限于产品质量的检验；第二阶段是统计质量控制阶段；第三阶段是全面质量管理阶段。在60年代，美国管理专家菲跟鲍姆（Fiegenbaum）等人提出了全面质量管理的新观念，在全面质量管理中，质量这个概念和全部管理目标的实现有关。

设立在评估基础上的高等教育质量管理与工业、商业质量管理第一阶段的特点非常相似，质量观是建立在生产的"成品"之上，希望通过教育生产的"成品"评估实行高等教育的质量管理。而质量保障体系思想体现的是工业、商业质量管理第三阶段的思想，希望经过对教育质量全过程、所有人进行优化的质量管理，进而达到保障学校教育质量的目标。

（二）全面质量管理的特点

全面质量管理的内蕴决定了它的基本特征为"三全"和"一多样"。

1. 全面质量管理是对全部因素的管理

全面质量管理在操作中要求对影响产品质量的所有数据实行监管。然而，对质量因素的全部覆盖并不是说重点不分，均衡用力，而是要把控全局的同时选择好重点，在对质量有影响的主要要素上做功课。

2. 全面质量管理是对工作全过程的管理

产品质量的生成是持续进行的所有生产活动的最终成果，每一环节都影响着产品质量的好坏。因此，用科学的方法监管和把控每一步骤，才能杜绝隐患。

3. 全面质量管理是全员参与的管理

以上两"全"管理并不是少数管理者就可以全部管理完的，必须让全体组织人员参与，才能达到质量目标的需求。在学校里，不能只有领导和各职能机构来进行控制，而必须使全部干部、员工和学生一同行动，使所有人都建立起质量意识，明确并肩负起对应的质量任务。

4. 管理方法多样化

全面质量管理是集管理科学和技术为一体的一门科学。全面、综合地运用多种方法进行质量管理，是科学质量管理的客观要求。

二、新建本科院校内部教学质量保障体系的系统构成

(一) 质量保障的决策指挥系统

质量保障的决策指挥系统通常由校长、负责教学的副校长、学校教学管理领导、高级教师和其他工作人员组成。其主要责任是确定学校管理的质量目标和质量准则，制定与教学有关的政策措施，在质量管理、学校质量检验中总结学校质量行为的得与失，保证教学质量的提升。

(二) 质量保障的执行系统

该系统由学校内部负责教学活动的行政管理机构、各二级学院和老师所组成。在进行教学质量保障时，应该注意以下几个关键问题。

1. 质量保障机构的完善

虽然许多高校提出全员参加质量管理的口号，但不是所有人的任务与目标都是相同的，因此，高校依然需要对专门的教学质量保障负责机构与人员明确任务，使其牵头进行全面质量管理的组织、协调工作，并承担应当的责任。在整个管理质量过程中，学校应该对教师的主体性进行充分肯定，创造和谐的质量管理氛围。

2. 教学质量管理制度的制定

其涵盖师生与管理负责人等各类各级人员、每个教学步骤，包含着各类人员的多样化的管理制度。这些制度的制定可以明确各类人员的行为标准、工作达成目标，以及定性与定量的考查内容与准则；针对二级学院的配置、学科设置、教学目标、教学实施等教学环节制定行之有效的质量管理体制，这样才可以使执行者有章可循，对整个教学管理的有效操作起着保障作用。

(三) 质量保障的信息网络系统

本系统包含信息搜集与回馈系统，以教务管理机构为枢纽，并由有关机构、学者、师生等构成，搜集教学各个方面的质量信息，获得各个方面对教学质量的信息回馈。从而供给相关工作人员作为质量评定的参照物。另外，经常被忽略而又特别重要的一个事项是与外部建立畅通的信息沟通通道，经过这样的通道增强与各个行政主管机构、教学管理部门的联系，掌控各行业发展方向；建立与毕业生、用人企业的信息反馈机制，了解毕业生与校外需求之间存在的差别。要利用方方面面渠道所取得的信息，研究现有的培养措施与方案的不足，及时做出微调。

(四) 质量保障的评价与诊断系统

这一系统通常是在学校领导指导下建立的，由教学主管部门、教育评价

专业人士、责任心较强的资深老师所构成。这些人直接到教室听课，通过各个渠道收集师生对教育质量方面的意见和看法，跟踪调查毕业学生的就业质量，掌握社会对高校教育教学的需求。他们专业地评估出高等学校教学的质量形态、层次，对存在的重点问题进行评判，随后向学校领导及教学主管部门负责人说明改善教学质量各方面的看法和意见。

三、新建本科院校内部教学质量保障体系构建启示

（一）正确定位是新建本科院校健康发展的前提

正确的定位是新建本科院校做好各种工作的基本前提，同时，也是找到办什么样的学校和怎样办好学校的答案。具体表现在以下几方面。

1. 在教学方向定位上

需坚持树立为地区经济及社会发展贡献的意识。新建本科学校大多数由地方政府进行管理，也就是说，这些学校在地方的经济及社会发展中展现出特别明显的作用。这些学校代表了地方广大人民群众的基本利益，也代表了地方科技发展的基本水平，也在很大程度上引导了地方文化的发展趋向。所以，面向于地方，服务于地方，将学校的未来与地区的社会建设、经济建设、文化建设等方面相结合后，高校方能取得地区政府和群众更多的帮助，自身也可以增强活力。

2. 在人才培育方向定位上

要以培养实践性人才为主要目标。而对本科生培养目标，大家惯用的说法是"基础牢靠、知识全面、能力高、素质强"，当然，本科教育不只是一种培养目标，会有不同的模式。例如工程本科教学的培育目标会有四种模式：工程设计型、研究开发型、技术实践型和有工程背景的其他综合型人才。

3. 特色定位上

需根据本院与本地方的实际情况，梳理教育资源，充分发挥自身特点，形成优势及特性。任何本科院校要全面地发展都是十分困难的，有特点才有生命力，新建本科学校更是如此。所以，要仔细钻研地区或行业经济发展对高校在人才培养、研究、经济建设和社会服务等方面提出的需求，时刻结合学校的师资力量、院系专业、管理水平等实际，充分发挥自身的优势与特点，为地区经济及社会发展做出相应的贡献。为了鼓励新建本科学校准确定位，各级教育行政主管单位需在政策引导上，真正做到有针对性的指导，让不同种类的新建本科院校都能办得高、精、尖。

(二) 加强质量文化建设，树立质量保障体系理念

质量文化是学校质量保障系统的关键。培育与发扬学校的质量文化，是建设及完善学校内部质量保障系统的主要内容之一。质量保障体系的组建及良好运转，需要质量保障体系中各方面的共同努力。以优秀的质量文化来约束人、管理人、塑造人和发展人，是质量保障所追求的最高目标，也是实现教学质量保障体系有效运行的最高层次。

强调对师生员工的质量文化教育，加强他们对教学质量生命线的认识，并在全员范围内逐渐形成人人负责、人人重视的质量文化气氛，打造以质量价值为引导的、具有全员参与机制及团队合作精神的学校质量文化，才能激励师生员工为提升教育质量而一起努力。

通过质量教育，可以帮助广大员工理解基本的质量管理知识、改善教学质量的措施，及院校或专业制订相应的政策方案，传递质量信息与质量文化，同步质量文化建设，进而提高教育质量保障工作的水平与质量。

只有全员持续提高质量意识，改变质量观念，共同遵守以质量求发展、以特色求生存的价值观，才能自觉地为了提升质量而刻苦工作，完成内部教育质量保证的目标。

(三) 加强专业建设，保障人才培养质量

新建本科学校应确保围绕地方经济、社会经济发展与支柱产业调整要求，本着"整体策划、发展内在、凸显教育、创新特点"的方针，加强专业成长，精简专业分布及结构，特别关注学科之间的优势互补及协调发展，逐渐建立以实践学科为主导，多学科综合发展的学业体系。

新建本科院校应以社会经济发展需要为导向，适时优化结构与布局。学校应根据地方人才需求的新变化，及时进行专业结构调整，并在大类专业下增设若干应用型专业方向，增强学生就业的适应性，大力发展应用型学科专业，努力形成专业优势。学校应加强学科带头人培养，提高专业师资水平，可以通过引进、培养等多种途径和手段加强专业师资队伍建设，形成职称和学历结构合理的师资队伍，满足专业教学任务的需要。

第三节 新建本科院校内部教学质量保障体系的完善与创新

一、新建本科院校内部教学质量保障体系的理论设计

(一) 质量生成与质量保障

高等教育的发展是以相关价值为出发点，根据既定的目的和国家需求组

织计划并执行的，历经了从组织建立高等教育组织、计划执行高等教育活动、输出实践成果的过程，换而言之，高等教育质量的发展就是这样一个产生、形成和实现的过程。因此，高等教育质量的发展并落实的过程就是首先明确高等教育核心价值理念，然后创建并计划高等教育活动，从而达成高等教育的价值，这也是一个高等教育的价值实现过程。这种严谨的、高效的循环过程组成了高等教育的发展历程，大家可以依据产品质量组成的质量体系，形成一个关于高等教育的质量体系，从而对高等教育质量生成过程进行抽象叙述和理论分析，过程里面的每一个环节逻辑严密、相互影响、互相依存，每历经一次循环就象征着高等教育质量得到了进一步的实践和提升。

在高等教育质量保障体系中，高等教育组织的任务和责任是质量生成的基石；教学投入是质量生成的前提；教学过程是质量生成的关键步骤；教学成果的评估是质量生成的结果，也是不断改善办学、提高高等教育质量的重要方法和措施。

（二）本科教学质量保障体系建设的思想方法

高校在不断建设发展中，要持续总结以往的本科教学理念，完备本科教学评价体系，在此基础上创建完善的本科教学质量保障与监控体系，并将该体系具体应用在本科教学管理活动中。

工作的基本方式与方法是：研究学校本科教学质量形成过程和基本质量控制因素；全面整理和甄选本科教学评估的各种方法及措施，特别是高等教育质量保障系统建立的体系与方案；研究解析本科教学存在的问题，整理现在的质量评估、管理的方法，从制度、方案、标准、教育等方面搜寻各质量关键点的质量管理疏漏；经过技术搭配生成本科教学评估的措施系统；促进本科教学质量管理系统的完备；把这样的系统应用于教学管理，并不断丰富这样的系统。

二、完善与创新新建本科院校内部教学质量保障体系的基本思路

（一）对学校进行恰当定位是教学质量保障的前提

教学定位的抉择在高校发展过程中起着突出作用。新建本科学校的定位，最根本的是人才培养方案的定位。这些年，许多高校不能根据自身实际主动适应社会经济发展对人才培养提出的具体的规定，并没有科学地对学校进行定位，从而使得办学模式基本相同，办学特色不突出。新建本科学校一定要抓住地区经济发展对人才培育、科学研究和社会发展等方面的基本要求，发挥自身的特点和优点，以培育高层次实践型人才为根本，实现人才培

育规模和方式的多样化。

(二) 完善内部管理体制是教学质量保障的制度基础

为了对地区经济和社会发展做出快速、高效与灵敏的反应，突出地方与学校之间关于信息、人才需求的沟通，新建本科学校需要全面发挥院系和每个职能单位的创新能力和主动性，建立与其相适合的管理系统。新建本科学校需要建立具有科学的管理水平、合理的管理力度，校、院（系）、室三级职能对应的管理系统，只有这样，学校的所有活动才可以有条不紊地进行。

(三) 抓好师资队伍建设是教学质量保障的关键

教学的主导是老师，所以优秀的教学质量保障系统一定要以师资力量建设为关键点。因为办学基础设施等因素的制约，新建本科学校以前在师资队伍质量等方面不强，教师布局设计不科学，未建立合理的学术队伍，教师数量严重缺乏，不能达到培养实践型本科人才的需求。

(四) 优质教学资源的引进和使用是教学质量保障的有效途径

近几年来看，从国家实施精品课程建设的实践后，许多新建本科学校陆续开始了精品课程团队的建设，创立了自身的优秀课程体系。另一方面，由于意识不是和认识不到位，许多高校在重视精品课程建设的同时，往往忽略了精品课程资源的引进与使用。这个现象在当前新建本科学校中特别突出。这刚好违背了国家启动精品课程建设的最初目的。因此，在课程建设方面，新建本科院校应该积极参与精品课程的建设，其主要目的应当是锻炼自己的教师队伍。更重要的是，应当充分重视精品课程资源的引进与使用，特别是国家和省市级精品课程资源的使用。优秀教学资源的引用是保障教学质量的有效路径。

(五) 改革人才培养模式是教学质量保障的突破口

人才培养模式，是师资力量配置的形式、教育水平组合的模式及教学手段使用之和，是一个高等学校教学思想最为具体、最为全面的一种体现。新建本科学校应以培育实践型人才为特点，主动研究多样化的人才培养思路，本着"市场主导、服务全员"的准则，全力培育符合规则、标准、体系，支持第一线需要的、全面发展的、高层次实践型特殊人才。

1. 市场导向，订单培养

伴着科学技术的发展和国家产业结构的战略改变，社会对经济建设前线的实践型人才的需要持续增长。新建本科学校可以与有关单位紧密协作，一起摸索出一种新的人才培养方式。根据企业对毕业生知识能力结构的要求，学校与企业共同协商制订专门的人才培养计划，在原专业课程的基础上，增设有关课程。这样的订单培养的教育思路，冲破了以往单纯注重知识的讲授和教育思路单一的桎梏，将学习与工作充分结合起来，理论与实践完美运用到一起，学校的培育与社会及企业的实际需求紧紧结合在一起，使学生在校学习、生活期间就可以得到与他们将来工作经历基本一样的实习机会，这将使他们终身受益。

2．"产学研"合作教育，培养创新人才

新建本科学校应把科研、教学、生产活动紧紧联系起来，发展出一条人才培养的广阔道路，让师生、员工、单位工程管理人员参加到人才培养的整个过程中来。

3．与政府职能部门合作办学

高校办学需要社会各界人士的理解与支持，更需要政府职能部门的指导和帮助。

（六）扎实做好本科教学水平评估工作，建立教学质量保障长效机制

新建本科院校应从本校的实际情况作为出发点，配合校内教学评估工作的进行，全力组建教学质量保障系统，从而变成具有自身特点的教学质量保障长效体制。教学质量保障长效机制是教学管理机构和教师在执行教学管理制度过程中形成的相互作用、相互影响的关系及其变化过程，是长期作用于教学管理机构和教师的功能性机制。教学质量保障长效机制就是要在教学质量方面建立这种功能和机理。

总而言之，教育工作的建设及变革是高等学校一项长期的目标与使命。当前的教学质量管理体制是合适的，未来随着社会的变化或许就不合适了；目前的硬件设施是领先的，未来或许就要被淘汰了。改变是永恒的，质量保障也永远处在改变之中，只有方方面面不断地变革，持续地随着学校内、外部环境的变化而随时改变教学质量工作方案，方能使质量工作保持长效机制。新建本科院校的建设与成长要适合全国目前高等教育发展新形势的需求，要适应教育部每五年一次的教学工作水平评价的需求，必须长期坚持以科学发展观为引导，坚持以教学为核心，建立教学教育质量保障长效机制，全面推进学校的各项工作，实现学校的持续不断的发展。

三、新建本科院校内部教学质量保障体系实施的内外环境

新建本科内部质量保障活动的开展，既需要良好的内部环境，又离不开良好的外部质量保障环境。

（一）内部环境与条件

1. 学校领导提高教育质量意识

认识是行动的导师，高校管理者只有不断提高教育质量认识，方能重视并主动地引导师生员工开展教育质量保障工作。

2. 强调质量文化建设先行

保障教育质量，学校所有成员必须自觉地努力，才能取得想要的结果。因此，只有当质量成为学校全员信奉的对象，成为教职工的根本目标时，不断提高质量的行为才有可能改变。所以，质量文化是学校教育质量保障行为准则的重要因素。高校除了做好宣传教育工作以外，特别需要制定积极有效的政策规划，经过引导、激发等方法，传播质量文化，建立质量资料，促进质量观的改革，打造良好的质量文化气氛，促进全体师生成为提升教学质量的特别拥护者及坚定实践者。

（二）外部环境与条件

1. 政府放权，推动学校自主办学

当然，新建本科学校有效的内部质量保证体系，需要有好的外部环境作为保障，各地政府部门需要给予学校适当的教育独立的权利，并促进学校自主进行学校办学工作，把重心转移到规划引导、宏观把控、规范市场、维护秩序等方面，把教育方面的权利有效下放给学校，只有这样，学校的自主办学才能得到有效保障。

2. 加强质量保障理论建设

教学质量保障是一个十分多样化的社会行为，要保障教学质量，既需要对我国的国情有准确的了解，也需要有相应的理论基础，以准确把握质量管理的发展方向。

3. 加强技术方法建设

美国和欧洲国家的教学质量保证体系，注重内容保护流程的实现、方法的钻研，并注重操作，同时也重视结果的保护，同时在此基础上，研究这方面的结论、安全指标及技术。目前我国使用的大多数定量研究主要集中在绩效考核办法上，欧盟已经做了很多关于它的研究，我们由于研究时间不长，依靠技术和方法实现的质量保证并不成熟。参考国外院校科学合理的质量发展活动、方法和技术可以补充我国研究的不足，有效地促进学校质量保障工作的落实。

4. 注重相关法规建设

当前，我国高等教育的质量保障在监管方面显得比较薄弱。我们应该向美国和欧洲国家学习先进质量监管理念，从实际出发，总结高等教育质量保障的有效经验，并制定相应的法律法规，从宏观的角度出发进行把控。此外，由于每所大学都拥有一定的自主权，在这个前提下，制定规章制度，形成质量保障监管系统，使新建本科院校教学质量系统得以有效地运行。

第三章　新建本科院校实践教学质量保障体系构建研究

关于实践教学体系，学术界一般从广义、狭义的角度来加以定义。广义的实践教学体系指实践教学中各个要素组成的相互联系、相互制约的有机整体，包括目标、内容、管理、保障等几个子体系。狭义的实践教学体系则是指实践教学的内容体系，即围绕专业人才培养方案，在制定教学计划时，通过合理的课程设置和各个实践教学环节（实验、实习、实训、课程设计、毕业设计、创新制作、社会实践等）的合理配置，建立起来的与理论教学体系相辅相成的教学内容体系。

第一节　新建本科院校实践教学体系相关理论概述

一、理论基础

（一）实用主义教育理论

实用主义产生于19世纪末期的美国，随着工业革命和经验科学的兴起，人们开始更加关注自身现实生活，认为现实生活才最有价值，实用主义就是这种实际人生观的真实反映。实用主义的代表人物之一是杜威，他的教育思想在许多方面对我们具有重要影响，尤其是对新建本科转型院校实践教学具有指导性意义。杜威针对传统教育只注重知识传授而忽视实践能力培养的弊端，进行了猛烈批评并提出"从做中学"的教育主张。他认为学生从教师口中得来的知识不是真正意义上的知识，这种以教师为中心的教学方法只会扼杀学生的积极性和创造性，教学不应该对学生进行填鸭式的培养，而应该诱导其全身心地参加实践活动，让他们在实践中学到鲜活的知识，也就是"从做中学"。杜威认为通过丰富多彩的实践活动可以培养学生的积极性、主动性，可以锻炼学生的实践技能，在积累自身经验的同时也为日后走向社会做准备。杜威的这种思想主张也给我们提供了启发，为实践教学的发展奠定了理论基础。此外，杜威还提出了"学校即社会"的主张，他认为学校主要是一种社会组织，它不应该成为脱离生活实际的象牙塔，而要密切联系社会、反映社会的真实情况，这样才能从根本上提高教学质量。"学校即社会"就是强调学校与社会两者之间的真实联系，学校必须创造社会化的生活环境，教学内容也要紧跟社会发展步伐、反映社会现实。随着时代的变迁，杜威的实用主义教育理论仍具有十分重要的指导意义，新建本科院校构建实践教学体系要注意对杜威思想的借鉴，密切学校与社会之间的关联，强化对学生实践应用能力的训练。

(二) 能力本位教育思想

能力本位教育思想发端于二战后，流行于美国和加拿大，最开始时在职业教育领域运用得比较多。它强调以某一具体职业所必须具备的能力为出发点来确定培养目标，设计教学内容、方法和过程，评估教学效果，要求在教学过程中注重训练学生各方面的能力、拓展素质，学校各方面的教学工作以及教学内容都要与社会联系紧密，反映社会生活现实。能力本位教育思想中所指的能力，不单指操作技能，它指的是一个能力结构，包括专业能力、方法能力、社会能力，具体可以分解为如下内容：①完成工作所要求的基础性能力，如操作、应用能力以及善于在普通工作中发现问题的能力，能够冷静、沉着地解决问题的能力；②从事任何工作都必须具备的"关键能力"，如能够独立工作的能力，能够在团队中与人协作、交往、沟通的能力，以及现代人必须具备的承受压力、化解压力的能力；③工作任务或者工作环境发生变动时必须具备的能力，如快速调整自己以适应新工作的能力；④为了提高生产力、革新生产技术所要求具备的一般发展能力，敢于冒险、开拓，能够不断提出"金点子"的创新能力。能力本位强调教学活动应围绕学生能力的培养而进行，它突出的是能力在人才培养中的地位。但是我们也应该看到，能力本位并不是能力唯一，知识和态度在学生综合素质养成中也很重要。

随着时代变迁，能力本位教育思想所存在的社会环境有所不同，但是它所强调的对学生能力培养这一点仍然具有指导意义。新建本科院校构建实践教学体系过程中，也可以把能力本位教育思想作为指导，进行职业分析，按照岗位所需能力设计教学内容，寻求多样化的实践教学方法。

二、实践教学的几种典型模式

在西方有这样一句话"You see, you forget; You read, you remember;

You do, you learn",这句话可以用来概括应用型高校实践教学的理念,即"做中学",只有在实践中学到的才会永远地记住。在"做中学"教育理念指导下,国外应用型高校对实践教学进行了诸多探索,到现在已有许多比较成熟的模式。

(一)德国FH"企业主导型"实践教学

应用技术型大学的德文简称是FH,它的产生极大地满足了德国经济快速发展的需要,为社会培养了近三分之二的工程师和一半的专业技术人才,与此同时,FH独特的实践教学模式也吸引了越来越多的目光,得到了很大的关注。

为了培养学生的技术应用与开发能力,德国的FH非常注重实践教学,以企业作为主导是其实践教学模式的显著特点,我们将这种特色概括为"企业主导型"实践教学。首先,FH对新生入学有限制,基本上要有一定时间(一般为6个月)的企业实习经历。没有相应企业实践的学生,一般需要一定时间的企业实习才能进入应用技术型大学。其次,新生进入学校之后根据学校安排接受系统的实践训练,这一过程也与企业联系紧密。在此,以汉诺威应用技术型大学的机械制造专业为例来介绍其实践教学的特色。该专业修业年限4年,总共8个学期,其中两个实践学期都要在企业进行教学。第一个实践学期为第6学期,学生到相关企业熟悉机械制造基本流程,掌握生产过程的基本技巧。第二个实践学期为第8学期,这一次企业实践与上一次有所不同,主要采用顶岗形式,学生不仅仅是作为一个旁观者观察具体生产流程,更要作为一个参与者来真实地体验、操作。最后是FH对学生的考核、评价,特点也是有企业人员参与其中。企业指导老师也作为实践教学质量评估小组的成员,他们和学生的校内指导老师相互配合,为学生的实习表现以及实习成果出具相关证明。

FH不仅在实习环节与企业联系紧密,在其他实践教学环节甚至理论教学环节也与企业保持着密切联系。平时在理论教学方面,为了使学生能够迅速牢固地掌握知识,增强课程内容与社会实际的衔接,教师多半会结合一些企业生产案例讲解。在科学研究方面,FH也会与企业开展合作,从关系到企业生产或者是经营销售的难题、困惑中选择研究项目,开展应用型研究,这时FH也是企业创新发展、提高生产效益的"智库"。

在优化教师队伍结构,强化教师整体素质这一块,FH最大的特色是强调教师的实践能力,注重教师企业工作经历。FH对学校专职教授的聘用很严格,应聘者要具有教师与工程师双重素质。要成为FH专职教授,不仅要有高校毕业文凭（通常要求博士学位，艺术类专业除外），还要有杰出的教学才能，要在科学知识和方法的应用或开发方面具有至少 5 年的职业实践经验，其中有 3 年在企业。[①] 另外，FH 还鼓励教授与企业紧密合作，每 4 年可以申请一次 6 个月的学术假，到企业进行调研了解企业生产情况。除了专职教授外，学校还聘请一些工程技术人员作为兼职教师，在兼职教师聘请上，学校看重的不是学历而是丰富的实践经验，这些教师长期工作在生产、管理一线，能够及时地把最新的生产管理技术补充到教学中，这样一来就能够有效避免因教材内容老套以及不及时更新造成的与市场需求不符的缺陷。另外，兼职教师的补充还有助于增进学校与企业的联系，为产学合作提供契机，有利于学校从企业获得资金支持以及帮助学生就业。

德国的职业技术教育在世界范围内处于领先地位，另外值得一提的是，这种"企业主导"实践教学模式的成功很大程度上得益于德国政府的支持。政府在校企合作中扮演着重要角色，通过建立体制、机制，提供优惠条件，颁发制度、文件，建立行业培训咨询委员会等方式，密切学校、企业之间的联系，在学校为社会输送应用技术型人才过程中起到不可或缺的作用。

（二）英国"资格证书导向型"实践教学

在英国，整个职业教育和职业培训靠证书与考试制度而展开，其相应的实践教学更以职业资格证书推动进行。目前，英国已经建立了比较完善的资格证书体系，主要包括 NVQ（National Vocational Qualifications，国家职业资格证书）、GNVQ（General National Vocational Qualification，普通国家职业资格证书）和 GCE（General Certificate of Education，普通教育证书）。这其中，NVQ 主要面向在职工作人员，依据申请者工作能力凭证评估颁发，而 GNVQ 主要在职业学校中推行，是一种为培训、继续教育和高等教育打基础的教育，一般来说，经过一段完整 GNVQ 课程学习之后，学习者可以熟练地掌握工作中所必须具备的常用知识，能够运用一些基本的职业技能。NVQ 和 GNVQ 涵盖了大部分职业领域，划分出不同的技术等级，每个等级又详细规定了该等级的技术能力标准。NVQ、GNVQ 和 GCE 三者之间各成体系又相互联系，各种证书之间按照一定条件可以互换。

这种由职业资格认证推动实践教学的模式，到现在已发展得比较成熟，也有它独具特色的优势所在。除了有助于为政府的职业资格认证制度提供参

---

① 江利，黄莉. 应用技术大学"双师型"教师的误区与超越 [J]. 高校教育管理，2015（02）：43-47.

考外，更多是以结果的角度对实践教学过程提出了要求，为应用技术型大学确定实践教学内容提供了标准，促使学校将实践教学与社会生产实际结合起来，确保学生实践技能训练的针对性。比如，对于 GNVQ 来说，每一个 GNVQ 都对应着一个职业领域，并且都规定了相应的职业等级，都有详细的职业技能要求以及严格的评分标准，学校可以按照对应的 GNVQ 来设定教学内容、方法以及确定适合的评价标准。学生在学校经过实践训练之后，更容易考取相应的 GNVQ 证书，为以后无论就业还是继续接受教育都打下坚实基础。

英国"资格证书导向型"实践教学呈现出一些特别之处：第一是以能力为基础。职业资格证书是一项技术能力证明，是一种对能力的资格认定，而以职业资格证书为导向的实践教学是按照资格证书所设定的能力单元、能力要素及具体操作要求进行的，必然也会呈现出重视能力的特征；第二是强调"从做中学"。国家职业资格认定强调在工作中锻炼实践技能，注重在实践中学习，在实践中增长才干，因此与之对应的实践教学必然强调在"做中学"；第三是注重效果。对学生实践成绩的评定主要取决于其在具体任务中的现实表现、工作效果等。

（三）加拿大"能力中心的课程开发型"实践教学

加拿大"能力中心的课程开发型"实践教学模式简称 CBE（Competency Based Education）。传统的课程内容编写比较重视保持理论知识的固有体系，而加拿大的这种模式则是强调课程编写要以能力为中心，分析工作岗位实际要求掌握哪些知识与技能，并且以此来开发课程、确定教学计划进度、开展管理等。

根据 CBE 模式确定实践教学内容有一定的程序。第一步是，形成 DACUM（Developing A Curriculum，教学计划开发）专门委员会，在确定了要分析的某种职业以后，聘请一些长期从事该职业且实战经验丰富、热心教育事业的专家形成专门委员会，人数在 10 至 12 人左右。第二步是，根据所选定职业做出具体而详尽的分析，从而得出从事此种职业所需哪些综合能力以及专项技能，最终形成一个图表，图表内容涵盖具体任务及其相应工作领域、评价标准等。第三步是，依据 DACUM 图表划分教学单元，单元内容按照由易到难的顺序排列，按照逻辑体系将若干单元组合成一门课程，然后从所确定的课程中详细划分类别，最终确定教学计划。第四步是，选择将要使用的教学方法以及根据教学内容敲定合适的评价方案。通过以上分析可以看出，加拿大 CBE 实践教学的开展比较规范，有着严格的程序步骤划分，而且实践教学与社会具体职业相对接,对学生实践能力的训练有很强的针对性。

CBE实践教学在运行中有如下特点:首先是以能力为本位。CBE实践教学以职业能力分析为基础,培养目标、评价标准的制定要以实践能力为中心,学生实践技能经过考核并予以认定的,可以适当缩短学习时间。其次,学生主体,教师主导。CBE强调学生在学习中要勤于发挥主观能动性,经常对自己的学习过程、效果做反思评价并找出可以改进的地方以便总结提高,教师作为学习的"引路人",在学生实践能力锻炼中起指导、辅助作用。最后,教学方法灵活多样。CBE模式支持学生选择符合自身特点且高效的学习方法,而教师则要依据学生学习程度的不同选用相应的教学方法。

三、实践教学体系的内容

(一)实践教学目标体系

实践教学目标体系指的是各专业根据人才培养目标和培养规格的要求,结合专业特点制订本专业总体以及各个具体实践环节教学目标的集合体,它是实践教学应达到的标准[①],主要包括实践教学体系的总目标以及根据素质和能力划分而形成的子目标,有专业认知目标、专业技能目标、综合应用能力及素质目标。在整个实践教学体系里,目标体系处在核心位置,某种意义上制约着其他子体系发挥作用的大小,驱动着整个系统的运转。

(二)实践教学内容体系

实践教学内容体系主要涵盖教学层次划分、环节设置、应用型课程开发、教学方法探求这几部分。其中,本研究中实践教学层次的划分遵循一定的规律,由简及繁、由低级到高级,依次包括基本技能培养、专业技能培养、综合应用能力培养三个层次。实践环节主要分为实验、实训、实习、课程设计、毕业论文(设计)、社会实践,环节设置时遵循由易到难、大学四年不间断的原则。应用型课程的开发要注意综合考虑对政府、企业以及学校的影响,以求课程的适用、创新,有利于实践能力培养。内容体系属于整个体系的运行系统,其优化有助于整个体系的良性运转。

(三)实践教学管理体系

实践教学管理体系起反馈、调节作用,由组织机构、人员、规章制度、

---

① 杨彩卿,霍新怀. 以培养学生职业能力为中心的实践教学目标体系的构建 [J]. 教育与职业, 2012 (18): 40-42.

手段方法以及对实践教学质量的监控、考核组成。与理论教学相比，实践教学具有很强的复杂性，这是因为实践教学中所要管理的物件设备多、人员复杂、教学场地差异大、教学过程调控难度大，而且相对于理论教学管理来说，实践教学管理没有很成熟的经验可供借鉴，大多数新建本科院校尚处于摸索状态。

（四）实践教学保障体系

保障体系，顾名思义对实践教学质量起到保障作用，保障是否有力直接关系到教学效果的好坏，它主要由双师型师资队伍、实践教学基础设施及基地等组成。这其中，建设一支既熟悉理论教学，又有丰富一线工作经验的专兼职教师队伍，对保障新建本科院校实践教学体系的良好运行意义重大。

四、新建本科院校实践教学体系构建取得的进步

（一）新建本科院校对实践教学的重视程度有所加强

随着教育部对新建院校工作指导的增多，多数新建本科院校已经意识到了实践教学的功能、重要地位，以及对院校发展的积极推动作用，对实践教学的重视逐渐上升到了行动层面。如采取了多种措施积极完善实践教学体系；注重实践教学模式的创新，大胆尝试、勇于改革，积极创造条件推进院校专业与职业的对接；积极完善实践教学平台，通过校企合作建成校外实习实训基地，建设了大学生创新创业中心和工程试验中心等多个实践平台；实施"双百工程"，选送教师到企业挂职工作、实践锻炼，并从企业引进优秀技术人员、管理人员担任专兼职教师。

（二）实践教学管理逐渐健全

首先，从制度建设来看，院校基本上制定了相对齐全的实践教学管理文件，建立了比较完善的管理制度。在实践教学管理制度建设上，新建本科院校基本上形成了任课教师和实验、实训室专业人员指导下的学生自己动手整理制度。其次，从实践教学机构设置以及部门分工方面来看，其管理也逐渐完善。大多数院校都设有实践教学、实验设备、资产设备管理部门，实施校、院两级管理办法，校级相关部门负责制订总的实践教学管理制度、年度和学期教学计划，并进行监控，设备管理部门或后勤处负责仪器设备的维护、保养等，院系层次的职责是实施各个专业的实践教学计划。

（三）实践教学基础设施建设取得初步成绩

随着对实践教学重视程度的加强，各高校也结合自身情况，加大了在这一方面的资金投入力度，注重相关配套设施建设，如成立一些与学科专业相

关的实践基地，实践基地是实践教学基础设施的一部分，是后者建设情况的缩影。实践教学在基础设施建设方面已经取得了初步成绩，但同时我们也应该看到，在高等教育大众化形势下，新建本科院校作为扩招的主体，其在校生人数也急剧增长，实践教学基础设施的完善程度还远远跟不上学校发展速度。另外，受经费来源渠道单一限制，学校对实践教学基础设施的投入尚不能满足实际需要，还须进一步加大经费投入力度。

（四）实践教学师资队伍不断完善

近年来，新建本科院校实践教学师资队伍不断完善。首先是，学历层次的提高，一般高校的实践教学人员都达到了本科或本科以上的学历，应用型本科院校更注重教师学历层次的提高，引进了大批年轻的硕士、博士研究生加入教师队伍。其次是，比较注重引入企业或其他行业组织的优秀技术人员，他们具有丰富的实践经验，能够带来最新的生产工艺或技术知识，对学生能够进行较好的指导。最后，新建本科院校开始注重教师实践能力的培训，文科类教师到行政、企事业单位挂职锻炼，理工科教师则是到企事业单位参加项目开发及课题研究，通过到实践单位锻炼，教师的实践能力得到很大提高，而且还能结合工作岗位需求和企业生产实践调整教学内容，改进教学方法，对学生进行更好的指导。

第二节 新建本科院校实践教学体系存在的问题

一、实践教学目标体系存在的问题

虽然新建本科院校将人才培养目标定位于培养高素质应用型人才，但在实际办学和教育教学中这一定位没有得到很好的落实。新建本科院校虽然大多定位于新建应用技术型本科院校，但往往对如何培养应用技术型人才缺乏正确认识，进而导致学生对毕业以后该选择哪一种职业感到焦虑、迷惑。

二、实践教学内容体系存在的问题

（一）课时比例分配、课程设置不合适

新建本科院校实践教学的课时比例偏低，实践训练也难以得到充足的时间保障。实践课程设置也存在一定问题，表现在新建本科院校课程设置与市场中相应职业衔接性不强，联系不紧密。

（二）实验实训器材更新缓慢，且对外开放度低

从实验、实训仪器设备满足教学需要的情况看，新建本科院校实验、实

训室的仪器设备维护不好,而且设备大多老旧且更新迟缓,不能很好满足教学需求。从实验、实训室的开放情况看,新建本科院校实验、实训室的开放度偏低,而对学生实践技能的训练除了"师傅领进门",还要"修行在个人",只有拥有足够的开放时间,学生才能反复训练,提高实践技能。

(三)毕业实习效果一般

新建本科院校学生毕业实习效果一般,实习仅限于一些参观、考察以及简单技能的练习。导致学生毕业实习效果不理想的原因有很多,如专业知识欠缺,实践能力不足,实习与考研复习时间冲突等。

(四)毕业论文(设计)流于形式且与社会实践联系不紧密

一是大部分学生没有将毕业论文(设计)作为一项重要任务对待,而是对其持消极应付态度。二是毕业论文(设计)与生产实际联系不紧密,对社会需求关注不够。

(五)教学方法手段比较单调

新建本科院校实践教学的方法手段比较单一,教学中"教师讲、学生练"的现象仍然比较普遍,学生实践积极性不高。受传统重学轻术观念的影响,大多数院校对实践教学没有从根本上重视起来,对实践教学方法手段的探索更是少之又少。在教学方法上,以灌输为主的单一传统教学方法始终占据主导地位,学生无法发挥其应有的学习主动性。

三、实践教学管理体系存在的问题

近年来,由于高校扩招,造成实践教学资源不足,直接导致大学生实践教学人均资源较少,这时候就更需要规范的管理措施,以切实保障每一个大学生都可以充分利用到有限的教学资源。

(一)考核不够完善、规范

新建本科院校应该根据具体教学内容采取有差别的考察方式,做到考核、评价方式多样化,比如偏重理论的可以通过笔试来考察,实践技能类采用现场演示法来考察是否真正掌握。

(二)过程管理不够规范

实践教学形式具有多样性,实习地点具有不确定性,因此实践教学很难像理论教学那样用一个简单的课程表来安排,在运行中也许会突发许多无法预想的情况,从而导致管理比较松散。

(三)对指导教师的管理有待加强

实践教学指导老师不够认真负责,不能尽心指导。有同学谈道:"我大四毕业实习的时候，实习指导老师好多都是形式上的，他们自己的工作都很忙，好多时候都没空管，我们去不去实习地点都不清楚。"以上类似的情况普遍存在，要求加强对指导教师的管理。

（四）文件制定不够规范严谨

新建本科院校虽然制定了大量的实践教学文件，但大多是"面子工程"，为了迎合教学评估制定出来后就搁置在那里，文件的质量也参差不齐，内容雷同，没有体现学校特色。另外就是文件的延续性和展望性不好，因教育政策的变化而变化，给实践教学管理带来困难。

四、实践教学保障体系存在的问题

（一）师资队伍建设需要完善

新建本科院校的教师大多毕业于研究型或教学研究型高校，在学校接受的理论研究教育较多，虽然理论功底深厚，但实践技能比较少，缺乏实践教学经验和相关工作经历，不能很好地胜任实践教学任务。而从社会上聘请的优秀技术人员或者某一领域的专家能手虽然实践能力很强，专业理论很扎实，但学科教学能力太差，难以有效地传授专业知识。以上两种情形都与新建应用技术型本科院校对教师队伍的实际要求不符，未来师资队伍建设担子重且道路曲折。

（二）基础设施建设资金不足，实践基地浮于形式

首先是实践教学经费有限，能投到基础设施改善方面的资金非常少，一些设备都非常老旧，相关配套设施也是很少，不能满足需要，这种情况也被戏称为"缺粮断奶"现象。这种现象造成学生学到的知识无法得到及时实践应用，同时缺乏实践技能训练也不利于学生创新想法的开发。其次，实践基地建设大多浮于表面形式。校企合作中有一大部分是迫于人情关系，合作不够深入、持久，临时性强，在这样的实践基地里，学生只能是"走马观花"，甚至被"放羊"，没有得到学习与锻炼。

第三节 实践教学体系存在问题的原因分析

新建本科院校实践教学体系中存在许多问题，不仅要了解这些问题，还要透过现象看本质，深入挖掘这些问题存在的根源。

一、传统观念制约，对实践教学认识不够

我国传统文化浸透了儒家思想，"崇拜读书，轻视技艺"这种观念也深

刻地影响了当代读书人。在这种传统文化、传统观念影响下，高等教育中理论教学与实践教学的地位一直不平衡，实践教学没有得到应有的重视，对实践教学目标认识不清。可以说，这种教育理念培养出来的学生更倾向于解释世界，而非通过实践去改造世界。在崇尚理论，轻视技术、技艺的社会氛围中，新建本科院校也更愿意将自身办学定位向研究型上靠近，即使是定位于应用技术型高校，在实际办学过程中也会不自觉地偏离，对实践教学的重视大多停留在口头上，实际行动落实较少。

二、合理规划缺失，实践教学内容整合性差

实践教学内容是体系构建的主体部分，它包含的内容最多，也最为复杂，因此需要运用系统优化的方法将其整合起来，使其变得条理清晰、层次分明。很多新建本科院校也开设了实验、实习、实训、社会实践等多个教学环节，根据具体教学情形采用了项目教学、案例教学等多样化的方法，但是因为各个部分之间缺少内在有机联系，显得杂乱无章。这种无序状态的根源就在于缺乏合理的设计、规划。构建内容体系时要注意加强与其他子体系的联系，根据专业的学年安排、课程设置，预先制订实践教学整体规划，根据教育教学规律来组织教学内容，选用合适的训练方法。

三、科学性不足，实践教学管理滞后

在教育部大力强调实践教学重要性，并开展教学评估的大环境背景下，部分高校的实践教学管理已渐渐走向规范化，但相对于理论教学，实践教学的规范化管理仍有待加强。在实际办学过程中，虽然大部分新建本科院校都制定了实践教学指导文件，设立了相应管理机构，但是由于科学性不足，在"民主""以人为本"等一些理念的理解方面并不到位，造成管理混乱、效率低下的问题。制度制定的科学意识不强，随意性多，服务意识淡薄，导致了制度的规范性不够，制度制定出来即被束之高阁。科学管理理念的欠缺还造成部分管理者不愿意投入过多的资金用于基层实践教学管理培训，导致管理手段、方法落后。另外，由于缺少政策的鼓励和引导，还造成了实践教学的参与积极性不高。

四、教育资源短缺，实践教学保障乏力

首先，在师资方面，近年来新建本科院校规模不断扩大，在校学生人数不断攀升，师生比例急剧扩大，这不仅给学校的现有教学条件带来较大压

力，也给教师的指导带来困难。另外，虽然专职教师人数不断增加，但从事实践教学的教师并没有随之增加，实践指导老师的欠缺导致了许多问题，如难以顾及所有学生，无法对学生的实践训练有针对性地指导，实践教学质量提高困难等。其次，政府财政资金投入有限，绝大多数新建本科院校"造血"能力弱，资金筹集能力不足，对实践教学基础设施建设投入少。实践教学具有迟效性特点，一定时期内的资金投入并不一定能马上看到收益，加上实践教学基础设施利用率相对较低，这些因素综合起来致使一些短视的高校管理者不愿意在这方面投入过多资金，实践教学基础设施建设因此滞后。总之，教育资源短缺不利于正常教学活动的顺利开展，也无法对实践教学体系的构建形成强有力的保障。

新建本科院校在实践教学体系构建方面既取得了一定成绩，同时也面临着很多棘手难题需要处理，远没有形成符合自身定位的、成熟的教学体系，因此在寻根探源、深入挖掘原因之后，必须要实施变革，重构具有新建本科院校自身特色的实践教学体系。

第四节　新建本科院校实践教学体系的构建

系统论的观点要求人们在解决问题时着眼于整体，从整体与周围事物以及整体与各个组成部分之间的关系入手来选择解决问题的最优路径，而新建本科院校实践教学体系作为一个小规模系统，其构建也可以借鉴系统原理，对各个子部分优化设计，从而使系统具有层次性、结构性。

一、构建实践教学体系的原则和突破点

（一）构建实践教学体系的原则

新建本科院校在构建实践教学体系时要能反映自身办学特色，并遵循办学规律，具体说来就是要坚持以下原则。

1. 系统性原则

现代社会对高素质应用技术型人才的要求包括知识、能力、素质三个方面，并且三者缺一不可，而新建本科院校作为向社会输送此类人才的主体，在构建实践教学体系时要紧紧围绕着这三个方面，以应用能力和综合素质为核心，使各个组成部分相互协调、相互配合、相互补充、相互促进。体系构建还要考虑到教育教学规律，全面掌握受教育对象的学习特点，遵从简单到复杂、基础到综合的顺序，分阶段、分层次进行。另外，

实践教学体系服务于应用技术型人才培养方案，因此要自觉按照方案的总体规划构建，形成系统性。

2. 以学生为本原则

以人为本是现代社会一个重要理念，而教育作为促进社会发展与完善的崇高事业，自然要严格贯彻、体现这一时代理念，切实做到以学生为本。新建本科院校大多伴随高等教育大众化而产生，随着学校规模的扩大，学生群体出现了多样化趋势，学生学习能力、学习兴趣等方面的差异也日益显现。因此，尊重学生个体差异，满足不同学生群体的学习需求就成了培养应用技术型人才的关键，也是提高实践教学质量、构建完善实践教学体系的保障。新建本科院校构建实践教学体系时，应该全面了解受教育对象的个性、能力差异，并且将这些学生群体按照一定的标准划分为几大类，因材施教。另外，坚持以学生为本原则，还要求新建本科院校在实践教学中以全面提升学生综合素质为目标，按照学生差异化的需要设计多层次的教学内容，完善教学环节、丰富教学方式方法。

3. 特色发展原则

促进高校办出特色，引导高校合理定位，克服同质化倾向，形成各自的办学理念和风格，在不同层次、不同领域办出特色，争创一流，这是《国家中长期教育改革与发展规划纲要》的相关要求。对于新建本科院校来说，最关键的就是能够在办学中体现出自身特色与优势，而结合学校人才培养方案与内涵式发展道路，最能彰显特色的就是实践教学。新建本科院校坚持特色发展原则就是要围绕学校的人才培养特色、学科专业特色和服务面向特色等因素综合考虑，充分挖掘学校自身的资源优势和利用学校外部的资源优势。在实践教学内容选择上要强化优势项目、优势学科，把优势培育成学校特色，在课程实践、专业实践、社会实践的基础上不断更新教学内容，探索新的实践教学方法。

4. 适应地方经济发展原则

地方经济的转型升级需要大量具有技术应用能力和技术创新能力的人才，而新建本科院校作为地方性院校，办学资源大多依赖地方，因此就要立足于当地区域，并积极创造条件融入地方经济发展中去，为地方输送急需的专业性人才。在构建实践教学体系时，新建本科院校要考虑到适应地方经济发展需要，科学制定目标、任务、要求，给学生搭建多样化锻炼平台，着重培养学生将理论转化为技术、将技术转化为生产力的能力。针对地方区域的产业结构调整，适时改革实践课程，并随之优化教学方式方法，与地方经济发展对接。通过实践教学做好教学、生产、科研的结合，为地方经济发展注入新鲜"血液"。

（二）构建实践教学体系的突破点

1. 更新认识，实现教学观念的转变

构建实践教学体系要实现观念方面的突破，淘汰落后的观念，与时俱进，实现观念的转变、创新。

首先是教师观的转变。传统教学理论认为教师是知识掌控者，对教学内容、流向和流量以及学生的反应起着重要的控制作用，教学被看作由教师向学生的单向信息流动过程，教师将教材内容加工整理后传输给学生，学生处于被动接受地位。这种传统的教学理论过于强调教师的主导作用，忽视学生的能动性，学生的创新思维以及通过亲身实践获取知识的积极性受到钳制，个性和创新能力的发展受到压制。而与此相较，在"以实践为中心"导向下的教学理论中，教师所扮演的角色就发生了转变。教师不再是纯粹的知识掌控者，对知识不再具有垄断地位，学生具有构建自身知识的权利，能够在实践活动中积累经验，构建自身知识结构体系，教师仅仅在学生需要指导时给予帮助，扮演学习促进者的角色。

其次是学习观的转变。认知理论认为，学习的实质就是获得符号性的表征或结构，并应用这些表征或结构的过程。在这种学习观引导下，学习更多的是一种发生在学生内部的认知活动，学生主要是进行一些文字、符号层面的理论知识学习，而实验、实习等实践内容只是作为辅助。认知理论虽然承认情境因素对学生学习的影响，但认为这种影响仅仅是外在的，且微不足道。这种缺陷造成了学校教育独居于社会现实之外，知识陈旧且更新速度极为缓慢，于是，当前学习理论研究的重点也不得不随之发生变化，由认知向情景转变。情景理论注重社会现实，它认为认知能力培养虽然很重要，但是如果与社会实践脱节，认知就是虚无缥缈、毫无用处的，所以主张学习要通过实践来进行，个体知识结构要与外在环境适应，保持不断更新。

最后是课程观的转变。传统的课程观以学科课程为代表，在很大程度上带有预设性意味，这时候的课程内容被细化为具体学科，形成一套套自成体系的理论，教学按照学科进行表现为一种对既有规律和现成文本的依从和执行。[①] 学科课程的理论性也滋生了重理论轻实践的弊端。新建本科院校作为培养应用技术型人才的院校传授学生理论知识固然重要，但更应该培养学生

[①] 王海燕. 从预设走向生成的课程本质 [J]. 教学与管理，2008（30）：72-73.

实践能力、创新能力，因此实践课程就显得更加重要。实践课程强调教学内容的生成性，主张师生在具体实践活动中对话、交流，通过一系列实验、实习等实践教学环节来掌握知识、技能技巧，强调通过行动来构建经验体系。在实践导向课程观下，教学是师生之间平等的对话，教师尊重学生的兴趣和能力，接纳冲突和矛盾，寻求多样性的观点。

2. 突破传统思维限制，构建实践能力培养的有机整体

科学合理的实践教学体系有助于培养学生实践应用能力，而新建本科院校没有一套成熟的实践教学体系，在很大程度上制约了对学生实践能力的培养。究其原因，主要是理解实践教学的内涵时沿袭了传统思维，仅仅从教学活动层面来把握，而没有将其作为一种教育理念。如果将实践教学仅作为一种教学活动，其内涵就有所缩小，仅仅包括实验教学、见习实习等一系列教学环节。当实践教学作为一种教育理念贯穿于教学全过程时，蕴涵这一理念的各种教学形式、教学活动、教学环节以及教学手段等，就构成了实践教学的外延，实践教学体系就构建成一个内容丰富、形式多元、结构完整的大框架，这样才能突破传统思维限制，将实践能力培养的各个环节整合起来，构成一个完善整体。需要注意，将实践教学理解为一种教育理念并不排斥其作为一种教学活动而存在，实质上将其做具体分析后，它还包含一系列子要素，如实践教学环节等，这时候"实践教学"就可以理解成一个动词短语，指一种教学活动。

3. 破除时空界限，创建全面参与实践能力训练机制

首先，要突破时间限制，创建长流水、不断线的全学程实践能力训练体系。对新建本科院校来说，培养学生应用实践能力是一个持续的过程，只是在每个阶段对学生能力培养的侧重点有所不同。要认识到能力训练具有历时性特点，在制定训练方案时按照基本技能、专业技能、综合与创新技能这一顺序统筹安排，使能力训练划分为不同阶段并能连续起来，贯穿于学生学习的全过程。其次，要突破空间限制，对内要实现全员参与学生应用实践能力培养，对外要把整个社会资源纳入进来。在学校内，要打破部门分割、各自为政的症结，加强承担实践教学任务的部门、人员之间的协调合作，建立切实可行的实践教学运作方案。健全制度措施，要建立切实有效的监督约束机制，明确各自的目标、任务和职责，形成一个人人参与，各部门协调行动的实践能力训练机制。学生实践能力的培养不能只局限于学校内部，还要突破空间限制，充分利用社会资源，如学校与企业等社会组织开展深入合作交流，争取与一些实力比较雄厚的单位合作共建实践基地，从合作单位聘请经

验丰富的技术人员作为学校兼职导师等。此外还需注意的是不能将实践教学局限于有限的实践单位、基地，要以更广阔的视角，宏观地看待实践教学的全方位性。

二、构建实践教学体系的具体策略

（一）实践教学目标体系的设计

新建本科院校实践教学的总目标是：培养学生实践技能和相关技术理论素养，使学生具有较强创新精神，具备快速、准确、创造性解决问题的综合实践能力，并且面对新问题、新情况时能够马上适应，具有可持续发展潜力。不同学科专业有不同实践教学目标，笔者将总目标作为指引，围绕职业能力培养这条主线，按传统上的人文社科、理工两个大类，分以下三个模块实践教学的具体目标。

1. 知识运用能力

与学术型本科重视理论知识学习，强调学科知识系统性不同，新建本科院校属于应用型本科教育，它强调理论知识和实践知识并重，并且理论知识更强调"广、浅、新、用"和为培养学生的应用能力打基础。与高职、高专相比，新建本科院校对学生理论水平要求较高，要求学生掌握较扎实的技术理论知识，具备较强的知识运用能力。具体来说，应用人文社科及应用理工科人才在知识运用能力这一块，都要求能够灵活地将理论知识转化为技术实践从而解决实际问题。培养学生知识运用能力，首先要明确新建本科院校的学生应该掌握哪些知识，具体来说主要有四个方面。

（1）工具性知识

工具性知识是任何高级专门人才都必须具备的知识，如计算机、英语等，不要求对每一种工具性知识都精通，但要有基本的掌握，能够将较为常用的工具知识熟练地运用到工作实践当中，认识问题、解决问题。

（2）人文社会科学与自然科学知识

应用技术型人才作为高级专业人才，必须要掌握人类自身、社会以及自然界存在发展的基本规律与基础知识。

（3）专业知识

专业基础知识是本学科的基本理论、基础知识，掌握较扎实的专业基础知识有助于拓宽认识视野，在解决问题时有助于触类旁通。专业方向知识面向职业岗位，是应用技术型人才知识体系的核心。专业方向知识要求学生掌握工作过程性和工作经验性知识，在专业训练中熟悉将来岗位的工作流程。

（4）其他相关学科专业知识

在社会实践中往往遇到一些复杂多样的难题，单凭某一种方法或者某一学科的知识无法解决，因此需要借鉴其他相关学科知识的精华，学会融会贯通。

为了使学生具有较强的知识运用能力，实践过程中应该在下列三个方面加以注意：

第一，突破传统教学目标认知取向的局限，开发学生知识运用能力。当前，中国正处于经济社会转型、产业结构优化升级时期，对从事纯理论研究的学术型人才需求不大，迫切需要的是大量具有一技之长且能够为社会经济发展做出直接贡献的应用型人才。因此，在教学当中不仅要让学生掌握较为扎实的专业基础知识，培养学生的认知、思维能力，还应该更加关注学生将知识运用到社会生活中的能力。

第二，转换知识呈现方式，提供相关知识运用情景。学生对知识的理解掌握在很大程度上受知识呈现方式，也就是呈现情景的影响。知识只有与其运用的相关条件一起"镶嵌"在各种包含实际问题的情景中，学生才会理解运用，否则就是死记硬背，即使记住了具体的知识点也很难灵活应用，更谈不上运用知识去解决现实工作岗位中的问题，也就谈不上灵活运用知识这一实践能力的发展。

第三，指导学生学会有目的地学习，增进知识运用的灵活性。教师在传授知识时，要注意调动学生学习积极性，引导学生找到新旧知识之间的连接点，利用原有认知结构构建新知识。经过有目的的学习，学生在面临新情况、新问题时，能够很快地从知识结构中调出适合问题情景的认知图式，从而快速有效地解决问题，完成任务。

2. 岗位适应能力

（1）专业应用能力

专业应用能力包括两个方面，其中专业基本技能指完成某项任务所要求的一些基础性技术能力，并且这种能力专属于这项任务。以新建本科院校新闻专业为例，学生应掌握的专业基本技能有媒体写作技能、摄影摄像技能、新媒体技术技能、调查统计与社会活动技能以及文化创意策划技能。专业核心应用能力指完成某项工作所特别要求的综合性能力。以新闻专业为例，学生应具备的专业核心应用能力有新闻采访写作能力、广播电视编导能力、新媒体综合编辑能力、媒介行动策划能力以及新闻传播综合实践能力。新建本科院校要明确每一个具体专业中，学生应该掌握哪些专业能力，根据分解出来的专业能力来设置课程,从而有针对性地为就业做准备。

(2) 关键能力

关键能力强调的是一种适应不同职业环境并取得职业成就的迁移能力。即使当工作环境发生改变,也能顺利地适应新的工作岗位。关键能力一般包括收集与分析信息的能力、沟通表达能力、计划组织能力、团队工作能力等。

(3) 拓展能力

拓展能力包括能够终身不断学习的能力,独立或者合作开展某项专业研究的能力。现代社会技术信息更新速度加快,新的职业岗位不断涌现,这就对劳动者的职业能力提出更多要求,要不断学习充实提高自身,才能适应社会发展需要。因此,新建本科转型院校要培养学生的终身学习意识,培养学生独立开展研究的能力,为学生走向工作岗位后能够不断学习进步打下基础。

以上是应用技术型人才岗位就业能力方面的总要求,具体到学科门类,还有一些差异。应用理工科培养技术师和技术专员,对人才的专业分析能力要求更高。如在计算机能力要求方面,与人文社科专业相比,理工科要求学生具备更牢固的算法基础以及更强的研发能力。应用人文社科培养的是服务型人才,要求学生具备更强的关注社会现实问题能力、沟通交流能力、运用综合知识分析解决问题的能力。总的来说,不管应用人文社科还是应用理工科,都强调对学生的综合设计能力、综合运用能力的培养。

3. 综合职业素质

新建本科院校实践教学对学生的综合职业素质要求包括两点:第一点为基本素质,涵盖基本公民道德,符合要求的思想政治素质,良好的身体心理素质,遵守职业道德规范等。第二点为职业素质,如爱岗、敬业、忠诚、奉献等。高素质应用技术型人才还应该具备强烈的职业责任心,严谨求实的工作作风,遵守职业工作规范、安全规范等。科学技术发展日新月异,学生还要具备积极进取精神,以及不断学习钻研新业务的意识。另外,实际工作中的任务往往比较复杂,一个人单枪匹马难以完成,需要多人组成一个团队分工合作,要有团队精神,并且善于沟通交流。

以上是实践教学对学生综合素质的总要求,具体到学科门类还有一些差异。应用理工科不仅要求学生掌握专业技能,还要善于把握市场信息,善于察觉市场需求的动态变化;应用人文社科要求学校在培养其良好的专业技能的基础上,重视对其服务意识、管理技巧的培养。

(二) 实践教学内容体系的组织

1. 实践教学层次的划分

基于应用技术型人才培养要求以及实践教学目标，遵循由简单到复杂、由基础到综合的教育规律，新建本科院校实践教学可以划分为如下三个层次。

(1) 基本技能培养层次

在基本技能培养层次，应用理工科主要要求学生掌握实验规范，学会常规实验器材的使用与整理，学会做一些简单的基础性实验并要熟练掌握如何编制实验报告，对于经典的实验案例要熟知其原理、方法及其操作规程，还要掌握计算机、外语等工具性知识，养成科学思维的习惯和严谨的工作作风。应用人文社科更侧重个人思维、策划、组织、协调、判断、欣赏、鉴别、表达、交往、礼仪、外语掌握与运用等能力方面的培养。

(2) 专业技能培养层次

在这一方面，应用理科、应用文科比较一致，都要求学生能够运用专业思维分析解决问题，培养学生从事相应岗位所需的实际操作能力。对专业技能的培养可以采用边学习边实践的办法，一边进行理论教学，一边及时地进行课程实验、专业实践，这样既可以加深理解，更进一步地掌握课堂上的教学内容，又可以及时地接受专业技能训练，加强理论与实践的结合。

(3) 综合应用能力培养层次

这一层次主要培养学生胜任某一岗位工作所需的综合技术、创新实践能力，要求学生能够将专业知识、技能技巧综合运用到工作实践当中。应用理工科可以采用项目设计、产品开发等形式，应用文科可以采用专业见习、教学实习、毕业论文等形式。

2. 实践教学环节的建设

新建本科院校中实践教学环节包含很多，以下面几个方法为例介绍如何建设。

(1) 实习、实训

实习、实训两者都指向职业训练，都强调外在工作条件的真实性、仿真性，因此习惯上将它们并列起来。实训是为了掌握本专业技术、能力而进行的基本职业技能训练，一般包括模拟仿真、技术训练等，可以结合市场情况，建立符合行业技术发展要求的仿真系统，反复训练后使学生在面临真实技术情景时能够灵活地应对。新建本科院校要改革传统的实习、实训方式，减少观摩式、浏览式、帮工式的实习、实训，增加具有实际操作作用的顶岗实习、实训。通常意义上，实习按照时间阶段不同可以区分为认识实习、专业实习、毕业实习。认识实习在专业课学习前进行，可以采用参观考察企业工作环境、生产过程等形式，增加学生对本专业的感性认识，激发其努力学好本专业的兴趣与热情；专业实习位于中间阶段，主要指针对某项技术能力的训练，放在学生对本专业建立感性认识之后开展；毕业实习是对学生综合职业能力的训练，在整个专业课学习之后进行，通过毕业实习使学生接触本领域的最新动态，逐渐培养综合职业素质，积累实践技能。新建本科院校可以根据不同时间阶段来选择实习方式，借助实习深化学生对专业技能的掌握，为以后走向工作岗位打下基础。

（2）课程设计

课程设计通常安排在专业课程学习之后，要求学生将所学知识和技能结合起来，综合运用到某一特定设计题目中。新建本科院校的课程设计要体现出应用性原则，选题既要满足教学要求，又要面向社会生活实际，所选题目要有新意并能检验出自身真实研究水平。在正式开始课程设计前，指导老师要明确本次课程设计的目的，确定重点难点，编制课程设计指导文件，提供相关资料，但是具体设计方案学生必须独自完成。课程设计中要引入"大工程"观，使学生明白现代工程设计往往是复杂的，通常需要各个技术工种间的协调配合，从而培养学生团队精神。最后要完善课程设计考核，学生在这一方面的最后成绩应由答辩成绩、平时成绩、方案成绩、图纸和设计说明书成绩四部分组成，杜绝抄袭现象。

（3）毕业论文（设计）

新建本科院校要突出毕业论文（设计）的应用性，使学生能够将所学知识和生产实际密切结合，提高运用所学知识独立分析问题和解决问题的能力。在毕业论文选题方面，应尽量立足于当前社会发展的现实需要，强调选题的真实性和前沿性，通过对实际问题的分析解决，使研究成果真正体现其服务决策、发展学术、影响社会的现实功用。另外，选题类型可以多种多样（如调查报告、实验研究等），理工科毕业设计可以以项目为依托，选用教师科研项目、大学生科研创新项目、企业工程项目等，项目要具有可行性、实用性、创新性。通过项目化的毕业设计，不仅能使学生得到科研训练，还培养了学生技术应用、技术创新以及团队协作等综合实践能力。考虑到学校的应用型定位，毕业论文（设计）也要体现应用型特色，加强经费投入以完善实验室、图书馆软硬件建设，加强校企合作使学生能够到真实的工作岗位中体验实践，从中发现感兴趣的研究方向，为毕业论文（设计）积累素材。另外无论是在资料提供还是方法指导方面教师都要给予帮助，采取多种措施提升论文质量。

(4) 社会实践

必须把社会实践作为新建本科院校实践教学的重要环节，作为促进大学生动手能力、创新能力以及思想道德素养提高的有效途径。首先，社会实践应该贯穿于大学整个学程，与大学生勤工俭学、实习锻炼、科技创新等结合起来，根据难易程度安排在大学各个阶段，做到社会实践常态化。其次，社会实践还应创新形式，不拘泥于调查、志愿服务、爱心演出等陈旧形态，注意突出新建本科院校的智力资源优势，如采用科技攻关、技术服务、产品开发、高科技产品推广等。积极鼓励学生在不同学科、院系、年级之间组队参加社会实践，以便优化团队智力结构，激发创新思维，集思广益，提高社会实践效果。其次，将社会实践纳入教学中并给出相应的学时学分，设计具有学科专业特色的活动整体计划，保障计划前后的连贯性，分步骤、分阶段锻炼学生实践技能。制定完善的社会实践考评制度，加强过程考核，如纪律考勤、定点巡查、中期反馈等，注重实践效果，重点考察学生思想素质、实践技能变化，同时兼顾实践的社会效应。

新建本科院校实践教学要根据能力培养规律，并结合本科教学学年周期进行安排。大学一年级主要培养学生职业能力意识，在对所学专业有初步了解之后，安排学生进行社会调查、参观考察，或者到企事业单位进行一些简单的认识实习。这一阶段主要是把学生从单纯的学校学习中解放出来，与社会进行亲密接触，增加学生对职业工作的感性认识。大学二年级主要开展与专业相关的基本技能操作训练，这一阶段主要以校内仿真训练为主，同时适度增加设计性实验，布置简单的课程设计，理工科开展适量的基础工程技术训练。大学三年级主要进行专业应用能力提升训练，继续增加实验、实习、实训的课时比例并凸显出设计性、综合性特点，课程设计要以专题研究形式进行，理工科逐步开始系统性工程技术训练以及项目教学。大学四年级主要是综合专业能力训练，通过毕业前集中实习以及提交毕业论文（设计）的形式进行。学生在毕业实习中进一步了解岗位工作的生产流程、技术操作规范，学习沟通、交流、合作、分享等人际交往技巧，通过论文写作或者方案设计进一步掌握知识的灵活运用，增进专业技能并培养科研能力。

3. 应用型本科课程的开发

实践教学的最终目标是为社会输送具有一定技术的实践型人才，而这一目标必须要通过相关课程学习才能实现，因此必须开发与社会生活联系紧密的应用型课程才能满足需要。

美国学者伯顿·克拉克提出一个著名理论：高等教育演进要受三方面力量作用，即政府、市场和学术权威，这三种力量合成一个协调三角形，每个角代表一种形式的极端和其他两种形式的最低限度，三角形内部的位置代表三个因素的不同程度结合。

新建本科院校在开发应用型本科课程时也要考虑这三种因素的影响，只不过这里三种因素变成了政府、学校、企业行业组织。首先是政府因素。应用型本科课程开发须实施产学合作，为了保障合作顺利进行，政府要给予支持，主要体现在三个方面：第一，搭建平台，政府可以借助多媒体等信息技术手段搭建校企双方在科技服务、业务交流、人才培养方面的平台，或者建立地方性产学合作组织；第二，进行奖励，政府投入一部分资金作为产学合作专项基金，用来奖励为校企合作做出突出贡献的企业，提高企业积极性；第三，出台法律法规并进一步制定实施细则，为校企合作保驾护航。政府通过平台、资金、政策支持，为产学合作营造良好环境氛围，也为企业提供更多利益实惠，从而最大程度地调动企业参与热情，为其参与应用型课程开发提供优越的外在机制。其次是学校因素。目前我国新建本科院校课程建设存在很大缺陷，对学生应用、创新能力以及探索精神的培养不足，开发应用型课程能较好地弥补这种缺陷。以课程开发中的教材编写为例，编写团队成员尽量多元化，不局限于本学校专家学者，还应联合其他新建本科院校以及企业优秀技术、管理人员，以博采众长、集中智慧，使教材既有理论传授功能，也具备紧跟时代脉搏、体现科技发展的优点。最后是企业因素。同样以教材编写为例，实践性比较强的教材只有与现代生产实践、职业工作实践相结合才能编出高水平。

新建本科院校在开发应用型本科课程时务必坚持"依托学科、面向应用"的基本理念。其中，"依托学科"指课程开发要将学科作为基础。高素质应用技术型人才要具有较为宽泛的学科基础知识，具有一定的发展潜力和后劲，能够快速适应科学技术发展以及工作环境不断变化的需要，这就要求应用型课程要具有系统性、学科性，能够达到本科层次水平，不能因为强调实践能力而忽视学科内容的固有体系。另外还要注意两点，其一就是，"依托学科"并不是要求照本宣科地开设教育部新颁布的高校本科专业目录里的全部课程，而应该视其对专业应用能力的支撑力度来进行取舍。即使开设教育部新颁布的高校本科专业目录中的课程，在学分、学时、教学方法等方面也不必"依葫芦画瓢"，而要结合学校、专业实际情况做出调整。其二就是，课程开发中所依托的学科不单指某一个学科，而是多个相关学科。科学技术发展使得现代职业工作具有复杂性，单靠某一学科知识往往不能解决问题，需要将多个学科知识联合互用。另外，"面向应用"指在保障学生学到充足的系统理论知识之外，还要使学生能够将专业技能灵活地应用到实际生活中。开发应用型本科课程要面向社会生产、管理、服务实际，无论是理论课还是实践课都要服务于某项专业应用能力的培养。在这一点可以借鉴加拿大CBE模式，通过详细的职业分析，得出此类工作在知识广度深度、能力结构方面都有哪些要求，形成DACUM图表，然后根据DACUM图表找出此类工作的核心能力或关键能力，围绕核心或关键能力设计开发方案，最后将课程方案分成若干模块并嵌入教学过程中，使各个模块之间保持连贯性。

4. 实践教学方法的探求

当前新建本科院校实践教学中出现教学方法单一枯燥、学生参与性不够的现象，正如巴西教育家弗莱雷的描述："教师总是教，学生总是被教，教师总是无所不知，学生一无所知，教师总是在思考，学生不用去思考，教师总是在讲授，学生总是顺从听讲。"任何知识的传授都要以调动学生主动性，使学生乐意接受为前提，实践教学作为传授实践技能、培育实践智慧的一种教学途径，更应该调动学生的参与积极性。

新建本科院校可选用的教学方法丰富多彩，依据的指导思想不同，实践教学方法就不同。这其中，"以学生为中心"行为导向下的教学方法因为强调学生在学习中的亲身体验而特别受到关注，它主要包括以下几种教学方法。

第一，项目教学法，它是一种以项目为依托，学生在教师指导下独立完成项目计划，从而获取知识、锻炼能力的方法，通常在项目结束时有一个可见的产品，适用于广告学、环境学等专业。第二，现场教学法，它是一种师生共同走进实践情景，并实地处理情境中的具体问题，从而增进学生面对真实场景的灵活反应能力的一种教学方法，适用于生理解剖、临床等专业。第三，案例教学法，学生在教师组织下借助研讨案例来获取知识、锻炼能力的方法，一般适用于法学、管理学等专业。第四，情景模拟法，在此笔者对这种方法做具体介绍，它指模拟职业活动中的某些场景，在这些场景中具有实际职业活动相同的功能及工作过程，学生在其中扮演一定职业角色并进行相应实际操作。

情景模拟法在高校实践教学中有模拟工厂、模拟法庭、模拟办公室、计算机仿真模拟等情景，主要运用在物流、财会、营销、护理等专业。通过模拟实际工作场景或操作流程,让学生切身体验职业工作,调整自身知识能力结构,积累实战经验,增强职业意识与责任感。情景模拟法的具体操作流程可以分为三步:第一步是模拟准备。教师依据实践教学目标,根据学校实际条件和实践内容特点选择合适的模拟形式,制定教学方案,在方案中要考虑到教学目标、实施过程、人员角色分工、设备准备等,在模拟准备阶段,教师要详细思考模拟教学中的各个程序,尽量与真实职业情景保持一致,考虑可能出现的意外情况并做好应对措施,确保模拟过程的流畅性和模拟效果。第二步是模拟实施。教师根据学生知识水平和气质特点分组,学生在小组中分工合作,完成每个阶段的模拟任务,同时学生开展阶段自查,教师仅给予协助并指出尚未发现的错误。第三步是总结归纳。主要就情景模拟教学中学生的能力表现与相应岗位要求进行对比,找出差距并反思总结,最后教师还要对整个情景模拟教学中出现的问题以及成功经验进行总结。

(三) 实践教学管理体系的建设

实践教学管理体系的建设要从实践教学管理的制度建设、组织机构建设,以及监控机制、激励机制、考核机制的完善几个方面加以探析。

1. 制定规范化的实践教学管理制度

首先,建立实践教学的总体性制度,规定实践教学课时分配、学分划分、课程开设、机构设置、教学监控、教学考核等。总体性制度规定了各个部分以及整个过程的管理任务,发挥纲领性作用,引导实践教学活动的进行。其次,依据总体性制度修订、完善各个实践教学环节的管理制度。在完善各个实践教学环节的管理制度时,要注明管理细则,制定可执行的管理标准,以便于对管理中的各种违规行为起到约束控制作用。最后,制订实践教学管理文件,包括大纲、计划、课表、指导文件等,这些都属于纲领性文件,在教学中起引导作用。这些实践教学管理的纲领性文件由校内和校外专家共同制定,以统筹实践教学的校外、校内管理,确保管理的全面性、科学性。

2. 加强实践教学管理的组织机构建设

科学高效的管理一定是管理层次清晰、管理范围明确、组织结构合理的。如果管理的层次、范围划分不明确,就会出现信息沟通困难、管理职责不明、人浮于事、相互推诿的现象。新建本科院校若要提高实践教学质量、提升管理效益,就必须转变理念进行科学管理,由粗放式向精细化过渡,加强实践教学组织结构建设。

从整体来看,实践教学管理可以划分成三个层次,即高层、中层和基层。实践教学管理高层是校级层次，主要包括校（院）长、主管副校（院）长、教务处长、实践教学科长等。校（院）长、主管教学的副校（院）长是实践教学最高管理者，主要负责学校整体层面的决策、组织、指挥、协调与监督，拟定指导性意见与合适的质量考核标准，负责学校机构内相关人员的任免，对实践教学实行过程控制。教务处长、实践教学科长等对校（院）长、主管教学的副校（院）长负责，积极配合上级并做好与中间管理层的协调沟通。根据上级做出的重要决策与传达的重要精神，细化并制成具有操作性的管理制度；指导院系拟定好各个专业的实践教学计划以及实施方案，协调教学资源在各个院系之间的分配，提高资源利用率，优化管理效益；组织专家学者做好各个院系实践教学效果的考核，并将信息反馈给学校与各个院系，以便调整实践教学计划，根据考核结果做好激励与惩罚工作。实践教学管理的中间层次是院系层次，可以设置以院（系）主任、主管教学的副（院）系主任为中心的工作指导小组，负责根据校级层次的决策制定各专业的实践教学目标、教学计划及实施方案，并联合实践基地的校外导师对实践教学进行监督、考核。实践教学管理基层指的是专业层次，主要由各个专业的带头人负责，根据上级精神确定本专业各个实践环节的具体实施计划，及时向上级汇报实施情况并经常进行反思、总结。

3. 完善实践教学监控机制

在繁杂琐碎的实践教学管理中，监控可以说是其中的关键一环，通过密切监督教学运行情况可以随时发现问题，从而及时调整、完善以实现预期目标。实践教学监控具体应该注意下面几点。

首先是优化监控方式。实践教学具有持续时间长、地域跨度大、流动性强的特点，且影响实践教学质量的因素众多，对实践教学的质量监控应综合采用多种监控方式。第一，吸收实习单位人员参与监控。实践教学活动场所不仅有校内还有校外，由于监控的难度与复杂性，学校监控往往局限于校内，对学生校外实践活动无法完全监督到位，这就需要积极吸收校外实践单位领导或指导老师参与监控。如成立实践教学督导小组，督导组成员由实践教学科的有关领导、部分有经验的实践教师，以及实习单位负责人、校外实践指导教师组成。督导组协助各个院系对学生实践出勤、任务完成、导师指导等情况进行随机和阶段性的检查，随时了解校外实践状况。第二，实践教学监控要将常规监控与专项监控结合起来，保障监控的动态性和全面性。常规监控分为前期准备监控、教学过程监控和教学效果监控。准备监控主要是检查教学场地的分配、师资配备以及教学文件、器材设备是否齐全等。过程监控主要是检查学生以及指导教师出勤、任务进展、校内外导师指导情况、实践中的人身安全等。效果监控侧重于对教学效果的反思，通过总结交流并借助一些实践教学的成果性材料，如教学记录表、教学日志、报告、成绩单以及用人单位的书面反馈或者项目成果，发现成绩与不足，并通过反思总结经验、改进不足。在进行例行常规监控的同时，还要针对实践教学环节特点和要求开展不定期的专项检查。总之，新建本科院校要从自身实际出发，采用多元化的监控形式，创新监控方法，从监控实践中发现问题、解决问题，为后续实践教学提供经验指导。

其次是监控与反馈相结合。监控不是目的，而是为了提高和改进，如果只监控而不及时反馈监控信息，实践教学中出现的问题仍然无法解决，教学质量也得不到提高。因此，要积极理顺监控信息反馈系统，努力拓展反馈渠道，完善监控信息的收集整理工作。一方面可以通过开展教学评价与检查、考试及评比、座谈会及调查问卷等活动，广泛收集实践教学质量信息。另一方面要充分运用网络渠道，如 QQ 群、微信朋友圈、BBS 论坛、邮箱等，利用网络的匿名性、开放性、交互性特点，鼓励师生在网络上充分表达实践教学中的感想、体会、建议。最后还可以建立以学生干部为主体的信息员制度，从每个专业中选出若干位学习和工作都比较出色的班干部担任实践教学信息员，通过学生渠道来反馈信息。将通过多种途径收集来的信息进行甄别、梳理后，上报给上级决策机构，上级分析思考后提出解决方案，并运用到下次实践教学中，如此就形成了一个循环往复的信息监控、反馈系统。

4. 建立实践教学激励机制

一直以来，新建本科院校对实践教学重视程度不够，实践教学处于边缘地位，现在新建本科院校应用技术型的定位使得实践教学被提高到重要位置，为此需要重新调整师生认识，运用恰当的激励措施鼓励师生主动参与到实践教学中。

（1）合理运用内部激励

摒弃实践教学无足轻重的偏见，使师生意识到其重要性后产生自我激励。对于教师来讲，要充分理解自身在教育中的使命，以及清楚在学生实践能力训练中应该扮演什么样的角色，并且也要看到通过实践自身也能获得锻炼与提高；对于学生来讲，让他们意识到实践技能对以后发展的重要性，在就业、成才中的积极作用。自我激励是一股强大的力量，自我激励产生后，师生能够自觉地参与实践教学，做好教学反思并提升计划，在提升实践教学质量的同时还促进了自身发展。

(2) 必须重视外部激励

对教师的激励可以是物质上的激励，如增加实践教学课时津贴、生活补贴、岗位津贴，补贴或报销考取职业资格证书的费用以及参加实践培训的交通费用；也可以在物质激励得到保障的同时进行精神激励，如在职称评定、业绩考核、出国培训、教学评奖时，加大实践教学经历的指标比重，没有实践经历的教师不得参与评比。对于学生，也要采取一定措施激发其参与实践教学的积极性，比如给予在实践技能比赛或者科技创新中获得较好成绩者学分奖励，并运用到奖、助学金的评定上来，还要创新激励方法，综合运用目标激励、典型激励、奖惩激励、差别激励等激励模式，提高激励效果。科学的激励能极大地激发师生参与实践教学的热情，形成热爱实践的良好风气，从而提高实践教学效果。

5. 完善实践教学考核机制

实践教学考核是对学生及指导老师实践中现实表现及成绩的整体评价与总结，根据考核结果对表现良好、成绩显著的教师与学生给予奖励，对那些经常偷懒、蓄意作假者施以严厉的惩罚。实践教学考核可以起到惩戒作用，营造严肃认真、真抓实干的教学氛围，另外考核中的"表彰先进、警示落后"也可起到反思、总结功效，为更多教师和学生提供典型范例，使其借鉴成功经验，汲取失败教训。

（四）实践教学保障体系的完善

根据本书的界定，新建本科院校实践教学保障体系主要由两部分组成，分别是"双师型"师资队伍建设以及实践教学基础设施、基地建设。

1. "双师型"师资队伍建设

教学效果在很大程度上受教师队伍整体水平制约，新建本科院校若要提高教学质量、优化教学效果，就须采取多种措施努力建设一支与其自身发展定位相符，且整体具备较强理论质素与实践素质的"双师型"师资队伍。

(1) 提高实践教学教师地位

与国外新建应用技术型本科院校相比，我国新建本科院校缺乏对实践教学教师的重视，实践教学教师，尤其是实验教师仍然被视为教学辅助人员，并没享受到应有待遇，这就难以将高水平人才引进到实践教学队伍，使教学质量提升困难。因此，必须首先提高实践教师地位，给予其充分的尊重与信任，为其营造宽松、稳定、人性化的工作环境，使其心舒气畅、安心踏实地在实践教学岗位中充分发挥自己才能。建立公平的职务晋升以及竞争机制，让实践教师看到在实践教学岗位上有远大的事业发展空间，另外学校还要在待遇以及日常生活中给予实践教师关心，做到"待遇留人、制度留人、事业留人、环境留人和感情留人"。

（2）加强在职教师培训

新建本科院校要加大教师实践技能培训的经费投入，并且制定科学的培训规划，加强培训力度。有计划地组织教师到企业行业参观学习，参加实践教学的学术论坛以及经验交流会，经常参加学校与社会合作举办、的各种活动，以获得社会发展的最新信息。邀请企业、行业组织的专家或者在生产一线工作并且具有丰富经验的技术人员来学校讲学，对在职教师开展相关培训。

（3）鼓励教师获得相应职业资格

作为培养应用技术型人才的专业人员，教师自身要拥有较强的专业技术，因此必须有相关行业的职业资格。新建本科院校要制定有关政策，鼓励教师获取职业资格认证机构颁发的资格证书（如会计专业教师获取会计从业或注册会计师资格），教师没有相应资格证书不得上岗，并且在职称评比时将职业资格证书作为一个重要指标。对于教师考取资格证书所用费用，学校要给予相应补贴或者报销。

（4）鼓励教师在企业中挂职锻炼

校企双方合作时可以签订相关契约，明确规定各自权利与义务，学校可以有计划地分批选派教师到企业中挂职锻炼。教师在挂职期间直接参与工程实践，了解企业生产实际，及时掌握生产工艺，参与具体项目的调研、分析、处理，针对生产管理中具体问题开展科学研究。学校应搭建校企合作平台或者以科研项目为依托开展与企业的产学研合作，以这些具体形式来密切新建本科院校与企业的联系，从而使教师能够更好地深入企业生产管理一线，了解科学技术发展最新动态，完善实践知识技能结构。经过企业的挂职锻炼，教师不仅能够获得自身专业发展，而且还能将社会发展的新需求、新技术及时补充到教学中，从而促进教学改革、课程建设。

（5）做好专兼职教师引进

学校专职教师引进时要明确引进标准，将"双师型"教师作为参照，重视引进或柔性聘用具有行业背景与学术经历的"两栖人才"，努力将具有较强理论素养和较高实践技能的人才聘请到学校，引进到实践教学队伍。除了专职教师聘请外，还要结合对在校学生数量、师资力量等方面的分析，确定聘任兼职教师的数量、要求以及对应的职业，然后制定详细的引进计划。另外还可以在当地教育主管部门牵头下，区域内各高校积极响应，联合地方多家企业及行业组织，从中推选热心教育的技术能手、工程师、管理人员加盟成立区域兼职教师资源库或兼职教师协会，通过资源库来缓解兼职教师聘请难的困境，实现区域内优质资源共享、协同共进的良好发展局面。兼职教师大多为技术能手或者优秀管理人员，虽然具备充足的实战经验但缺乏教育教学技能，新建本科转型院校可以开展教学观摩课、教学经验座谈会等，提供形式丰富、内容多样的教学培训，使其掌握基本教育规律、教学要领，熟练运用现代化的教学仪器和设备，以便提高教学技能，从而能够更好地将生产管理中的新技艺顺利地教授给学生。

2. 实践教学基地建设

（1）多渠道筹集教学经费

新建本科院校实践基地在日常运行中会遭遇资金不足的困境，这也造成了基地软硬件落后，设施配备不够齐全的问题，为此，努力拓展教学经费来源、开辟资金来源渠道就显得十分重要。首先要积极争取政府财政拨款，在中央财政投入有限的情况下，通过服务地方经济社会来获取地方政府的资金政策支持。其次是设立校办企业。新建本科转型院校可以考虑创办适应地方经济发展的校办企业，依托学校的人才、智力优势把企业做大做强，这样既可以将企业作为学校的实践基地，也可以通过企业把理论性的研究成果转化为真正的生产力，从而获得一部分收入。再次就是要加强学校与企业的联系，通过寻求双方合作的现实基础来实现双赢，新建本科院校通过校企合作，可以引进企业资金投入实验室或科技研发基地，提高教学硬件设施质量。最后可以借鉴美国的校友捐赠制度，借助校友捐赠完善实践教学基地的硬件设施建设。校友对母校怀有深厚情谊，在社会上工作了多年之后直接或间接地掌握了一部分资源，尤其是事业有成的校友通常具有较强财富实力。新建本科院校可以调动校友积极性，充分借助校友的社会影响力、人际关系以及资金支持，通过校友拓宽实践教学经费筹集渠道。筹集到的教学经费要实行精细化管理，设立实践教学经费专项管理制度，使每笔经费支出做到清晰透明，使有限资金优先用于改善实践教学条件、加强软硬件配备。

（2）建立多元化实践基地

各高校要努力建设教学与科研紧密结合、学校与社会密切合作的实践教学基地，基地建设可以采取校所合作、校企联合、学校引进等方式。以教育部文件精神为引领，新建本科院校要开阔思维，积极探索实践基地建设的多元化途径。可以通过协调院系之间关系，整合校内资源，成立人文实验中心、工程实验中心等，建立以学校为主导的校内实践教学基地。还可以联合该区域内的多家院校，根据各自意见商量讨论后达成相关协议，成立校际联合型实践基地，最大限度地发挥各自优势资源，共建共享实践教学基地，以提高实践教学基地的利用率。加强学校与政府、事业单位等的联系，通过挂职锻炼、人才培训等形式深入合作，建立事业单位型实践基地，解决文科类专业实习难问题。加强学校与企业、行业组织的合作，建设企业性质的实践基地，利用自身智力资源优势与其优势互补、共同受益。总之，新建本科院校要结合自身以及区域地方实际，不断探索、创新实践教学基地建设的新形式。

第四章 新建应用技术型本科院校教学质量保障体系构建研究

教育质量保障体系对保障和提高新建应用技术型本科院校教育质量发挥着不可替代的作用，是教育质量提升与发展的根本性措施，是全方位保障新建应用技术型本科院校教育质量的综合系统。从实践层面来看，新建应用技术型本科院校的质量保障是教育参与者和实施者通过协调和控制各种因素，充分开发和运用相关资源，从而使新建应用技术型本科院校的人才培养质量不断提升的系统化过程。与研究型大学相较，新建应用技术型本科院校主要培养适应经济社会发展需要的高层次应用技术型人才，此类人才既要熟练掌握社会生产和生活一线的基础知识与技能，又能将这些知识和技能应用于所从事的专业实践。这就意味着新建应用技术型本科院校在人才培养模式上要走出一条与普通高校不一样的道路，需要在服从国家经济社会发展战略的基础上，坚持以技术应用为导向，人才培养方案的设计要以培养技术应用能力为主线，构建的课程和教学内容凸显应用特征，重视"产研教"协同，建立健全新的人才培养模式。毋庸置疑，高等教育的多元化发展自然对质量保障活动产生了深远影响，丰富了质量的内涵和质量保障活动的价值基础[1]，在高等教育分类管理的政策背景下，新建应用技术型本科院校亟待建立和完善符合其发展特色的质量保障体系，从制度制定、运行及反馈各环节形成良性运行系统，促进教育质量的综合提升。

第一节 我国新建应用技术型本科院校质量保障体系的现状与问题

近年来，在教育主管部门的政策推动下，加快发展新建应用技术型本科

---

[1] 邱均平，徐蕾. 应用技术型大学人才培养质量的内部保障[J]. 重庆大学学报（社会科学版），2017（01）：71-75.

院校的热潮正在兴起。建设新建应用技术型本科院校正逐渐成为我国高校改革的一个新趋势。但在快速转型发展的过程中，人们对于新建应用技术型本科院校建设过程中涉及的一系列理论与实践问题的认识上还存在分歧，尤其在质量保障体系上存在诸多问题。问题集中表现在以下几个方面。

一、教学质量保障体系的现状及问题

教学质量保障是学校、教师和学生持续发展战略的主要措施，它以学生、教师和学校的发展为保障对象，根据变化的社会需求来调整学校及教师、学生的发展目标。教学质量保障要求学校持续关注教学发展的过程，对涉及学校及师生发展的关键要素进行经常性的诊断，通过完善教学质量标准、加强教学质量监控等手段不断完善质量保障体系，以保障学校、教师和学生的稳步发展。目前，新建应用技术型本科院校的教学质量保障仍存在诸多现实问题，集中表现在教学质量标准单一、教学计划制定随意、实践教学实效不足、教学质量监控不够和"双师型"教师队伍建设不足等方面。

（一）教学质量衡量标准单一化

为更好地建设新建应用技术型本科院校，切实地提高教学质量，新建应用技术型本科院校必须制定出相应的教学标准来体现学校的应用型特征。该教学标准必须同时具备学术性和实践性，且必须以技术为导向。这就决定了新建应用技术型本科院校的教学标准不同于高职院校和普通本科院校偏重技术应用或学术的单一教学标准，而必须将两者进行有机融合，并在融合基础上进行创造性延伸。简单地将高职院校和普通本科院校的教学标准进行复制和叠加，会让新建应用技术型本科院校难以形成自身特色和优势，从而处于尴尬境地。

通过对学校管理者及教师的访谈发现，新建应用技术型本科院校教学质量标准目前存在的问题主要表现在以下几方面：一是技术应用性特色评价指标体系缺失。受访者认为，教育部目前所用的本科教学工作合格评估指标与普通本科院校的区别不大，新建应用技术型本科院校教学的内部自我评价指标往往以教育部的评估指标为依据，以便更好地通过教育部教学评估，从而导致内部的教学质量评估标准缺乏技术应用型特色。二是教学质量评价内容不全面，对教学质量进行评价的过程中，往往注重对课堂教学的评价，而忽略课堂之外的教学的评价，实践教学尚未引起足够重视，对实验、实习、实训的督查还有待深入。三是评估主体、评估指标体系和评估方式单一。多数受访者认为，现在我国外部的高等教育评估主体就是政府，相关的教育评估中介组织的建设尚未切实推进。教育部高教司评估处负责本科教学评估的政策研究和评估方案的制定，教育部高等教育教学评估中心负责组织全国的本科教学水平评估，教育部研究生与学位以评估研究中心负责全国的研究生评估。后面两者均是教育部直属的事业单位，带有强烈的行政色彩，举办者、管理者与主导评估者是同一主体，这样的评估，其公正性、科学性和公益性就受到挑战，同时评估的效度也难提高。此外，我国现行的评估指标是在高等教育精英阶段基础上制定的学术标准，虽然在执行的过程中，进行了一些微调和补充，但是与大众化阶段的学术标准间的契合度尚显不足。

（二）教学计划的科学性不足

受社会大环境及办学惯性影响，新建应用技术型本科院校在教学计划的制订与实施上，还是难以摆脱以理论知识为主的习惯，教学计划的科学化程度堪忧。

新建应用技术型本科院校教学计划的制订和实施主要存在以下问题：一是教学计划存在重理论、轻实践倾向。目前新建应用技术型本科院校都不同程度地重视理论知识的传授，对于教学实践环节或多或少地存在着一些轻视，对学生解决问题的能力培养存在严重不足；在教学计划实施过程中，理论教学过重，出现了与学术型本科同等程度的倾向，模糊了技术应用型本科教育的应用性的特征。二是教学计划的制订缺乏深入调查。在制定教学计划时，学校缺乏深入的调查，对社会岗位或企业、行业对人才的需求缺乏了解，这使得相应的教学计划出现偏差，使得有的专业的教学计划和目标出现过于宽泛的问题，理论教学与实践教学的关系出现偏差。三是专业课程设置忽视知识与产业的联系。多位受访者指出，目前新建应用技术型本科院校在专业课程设置上依然存在着向学术型本科院校靠拢的现象，强调知识的完整性与系统性，而不是面向应用，忽视了知识与产业的联系、知识与能力的联系，造成学生学习内容与工作实践内容的脱节。同时，未能将理论学习和实践学习相结合，大多采用前两年接受理论教育，后两年接受实践教育的教学模式，使理论教育与实践教育各成体系，不能很好地结合。

（三）实践教学的实效性不高

在应用技术型人才培养过程中，实践教学是一个不容忽视的重要环节，这是学生将所学的专业知识用于实际中的一个主要环节，在这个环节中学生应该得到很大的锻炼，并且为今后能够顺利地走上工作岗位，实现零过渡做好准备。但是在实际的操作中，实践教学却因为多种原因受到很大限制，实效性不足。

对新建应用技术型本科院校而言，衡量其实践教学质量的一个最关键的因素即是实习实训体系的完备程度和学生实习实训的效果。构建特色鲜明、效果显著的实习实训体系，满足人才培养的目标要求应当是新建应用技术型本科院校提升实践教学质量的必然要求。但受办学经费不够、实训场地不足等客观因素的制约，多数新建应用技术型本科院校缺乏充分的实训教学。

目前学生实习实训力度不够，主要表现为学校课程内容理论知识居多，教学场景拘泥于教室，教学内容局限于书本，实践课时少，且不够受重视，能够有效指导实践的"双师型"优质教师缺乏等，直接导致人才培养与实践工作相脱节，学生专业技术能力提升不明显。虽然多数新建应用技术型本科院校都意识到了实习实训对于学生就业和学校发展的重要意义，逐步增加实践课程的比重，并将此列入学校人才培养方案，但实训内容仍难以满足学生发展需要和社会用人需求。且新建应用技术型本科院校仍普遍存在一些自身难以突破的瓶颈，如硬件设施不足、优质师资匮乏、课程设置存在盲目性和随意性缺乏科学论证、办学理念不能紧跟社会时代发展等，都成为制约新建应用技术型本科院校实践教学质量的桎梏。

新建应用技术型本科院校实践教学实效性不高的原因主要有以下几点：首先，教师对实践教学的认识不够深刻，很多教师只重视学生的技能训练，但对于学生的创新及创造能力要求明显不足。其次，学生缺乏自主开展实践学习的机会。再次，对实践教学的监督不够，很多教师和学生对于实践教学不够重视，有应付心理，学校对此的监管力度不到位。最后，校企合作不足，缺乏相应的政策保障，企业的积极性不够高，对学生的实习实训采取放任态度；学校则以学生的安全为首位，对学生实习成果检验也是放任态度，缺乏完善的检验制度；对学生来说，由于缺乏约束和相应的引导，学生会对实习所学到的东西持怀疑态度，因而也会出现松散懈怠，没有认真对待，以至于实践教学的实效性得不到保障。

（四）教学质量监控全程性不够

教学质量监控就是对教学质量形成的相关因素进行观察和控制。对教学质量实施全程监控，是学校进行教学质量管理的重要手段，通过对教学观察获得的信息进行分析，并据此采取有效的干预，从而进一步完善教学工作，提高教学质量。

造成教学质量监控效果不佳的主要原因在于教学质量监控的全程性不够。首先，学校对教育教学质量的目标定位（如人才培养目标定位、质量保证目标定位等）不够明确。多数新建应用技术型本科院校虽然都建立了较为系统的教学质量监控体系，包括教学督导、教学检查、听课制度等，但仍然缺乏相应的定期评估、反馈、师生申诉制度等改进性制度。其次，一些学校在教学质量监控体系的理论构架上比较完善，但缺乏有效的运行机制保障。如何将学校制定的各项规章制度和质量监控体系有效地运用到各院系的教学活动中去，并将之转化为每位教师、学生、管理人员的自觉行为，这是新建应用技术型本科院校应该继续努力的方向。三是主要教学环节质量标准的科学性、合理性较差，质量标准缺乏可操作性，包括课程建设、实验室建设等标准。最后，教学质量监控体系在理念上缺乏全面质量管理的思想。实践中，多数学校的教学质量保证工作是在教学过程的监控方面做了大量散点式的工作，对于保证和促进教学质量的其他方面的监控、反馈和改进尚显不足，全面管理理念的实践不足。

二、构建新建应用技术型本科院校教学质量保障体系

在办学主体多元化、办学形式多样化、办学内容多层化的大众化教育时代，新建应用技术型本科院校必须转变教育观念，在办学定位上不能盲目地向研究型大学看齐，应准确把握自身特点，根据实际情况和培养目标，建设相应的质量保障体系。

新建应用技术型本科院校的质量保障体系是指为了使政府、社会和学生对新建应用技术型本科院校在教学、科研、社会服务等方面的质量感到确有保障而构建起来的组织与程序系统。根据新建应用技术型本科院校的功能定位，其质量保障体系也相应地划分为教学质量保障体系、科研质量保障体系和社会保障质量保障体系三个子系统。在这三大子系统中，由于教学功能是新建应用技术型本科院校的基本功能，教学质量保障体系是新建应用技术型本科院校生存与发展的关键所在，居于新建应用技术型本科院校质量保障体系的核心地位。学校能否培养出具有创新精神和创新能力的应用型人才是衡量一所学校教育质量的重要标志，人才培养质量的保障则有赖于教学质量的提升；除了教学以外，新建应用技术型本科院校还承担着越来越多的应用型科研任务，科研质量进一步影响着教学质量和社会服务质量，需要通过建立科研质量保障体系来确保新建应用技术型本科院校此项功能的发挥；新建应用技术型本科院校的社会服务既可促进教学与科研质量，又是检验教学质量与科研质量的"试金石"，因此，社会服务质量保障子体系对于促进新建应用技术型本科院校的整体质量提升和良性发展有着重要意义。

（一）加强课程与教材体系建设

课程与教材建设的好坏直接决定了学校教育质量的高低。新建应用技术型本科院校的课程与教材建设首先要树立新的课程理念，这一理念应该与传统的学术性大学相区别，要能够满足培养多层次、多类型应用型本科人才的要求，继而依据新的课程理念构建适合应用技术型人才培养的课程体系。

新建应用技术型本科院校的教材建设要遵循"编""选"并重原则。首先要选用合适的教材。新建应用技术型本科院校所选用的教材必须同时兼顾理论知识与实践应用两个方面，既不能照搬普通本科高校所选用的理论型教材，也不能采用高职院校完全侧重职业性和操作性的教材，必须做到理论与实践的有机结合，吸取二者优势，补齐短板，并进行整合创新，选取最为实用、适用的教材，从而体现出新建应用技术型本科院校的独特优势，满足新时期应用技术型人才培养需求。其次，联合编写知行体系教材。充分发挥团队的集体优势和协同作用，通过与业界合作，联合其他高校的专家学者、工厂企业的工程技术人员，以及高层管理人员力量，共同参与教材的编写。

（二）构建实践教学新体系

对于新建应用技术型本科院校来说，使学生真正实现由理论到实践、从知识到能力的过渡与转化是实践教学的目的和旨归，正源于此，学生的实践能力成为评价教学质量的一项重要指标，构建实践教学新体系是整体提升新建应用技术型本科院校教学质量的关键所在，离开这一环节，提升学生的实践能力和创新能力就无从谈起。新建应用技术型本科院校应当增加实践教学的比重，适当减少理论教学课程时数。

根据专业培养要求，鼓励教师改革实践教学模式，认真设计实践教学方案，合理安排实践教学内容和进度，将实践教学贯穿至整个学习过程之中。此外，为进一步提高学生的核心应用能力，新建应用技术型本科院校要加强对学生实践学习的考评力度，通过建立相应的考核评价机制，激发学生实践课程的学习热情。

第二节　新建应用技术型本科院校教学质量保障体系的运行机制

新建应用技术型本科院校教学质量保障体系的运行机制主要包括教学质量管理的决策机制、行之有效的教学质量监督机制和以学生为本的教学质量激励机制。

一、教学质量管理的决策机制

新建应用技术型本科院校教学质量管理的决策机制，是指大学内部基于一定的教学决策理念所形成的履行学校教学质量管理决策功能的组织机构及其运行方式，其基本要素包括教学质量管理的决策主体、决策内容和决策运行方式。

(一) 教学质量管理的决策主体

大学教学质量管理的决策机制是由若干决策组织——大学教学质量管理的决策主体构成的。在我国新建应用技术型本科院校教学质量管理的决策实践中，决策主体从个体角度看，主要包括行政管理人员、教师和学生等；从组织角度看，主要包括各级行政组织、学术组织等。各决策主体凭借各自持有的角色权力和责任参与教学质量管理决策，通过分工协作共同完成决策任务。

首先，享有学校适当权力的利益相关者以与其相匹配的方式参与教学质量管理决策。作为典型的多利益群体共存组织，新建应用技术型本科院校的利益相关者大致包括行政管理人员、教师、学生、校友和财政拨款者，以及科研经费提供者、产学研合作者等与学校有契约关系的当事人，还包括当地社区和社会公众等。以上多个类型的利益相关者根据与学校的密切程度，大致可分为核心利益相关者、重要利益相关者、间接利益相关者和边缘利益相关者四个层次。各利益相关者享有适当的权力并以适当方式参与教学质量管理决策。例如，作为大学核心利益相关者，行政管理人员行使行政权力，教师行使学术权力，学生行使学生权力，他们在享有权力的同时也以与之相匹配的方式参与学校教学质量管理的决策。实践中，新建应用技术型本科院校教学质量管理决策最终是由校长办公会议、学术委员会、学位评定委员会、教学指导委员会等相关组织做出的，即机制中的主体是以组织的形式出现的。

其次，相关职能部门分工协作完成教学质量管理决策。新建应用技术型本科院校在教学质量管理决策中，虽然主要由主管部门就相关问题制定决策方案，但同时也涉及相关职能部门，他们也有提供信息、发表意见和建议的权利和义务。因此，一个科学、合理、可行的决策，需要主管部门在决策方案确定过程中，听取相关职能部门的合理建议和意见，由主管部门和相关职能部门分工协作完成。

(二) 教学质量管理的决策内容

新建应用技术型本科院校教学质量管理决策机制的主体有一定的作用对

象，即决策的内容。教学质量管理决策的展开和教学质量管理决策机制的运行是围绕决策内容进行的，主要包括教学质量管理目标决策、教学质量管理过程决策和教学质量评价决策等。从新建应用技术型本科院校教学质量管理工作的实践来看，教学质量管理目标决策主要包括学校教学质量中长期与整体规划决策、学校教学理念和目标决策；教学质量管理过程决策主要由学校重大教学改革决策、教学管理规章制度决策、学科及专业发展与设置决策、人才培养方案制定与调整决策、课程设置与建设决策、教材编写与审定决策等构成；教学质量评价决策包括教学质量标准及评价决策、文凭与学位授予决策等。

二、行之有效的教学质量监督机制

高效能的教学质量监督工作是一项建立在有效激励和约束机制基础上的多种因素相互作用的系统工程，而有效的激励和约束机制，一方面体现在针对教师和教学单位对人才培养质量重要性认识的激励上，另一方面体现在针对学生自觉学习和良好学风建设的约束上。新建应用技术型本科院校的教学质量监督机制包括内适应性监督机制和外适应性监督机制，出于研究需要，这里我们主要探讨前者。目前，新建应用技术型本科院校一般运行两种教学质量监督机制，一种是院系二级或校院系三级教学质量管理体系和规章制度，另一种是教学质量督导体系和校院两级教学质量监控机制。新建应用技术型本科院校要建立行之有效的教学质量监督机制就需要针对以上两种教学质量监督机制，做好以下工作。

首先，树立科学有效的质量监督理念。"科学有效"主要体现在三个方面，即全面、全员和全过程。根据高等教育全面质量管理的思想，一个行之有效的教学质量监督机制，应紧紧围绕人才培养目标，发动学校全员，即包括全体教职工和学生在内的每一个成员，有组织、有计划地参与学校教学质量监督，对影响教学质量和学生全面发展的制约因子进行全面监控，切实做好教学每一个阶段、每一个环节的全过程监控，而不是单纯的只对教学质量的监控。

其次，要从自身实际出发。每所学校都有自己的基础和优势，新建应用技术型本科院校也不例外，无论哪种办学目标和层次的新建应用技术型本科院校，都应真正确立教学工作在人才培养和学校发展过程中的核心地位，并将其落到实处；都要根据学校所在区域的经济、社会发展状况和本校的基础与优势，准确把握教学质量监督机制的关键要素，依据学校的发展定位，从本校实际情况出发，采取有力措施，分阶段、有重点地进行教学质量监控，防止出现超越自身能力、盲目趋从的教学质量监督问题。

第三，重视教学管理制度建设。教学管理制度一般包括学校发展规划和目标定位、学校人才培养目标、专业设置办法、教学计划、课堂教学规范、教学质量标准、教学改革方案、重点学科建设规划、重点课程建设方案、教学管理水平评估办法、教研工作条例、学生管理条例、教材管理办法和考试管理办法等，学校教学管理制度是实施教学质量监督的根本依据。新建应用技术型本科院校教学管理制度建设一方面应借鉴传统研究型大学的制度建设，使学校管理制度更加全面，更为重要的是，制度的建设必须从应用技术型教育的实践出发，结合应用技术型人才培养的实际制定适合学校发展特色的教学管理制度。

第四，坚持责任追究制，建立教学工作评价奖惩办法。新建应用技术型本科院校要督促各学院（系）建立健全教学工作制度和教学管理制度，通过完善制度对教学质量进行监控和评价，充分调动院（系）做好教学工作的积极性，奖励教学工作先进单位，同时对后进单位形成鞭策作用；通过制度对教师进行综合考核，建立教学工作奖惩办法，将教师的考核与奖惩与教师自身发展结合起来，优者受奖，劣者受罚，考核结果也与教师的职称晋升、工资晋级等挂钩；建立责任追究制度，严肃查处教学事故和违纪行为。

第五，强化教学质量监督队伍建设。只有建立懂得高等教育特点与规律，有专业特长，具有客观公正的态度、高度的工作责任感和调查研究能力的监督队伍，形成健全的人员监控网络，教学质量监督才能真正取得实效。因此，对于绝大程度依靠人力监督完成的教学质量监督工作，要想使教学质量监督取得实效，教学质量监督人员队伍的素质至关重要。教学督导、巡视员、专家学者、学校领导、教学管理干部、学生代表等都可以是监督人员，他们的素质高低不同，自然会对教学质量监督的结果产生影响。就新建应用技术型本科院校而言，要通过组织进修、培训和在实践中学习；通过加强人员队伍的教育与管理，使其明确职能、责任和权限；通过定期检查考核、奖优罚劣等方式，不断提高工作在一线的教学管理队伍的管理监督素质，特别是院（系）级教学管理队伍的专业素质。

三、以学生为本的教学质量激励机制

作为新建应用技术型本科院校的核心利益相关者，学生这一决策主体数量庞大，与教育教学有着最直接的关系，是学校教学质量保障体系中的主角和评价主体。因此，新建应用技术型本科院校应在质量管理机制中完善学生参与教学质量评价制度，建立以学生为本的教学质量激励机制，调动学生参与教学质量评价和管理的积极性，充分发挥其在教学质量保障中的主体意识和积极作用。

建立以学生为本的教学质量激励机制，不仅是对学生发展的关注和支持，同时，学生作为主体参与学校教学质量评价，其评价结果对学校教师群体和个人发展也有着积极的支持作用，主要体现在：评估结果是教师评先、评优和树立典型的重要依据，将教学质量评价结果与教师的利益和荣誉相挂钩，奖优罚劣，有利于调动教师的主观能动性，不断提高课堂教学质量，不断提高从事教学研究和教学改革的积极性；评价结果也是教师参加专业技术职务评聘、年度考核和晋级的基本依据，有利于激发教师工作的积极性、主动性和创造性；此外，评价结果能为教师个人提供比较综合、全面、真实、有效的反馈信息，有利于教师发现自己的缺点，并为教师提供建设性的意见和相应建议，为教师今后的职业发展指明努力的方向和前进的道路。

（一）以学生为本的教学质量激励机制的构建原则

新建应用技术型本科院校要从本校工作实际出发，在遵循教育教学基本规律的基础上，科学制定体现学校自身特色的、以学生为本的教学质量激励机制，完善激励制度和实施策略。我们认为，建立以学生为本的教学质量激励机制应遵循以下基本原则。

第一，导向性原则。从学生角度来说，有效的教学质量激励机制可以促使教师树立以学生为本的理念，不断保证和提高教学质量，另一方面，有效的教学质量激励机制有利于使教师产生提高教育教学质量的意愿，系统性地逐步引导他们改善自己的思维方式，不断完善自己的知识结构，强化和保持教师提高教学质量的积极行为，弱化和消除教师不利于教学质量提高的行为，从而提高教学技能，起到引导发展的作用。

因此，建立以学生为本的教学质量激励机制必须坚持导向性原则，站在较高的层次，从促进学生全面发展和教师专业能力提升出发，引导教师在提高教学质量的目标中促进自我发展。

第二，学生中心原则。以学生为本的教学质量激励机制需要以促进学生的发展为旨归。在教育教学过程中，强调以学生为本，尤其是创造型教学，强调学生的学习主体作用。要求教师在教学结构的设计中就把学生摆在中心地位，在教学活动中充分发挥学生的主体地位和主观能动性，在教学质量保障体系中对学生的学习状态、学习行为和学习效果实施动态监控，将教学活动的过程作为学生的发展过程。同时，在教育教学过程中，需要关注学生的个体差异，理解并重视这种差异对学生学习活动和效果的影响，重视学生在教学质量评估中的发言权。

第三，多样化原则。教师和学生是教学工作的主导和主体，新建应用技术型本科院校教学质量激励机制的建立应以教师和学生为出发点，不断满足他们的需要，并调动教师和学生参与的积极性。依据马斯洛需要层次理论，人的需要是多层次、多样化的。因此，新建应用技术型本科院校在建立教学质量激励工作机制时应充分考虑激励客体存在多种需求的特点，掌握激励要素的组合结构，选择合适的激励时机，灵活选择运用物质激励、精神激励、个体激励、团体激励等多种方式，实行多层次、多样化的激励，并注重激励的效用，以此调动教师工作的积极性，提高学生学习的主动性和积极性，达到提高教学质量激励的目的。

第四，反馈性原则。斯金纳在对动机研究的实验中发现，在操作性活动受到强化后，其明显结果是这一操作性的活动频率增加了，而在反应之后不给予强化，则反应就会减弱。因此，新建应用技术型本科院校在建立以学生为本的教学质量激励机制中应把握运用这一实验原理，注重激励的强化作用，在机制运行过程中，对教师和学生提高教学质量的积极行为及时予以激励和反馈。及时的反馈，能够使学校迅速掌握这一激励机制运作过程中的具体情况，提高激励的效能。

（二）建立系统的教学质量激励制度

新建应用技术型本科院校教学质量激励机制需要以一系列激励制度为基础和保障，具体而言，包括薪酬制度、教学奖励制度、进修培训制度等。

1. 建立合理的薪酬制度

薪酬制度是激励机制的重要组成部分，以业绩为依据的薪资制度能够激发教师的工作动力，提升教师的工作满意度，从而提高教学质量。本着激励性和灵活性的原则，新建应用技术型本科院校要根据自己的实际情况建立以教师工作业绩为依据的薪酬制度。从本质上看，以教师的工作业绩为依据来决定薪资奖金的制度是一种弹性的薪资制度，这种薪资制度的结构通常包括教师基本工资、职务津贴和业绩工资三项，前两项是固定工资，第三项相对灵活，教师的业绩工资往往通过教学工作量、教学质量和工作业绩来进行考核，会伴随考核结果的不同而不断发生变化。因此，恰当处理好基本工资、职务津贴和业绩工资的比例关系，能够激发教师的工作动力，满足教师的心理需求，加大对教学工作的投入，从而有效提高教学质量。

2. 建立多样化的教学奖励制度

教学奖励是对教学活动的积极成果给予精神奖励和物质奖励，是对教育实践主体价值的尊重、确认和肯定。新建应用技术型本科院校要充分认识到教学奖励的重要作用，并在建立和完善教学奖励制度上注意以下几个方面。首先，教学奖励要做到公平公正，公平公正是教学奖励有效实施的前提和基础，能有效调动教师群体的工作积极性。要公平合理地做好教学奖励的评定工作，保证教学奖励的信誉，发挥教学奖励的激励作用；其次，教学奖励要结合当前教育教学改革和新建应用技术型本科院校教学工作的实际情况，使教学奖励对新建应用技术型本科院校的教学工作起到良好的导向激励作用；最后，教学奖励要相互独立、相互补充、系统整合，例如，可设立针对教学的教学成果奖、针对课程的优秀课程奖、针对教师的教学模范奖等，奖励内容的设置要覆盖课堂教学、实践教学、课程建设、教学手段、教学技术和教学管理等教学工作的各个方面。

3. 建立科学灵活的教师进修培训制度

教师有职业成长和不断自我实现的需求，因此，新建应用技术型本科院校要建立科学灵活的教师进修培训制度，为教师搭建不断成长的平台。一方面，学校要建立专门的管理机构，负责制定科学有效的培训计划，组织实施教师培训活动，保障教师进修培训工作有序、高效地运行；另一方面，学校要关注教师的培训需求，制定科学、合理、灵活的培训方案，供教师选择，满足教师群体不同的进修培训需求，激发教师教学的积极性。同时，学校应对教师的进修和培训进行多样化形式，比如实行带薪休假培训、发放相应补助等方式。

第三节　新建应用技术型本科院校质量保障体系的完善策略

从我国现行的新建应用技术型本科院校质量保障体系来看，其构建理念与质量保障方式多是源自传统研究型本科院校，未能体现新建应用技术型本科院校的办学特色和质量保障需求。因此，为了保障新建应用技术型本科院校的教学、科研和社会服务质量，需要基于当前新建应用技术型本科院校的办学定位，加强质量保障体系的顶层设计，进一步凸显新建应用技术型本科院校的办学特点，实现由传统综合本科院校教育质量保障体系向新建应用技术型本科院校新型质量保障体系的转型。

一、加强新建应用技术型本科院校质量保障体系的顶层设计

我国传统高校向新建应用技术型本科院校的战略转型体现在学校的各项基础工作，比如教育理念、办学方式、学校定位、教学方法、课程安排、人才培养模式等，同时又与教育资金流向、国际合作、校企联合以及招生、就业等有机结合。这些都与新建应用技术型本科院校质量保障体系的顶层设计息息相关。因此，客观上需要学校统一谋划、整体布局，协调组织整个战略改革，从质量保障目标、质量保障组织、质量保障过程、质量保障制度和质量保障文化等方面加强质量保障体系的顶层设计。

（一）面向未来，加强质量保障的目标设计

科学的质量保障目标是新建应用技术型本科院校质量保障体系建设的前提，也是学校发展的导向。新建应用技术型本科院校质量保障的目标设计需要坚持未来取向，在合理分析、预测国家人才战略、未来就业环境与市场需求的基础上，结合自身的办学特色与能力，科学地进行质量保障的目标设计，围绕质量保障目标进行质量保障体系建设。

第一，实现新建应用技术型本科院校多重质量保障目标的统合。在新建应用技术型本科院校质量保障体系的设计中，不同的主体对质量保障有不同的目标和期待。对政府而言，新建应用技术型本科院校的质量保障要能够确保大学计划培养的毕业生符合社会需求，保证政府投入的资金利用得恰到好处，保证学校运行效率，满足经济社会发展对应用技术型人才的需求；对学生而言，新建应用技术型本科院校的质量保障要能够确保自身通过学校教育获得未来发展所需的知识与技能，保证未来就业或升学发展渠道的畅通；对于用人单位而言，新建应用技术型本科院校的质量保障要能够确保毕业生成为合格的员工，有能力胜任所承担的工作职位；对于社会出资方或合作机构而言，新建应用技术型本科院校的质量保障要能够创造效益，实现利益的最大化。因此，在质量保障目标的设计过程中，自然会出现多个利益相关方间的博弈。

面对多重的服务对象，新建应用技术型本科院校质量保障的目标选择也是多重的。当然，质量保障目标的多重性并不是各单一主体目标的简单组合与相加，而是不同主体多样保障目标兼容的结果。

保障目标的多重性，有利于新建应用技术型本科院校找准自身正确的办学定位，克服同质化倾向，形成自己的办学特色。我国新建应用技术型本科院校质量保障目标究竟该如何选择，如何使总体目标能够兼顾多重保障目的

并实现相互兼容，需要质量保障主体对政府、学生、用人单位、合作机构等不同主体的目标进行有机整合，使之成为能够满足多个主体要求的、相互作用产生积极效应的质量保障目标体系。

第二，明确新建应用技术型本科院校质量保障目标设定的价值方向。虽然新建应用技术型本科院校质量保障的目标是多重的，需要不同的保障主体进行磋商与选择，但在其质量保障目标设计的过程中，仍然需要遵循基本的价值方向。第一，保证教育教学的品质；第二，服务国家、政府人才培养的战略方针；第三，帮助不同的"用户"，如学生、家长、用人单位、出资机构更好地做出选择。从具体的目标设定上来说，新建应用技术型本科院校质量保障目标应当包括质量控制、问责与指导、改进与提高三个方面。其中，质量控制、问责或指导、改进与提高这三种目标内容在某一具体保障项目中可以各有侧重，并与某一主体的目标直接相关。这种质量保障目标设计的思路与多主体公共治理的理念相契合，对于整体提升新建应用技术型本科院校的教育质量具有积极的指导作用。

（二）提升效率，优化质量保障的组织设计

教育质量保障体系能否高效地发挥作用，与是否建立了健全的组织机构关系密切。新建应用技术型本科院校质量保障体系的建设过程中，要优化质量保障的组织设计，不断健全组织机构，提升教学、科研和社会服务效率，从而整体保障教育质量。新建应用技术型本科院校质量保障体系的组织设计需要从健全管理组织、建立评价组织和优化外部质量保障组织三个方面着手。

第一，健全管理组织。为保障新建应用技术型本科院校的教学、科研和社会服务质量，需要学校建立健全与上述职能有关的管理组织和保障机构，明确各机构在质量保障过程中的有效关系。一是在纵向上，建立健全从学校领导机构到各职能部门再到各教学单位的层级管理组织系统，实现上下贯通、协调联动。二是在横向上，健全教学、科研和社会服务质量管理的组织机构，协调学校的全部质量保障活动。三是在职能划分上，建立独立的教学、科研和社会服务质量监督机构，具有明确的质量监督职能定位并直接对校长负责。

第二，建立评价组织。质量评价是新建应用技术型本科院校质量保障的关键性工作，质量评价的实施需要相应健全的组织机构，解决由谁来控制质量、由谁来操作质量评价的问题。在国家层面，需要推动建立官方或非官方的质量评价中介机构对新建应用技术型本科院校及其学科专业进行评估与认证，以保障其教育质量。在新建应用技术型本科院校内部，需要完善学校的质量监测评估组织体系，发展并培育专业的教育评估组织机构。为了保证质量评估可以顺利地进行下去，首先各评价机构需要增强评估意识，保证评估结果公平正确；其次要加强奖惩措施，不仅对于被评估对象，对于评估人也应该有一定的奖惩，以确保评估的准确性；最后，在制定评估条例时，评估机构要注重科学性与可实施性，尽量使用数据化的标准而非个人主观判断。

第三，优化外部质量保障组织。在高等教育体制不断变革的背景下，只在学校内部进行教育质量审核与保障已经不能满足多主体对教育质量保障的要求，需要从外面引进专业的质量审核机构，分担新建应用技术型本科院校质量保障的职责。当前第三方机构的作用变得日益重要，是高等教育职能分化的重要表现，也是社会各方利益调试的内在需求。作为政府、高校和社会三者联系桥梁的第三方机构，不仅能够推动高校教育管理体制的改革，而且在很大程度上还能确保高校教育质量保障的公正性，进而推动管理的科学化。在第三方质量保障组织的推动下，监控评价系统、过程数据搜集以及多方面的评价将不再仅仅以教育者、受教育者的单向评价为主。在评估方式的设定上也不再以学校制定的指标为导向，更多的是采用与国际著名院校接轨的评估方法，以此迫使学校向着更好的方向运转。同时，运用专门的外部机构可以使评估过程和方法更加专业。世界发达国家都十分重视专门的教育质量评估机构的作用，如澳大利亚的教育质量保证署，该机构在运作上独立于政府和高等教育机构，因此，它可以较为公正客观地对全国高等教育机构的质量进行监管和审核，从而激励和帮助高等教育机构不断改进办学质量。新建应用技术型本科院校质量保障组织的设计也应积极将专业的第三方机构纳入组织设计中，以更好地发挥各个组织质量保障的作用。

（三）全程监控，完善质量保障的过程设计

高等教育的质量是在高等教育的运行过程中实现的，从质量保障的系统流程来看，过程保障体系是新建应用技术型本科院校质量保障体系的核心，由它对教育过程的各个要素进行监控，以确保新建应用技术型本科院校的教学、科研和社会服务的质量。在对新建应用技术型本科院校的质量进行保障时，应注重对过程的全程监控与保障，保证质量保障过程的规范性和科学性。遵循新建应用技术型本科院校教育教学活动的规律，对质量保障体系的过程设计进行不断完善，通常需要从监控主体、监控标准、质量评估方式及调控环节四个方面进行考虑。

首先，坚持全员参与原则，发挥各主体在全程监控中的作用。其中质量监控主体包含了学校的各级领导、每位教师、学生及其他相关部门。质量保障不是为了走形式、做样子，而是真正地实现提高教学质量、增加人才技能，要让所有学校质量保障相关方明晰质量保障的目的和实施手段，并且将其纳入整个质量保障过程设计中，发挥每个主体在全程监控中的作用。

其次，坚持因校制宜的原则，制定符合学校实际的监控标准。质量保障的过程监控标准是根据学校的具体情况，参照当地主管部门给出的过程监控标准，制定符合学校实际状况的学校过程监控条例。以教学质量保障的监控标准为例，在其过程监控标准中，主要是针对课程或者学科的授课时间分段进行考核。这种时间间隔可以运用到所有的学科和课程上，具有一定的普适性，但是审核标准内容则需要针对不同专业、不同课程进行分别讨论和制定。

再次，坚持公平公正的原则，采用多样化的质量评估方式。新建应用技术型本科院校的过程质量保障离不开有效的质量评估，在质量评估的方式上，新建应用技术型本科院校应该针对不同专业、不同课程专门制定评估方法和指标。新建应用技术型本科院校专业和课程呈现多样化特征，培养方式也更加多元，由于不同学科专业人才培养方式的不同，很多课程对学生的要求也不同，采用同一种方法和指标不仅会难以准确反映质量状况，反而会对教育教学形成一定的误导。例如有的课程以理论知识为主，又有很多课程以动手操作为主，如果仅仅采用卷面考试的形式进行课程结果评估，会对手动操作类课程的教师或教研团队产生负面作用。为了公平公正地进行质量评估，必须针对不同的评价对象采用差异化的质量评价方式。

最后，坚持持续改进的原则，加强教育质量调控。要建立完善的质量监控体系，包括从目标的确定、组织的构建、标准的建立、质量的评估到信息的反馈和调控。加强调控便于学校更有效地实施教学、科研和社会服务质量的动态管理，实时完善相关工作，从而达到促进教育质量不断提升、满足学生实际需求的目的。质量保障体系的调控需要坚持利于工作改进的原则，特别是对于很多新增的质量问题，虽然可以借鉴传统的质量保障办法，但不能完全照搬，需要在质量管理和保障过程中随时调控、不断修正与更新，以促进质量保障体系的完善和教育质量的持续改进。

（四）注重规范，改进质量保障的制度设计

对于任何一个组织而言，制度是无所不在的。没有制度，各种行为就没有准绳，因此组织需要制度，制度要与组织同在。制度是新建应用技术型本科院校质量保障体系运行的重要组成部分，是其运行和完善的重要前提和保

障。对于政府而言，需要建立健全相关法律法规，确保质量保障体系有序运行，同时赋予新建应用技术型本科院校更多的办学自主权；对于新建应用技术型本科院校自身而言，需要健全数据收集和管理制度，建立自我评估机制。

首先，建立健全相关法律法规，确保质量保障体系有序运行。建立完善的法律保障体系是美、英、法、德、日、荷、澳等发达国家高等教育质量保证的一条重要途径。新建应用技术型本科院校质量保障体系应依托相关的法律条文来进行建立和完善。政府作为高等教育质量保障体系的重要主体，负责对高等教育质量保障工作进行宏观调控与管理。其中，进行高等教育质量保障活动的相关立法是其职责之一。一方面，通过完善法律保障体系，明确质量评估和质量保障在新建应用技术型本科院校中的地位，确保新建应用技术型本科院校的质量保障与已有的法律条文相符合，控制在法律规定的范围内，使得质量保障体系的实施过程能够合法且让人信服。另一方面，为了质量保障方法和手段的持续可利用性，需要将质量保障条文进行系统化、法律化，进而使得条文实施过程更具有法律效力，整个质量保障系统的运行更加完善而持久。

其次，赋予新建应用技术型本科院校更多的自主权。随着教育治理理论的不断发展，大学被要求赋予更多的自主权，以此来提升大学的管理效能，不断提升大学的质量。2007年法国颁布了《大学自主与责任法案》，该法案的主要目的即增加高等院校自主化程度，推进高等院校市场化，引入末位淘汰机制，使得学校在教学方式方法以及教学评估方法上不断优化改进，进而更加适应时代要求。新建应用技术型本科院校本身作为教育事业的实践主体，承担着学校质量保障体系建设的重大责任。然而在实践中并未真正落实办学自主权，对政府的依赖性较强。其中的原因自然是多方面的，由于我国的高校长期以来受限于以政府为主导的办学模式和管理体制，自主管理的意识和能力较西方大学都有一定程度的欠缺，这在很大程度上限制了新建应用技术型本科院校质量保障工作的开展。可喜的是，伴随教育综合改革的不断深入，依法保障和扩大高等学校的办学自主权的力度逐渐增强，为落实新建应用技术型本科院校在质量保障中的主体地位创造了条件。

再次，建立健全数据收集管理制度。在质量保障的各种评估过程中，最重要的就是数据的搜集和管理工作。因为任何评估的结果都来源于对过程数据的公式化处理，而数据的准确性将会决定结果的精准度。在此种情况下，新建应用技术型本科院校必须加强数据的搜集和管理制度。一是实现数据搜集的去行政化。数据搜集不再依托行政力量，可委托第三方中介评价机构进行数据的搜集和整理，使得数据的搜集过程变得简洁，而不需要走太多的行政程序。二是增加数据的透明性。通过将搜集的数据进行网络公示，增大公众监督力度，使数据更加真实可靠。三是增强相关部门对于数据搜集工作的配合度，杜绝数据收集不全、模糊不清等情况，提高对数据搜集的重视程度，积极主动地配合质量保障机构进行数据搜集。四是加强对信息网络资源的利用。采用信息网络资源，对评价所需数据进行及时上报，这样可以减少数据的遗漏或遗忘，减少数据传输失真的可能。

最后，建立新建应用技术型本科院校的自我评估机制。只有促进新建应用技术型本科院校的自我评估、分析和改进，质量保障体系才能得以顺利地开展以及运行。自我评估机制的不断增强，可以使学校及时发现所存在的问题并采取相应的整改措施，从而保证学校教育质量的稳步提升。美、英、法、德等发达国家在高等院校质量保证过程中，无论是对教学质量的评估，还是对科研与社会服务质量的评估，都强调高校自我评估的作用。近几年，为了加强新建应用技术型本科院校的教育教学质量，一些大学在其内部建立了教育教学质量层级评价机构。该机构主要由学校各层面领导、任课教师共同组成，每年定时对学校的教学情况进行评价，具体流程就是针对校内人员、校内领导以及校内教师进行全面评价，由此对学校整体教育教学质量状况进行评价。通过这种方式，学校能够主动发现问题，从而找到切实可行的问题解决方式，这对于培养符合社会需求的人才具有十分重要的意义。

（五）营造氛围，提升质量保障的文化设计

质量文化是指一定的组织中影响人们行为的传统习惯、行为准则、思维方式、价值观念等一些观念性东西的总和。质量文化是质量管理发展到一定阶段的产物。20世纪末，美国鉴于日本工业的崛起，提出了质量文化的概念。进入21世纪，强调质量文化是企业迈向成功的基石。我国企业质量文化建设尚处初级阶段，对教育而言，质量文化建设更是刚刚起步。作为公益性文化事业的高等教育如果离开了质量文化，也就失去了灵魂。我国最新提出的《质量发展纲要（2011—2020年）》中明确指出，我国应大力加强文化建设，同时全面提高教学质量，提升我国的教学水平以及软实力。质量文化对新建应用技术型本科院校的质量保障发挥着重要作用，是教育质量保障辅助系统的重要组成部分，积极引导师生员工树立质量意识，鼓励大家积极参与学校质量保障活动，培育积极进取的质量文化氛围，这也是新建应用技术型本科院校质量保障的终极目标之一。

因此，新建应用技术型本科院校质量保障体系的建设，也必须将质量文化建设作为重中之重。对于新建应用技术型本科院校来说，首先要加强大学质量文化的研究。新建应用技术型本科院校的质量文化涵盖一个中心——教学质量，两种规则——隐性规则和显性规则，四个层面——物质层、制度层、行为层、精神层。其中，新建应用技术型本科院校的质量文化是隐性规则与显性规则不断运动、相互作用的互动过程，而不是两者简单的静态相加。内在隐性规则决定外在显性规则，反过来通过外在显性规则影响内在隐性规则。这些经过内化后的管理制度、教育行为等隐性规则相互作用，才能体现出学校规章制度的有效性，这样就形成了质量文化的环。如果两者发生冲突，首先修改规章制度，进而通过新的规章制度来影响隐性规则。一般来说改变隐性规则，单纯地依靠自身的力量是很难实现的。当我们对应用型技术大学进行不断改进的时候，就要不断地实现自我突破，同时要融入当地的文化，这样就可以形成学校管理的新的隐性规则。通过显性规则和隐性规则的有机结合，建立起新的管理制度，从而保证学校的质量文化不断向前，并成为学校教育发展的核心动力。

从文化生成的角度来看，文化不是研究出来的，而是一种不约而同地行为。高尔顿（Gorton）认为，学校质量具有以下文化要素：一套明确的学校规范来强调学术努力和成就的价值；一套系统的象征性活动来激励努力、进步和成就；一套适用的期望，来强调教职员工追求卓越和激发学生潜能的重要性。基于此，赛费尔（Saphier）等人提出了影响学校质量改进的十二项文化规范：①同心协力——学校教职员工相互协助；②诚实、开放性沟通；③传统；④信任和信心；⑤欣赏和认可；⑥尝试新事物；⑦参与决策；⑧高度期望；⑨具有知识基础；⑩护卫学校重要之事；⑪明确的支持；⑫关怀、庆祝和幽默。因此，新建应用技术型本科院校应重点关注影响学校质量改进的文化规范的培育，营造良好的校风以及教风，构建质量文化，完善质量保障体系。

二、强化新建应用技术型本科院校质量保障体系的特色

质量是一个多维的、具有高度复杂性的概念，对新建应用技术型本科院校而言，其质量保障体系覆盖了学校的多个层面和多项工作，包括教学、科研、服务、师资队伍、基础设施、学术环境，以及学校的输入、过程、输出、使命、目标等。而拥有不同发展目标的新建应用技术型本科院校质量保障的侧重点是有所不同的，新建应用技术型本科院校应注重强化自身质量保

障体系的特色，从特色质量观的角度出发，持续改进学校质量。

（一）凸显质量保障的科学性与发展性

我们要在大学里建立培养人才的机制，并对所培养的人才做出质量评价，其评价标准的选择和制定都要符合实际情况。对新建应用技术型本科院校教育质量的保障不能再沿用过去经验化的质量保障方式，而应坚持科学性原则开展新建应用技术型本科院校的质量保障。例如，要采用定量评价标准，以定性标准作为辅助，才能避免在评价的过程中添加人为因素和主观作用，影响评价结果的客观真实性。定量评价为主导的评价体系，可以更客观、准确地评价出学校的教学以及人才培养水平的高低，如实反映出新建应用技术型本科院校培养人才的环境和质量。比较成熟的评估认证体系，应该具有评价完成方式多样、评价指标多元、操作方法容易的特点。新建应用技术型本科院校的专业针对性更强，且不同学校、不同地域、不同基础条件的学生等因素，都决定了质量保障评价不能采用整齐划一的统一标准，因此质量保障评价标准的合理性和可操作性非常重要。新建应用技术型本科院校质量保障的科学性体现在无论如何发展，新建应用技术型本科院校教育教学质量都要能够达到国家、社会和受教育者对高等教育的期望水平，既要符合社会的满意度，又要符合新建应用技术型本科院校的特征要求。衡量新建应用技术型本科院校办学质量的重要标准即是社会各界对其所提供服务和成果的满意程度。

另一方面，新建应用技术型本科院校的质量保障又要具有发展性和一定的扩展性，其内涵和要求能够反映时代、环境、新建应用技术型本科院校本身的发展与变化。新建应用技术型本科院校所设定的办学质量目标和发展目标，应是能有效完成的，目标既不应好高骛远，也不能随意降低要求。依据学校的发展目标，对学校质量的保障也应是动态的、不断发展变化的。质量保障应贯彻发展性原则，注重事中评价，对事后结果的评价要有理性的分析，及时补充或调整评价准则。

应用技术型本科高校在国际上，特别是经济发达国家和地区早已存在。大力发展新建应用技术型本科院校及本科教育，既符合国际高等教育的发展趋势，又能满足我国当前经济高速发展时期对于技术型人才的需求。因此，我们应以发展的眼光来看待新建应用技术型本科院校的建设，并且转变高等教育质量观。首先，由于我国新建应用技术型本科院校的建设刚刚起步，学校之间发展水平尚有较大差距，处于不同的发展阶段，因此，应该建立起"发展质量观"，在发展中不断调整质量标准。其次，随着高等教育大众化的发展，新建应用技术型本科院校的开办以及应用技术型人才的培养在整个高等教育中所占的比重逐步加大。因此，不同时期的质量标准和质量保障应全面适应不同时期的教育要求，并不断指导和督促新建应用技术型本科院校适时改良组织结构、管理模式、师资力量以及课程设置等。

因此，新建应用技术型本科院校质量保障体系的建设应该以科学的发展观、价值观和质量观为指导，在研究分析我国教育政策、法律、管理体制的基础上，崇尚创新、注重协调、厚植开放，秉持可持续发展的原则，依据我国应用技术型教育的现实状况构建出科学的质量保障体系，坚持与时俱进，根据高等教育的改革与发展不断更新、完善。

（二）兼顾质量保障的标准化与特色化

从教育的宏观层面上来讲，教育质量的提高体现在对整个培养对象的质量提升上，落脚于整个教育体系的质量与结构、效益和系统规模之间的协调。它以系统内部各要素之间的协调为行为准则。这一过程中，教育质量的标准性就体现出更加重要的意义。

在坚持标准性的同时，新建应用技术型本科院校还应坚持质量保障体系的特色性，也就是将特色作为学校生存和发展的重要基础。将学校能否办出特色作为判断学校教学水平和质量高低的重要指标。在标准体系评价中，主要有优势学科、特色专业、新建应用技术型本科院校建设标准等评价标准。通过与区域（地方）行业、企业共建优势学科和特色专业是学校实现特色发展的主渠道。

密切回应经济社会发展需求，培养应用型、复合型、技能型人才是新建应用技术型本科院校的根本任务和明显特征。质量保障能否体现新建应用技术型本科院校的关键特征，是衡量这一保障体系是否有效的关键要素。换言之，原有的学术性标准对新建应用技术型本科院校是不适用的，或者说不完全适应，或多或少地偏离了培育应用技术型人才的初衷，新建应用技术型本科院校的质量保障体系的设计必须要突出应用型的特征，要紧密围绕其办学定位和人才培养目标展开，尤其是在强化技术技能积累与创新、提高技术技能人才培养质量、深化产教融合与校企合作等方面，要在质量保障体系中得以充分反映。

从新建应用技术型本科院校的人才培养目标来看，培养的是特色鲜明的技术型人才，所以要以提高个人的职业素质为目标，用职业技能的锻炼作为方法，把生产和教学结合起来，健全学校的质量保障。和普通高等院校相比，新建应用技术型本科院校要重点强调应用型特点。首先要保证实践课程的在教学中的比例，提高教师的实践指导能力，对教学过程及时作出反馈，检查实践课程的效果。其次，要重视对实验室的规划建设。完善实验室的管理制度，有步骤地开放实验室，提高实验室的使用率。再次，新建应用技术型本科院校的教学质量保障体系要重视生产和教学相结合，把行业协会和企业都吸纳到质量保障体系中，共同制订人才培养计划与方案，进行专业设置及专业改革，合作建设实践课程，建立实验基地，为高校建设一支应用型的教师团队，提高毕业生在社会中的竞争力。最后是在教育质量保障体系中实行职业证书制度。职业证书对技术型人才来说是学习知识和取得技能的一种证明，也是提高岗位竞争力的一种途径。

总之，新建应用技术型本科院校应从自身实际出发，正确定位，充分挖掘本地资源，针对地方行业背景、生源特点及毕业生从业特点开展质量保障体系建设，在兼顾共性的同时，追求个性发展，突出自身的教学、科研和社会服务特色。

（三）正确认识全面保障与突出重点的关系

新建应用技术型本科院校的质量保障体系应注重质量保障的全面性和整体性，实现对关涉教育质量的所有内容的全覆盖，为学校实施全面质量管理提供支持和保障。其中，新建应用技术型本科院校质量保障的整体目标是人才质量的优化，在进行质量评价时，需要保证评价体系的完整性和稳定性。

同时，由于我国新建应用技术型本科院校是在高校合并和资源重新整合的基础上由地方本科院校转化而来的，也有一部分是新建本科院校。在办学质量上，都存在着应用技术创新人才培养不足的问题。新建应用技术型本科院校质量保障体系的建立需要重点关注这些短板的存在，在关注质量保障全面性和整体性的同时突出重点。例如，影响当前新建应用技术型本科院校质量的突出问题，首要的便是高水平教师资源的缺乏，尤其是符合新建应用技术型本科院校教学特点的"双师型"教师严重不足。因此，在质量保障的过程中要着力关注和培养具有实践经验的"双师型"教师。又如，目前新建应用技术型本科院校的实践教学环节尚比较薄弱，应充分开发应用型教学课程，与课堂教学紧密结合，保证实践教学的效果。再者，新建应用技术型本科院校的教学质量保障体系的评价标准要考虑社会对应用技术型人才的需求，以及新建应用技术型本科院校该如何提高应用技术型人才的质量，从而能够满足社会对专业人才的需求，要分析供需双方对人才要求的差距，随时调整教学目标和教育方向。在实际操作中，因学校教学条件、地域的限制等因素的影响，新建应用技术型本科院校人才培养质量目标的制定要遵循针对性原则，避免目标不明确，规避大而全。学校要突出专业特色和地域需求，满足人才需求的大环境，突显新建应用技术型本科院校的创新性和实践性。应用技术型人才质量保障要在保证全面性的同时，关注对重点、难点问题的支持与保障。

（四）合理协调内部保障与外部评估的关系

从发生学的角度来看，高等教育质量保障有一个由内部管理开始到外部监控介入的发展过程。对于新建应用技术型本科院校的教学、科研和社会服务质量，单纯地依靠学校只能从学校内部给予保障，无法从外部给予各种监管保证，这种单一的质量保障不足以全面履行社会责任。因此，在学校内部质量保障的基础上，必须引入外部力量的参与才能达到学校质量保障的目标。目前，内部质量保障与外部质量评估相结合的质量保障方式已成为高等教育质量保障的经典范式，很多发达国家的教育系统通过引入外部评估与监管组织，促使学校教育质量大幅度提高，这样内外协调才能保证学校教育质量进入一个不断增强的良性循环状态。

新建应用技术型本科院校的内部质量保障主要是指高校通过自身的质量管理和监控来提升质量，内容涵盖了大部分办学元素，如师资力量、学生素质、校园文化、物资设备等。这些办学元素可以在一定程度上清晰地体现出学校的办学质量。对于一所有优秀的应用技术型院校来说，其不仅具有较高水平的教师，校园文化等学校软实力也非常强大，同时硬件设备资源不断更新换代，唯此才能培养出社会需要的应用技术型人才。

所谓新建应用技术型本科院校的外部评估，主要是指新建应用技术型本科院校自身之外的外部质量评估专家、第三方评价机构以及其他民间机构等对新建应用技术型本科院校的教育质量进行的评估活动。外部质量保证对于学校教育质量的评价主要集中于学校的教学活动是否达到了国家要求，培养的人才是否符合市场需求以及教育教学活动的过程是否得到切实执行等。相对来说，内部质量保障的组成和功能较为单一，主要是对新建应用技术型本科院校的质量保障体系进行执行和协调；外部质量保障机构则较为复杂，主要是对大学的质量保障体系的运行进行监管和评估。从发达国家的经验可以看出，发达国家的高等院校非常重视和强调高等教育质量保障体系中内部质量保障以及外部质量评估两者之间的关系。内部质量保障以及外部质量评估之间是一种互通关系，也就是说，通过内外两方面的共同作用来保证学校的质量。此外，值得注意的是，无论是内部质量保障还是外部质量评估，均应建立在学校自我评估的基础之上，因为，对于新建应用技术型本科院校来说，学校的主要目的是为了加强学校的教学活动，培养社会需要的技术人才，因此从社会的角度来说，必须有较高的教学质量。

因此，新建应用技术型本科院校要不断建立和完善外部质量评估体系。随着新建应用技术型本科院校质量保障主体的多元化，学校在市场运行机制前提下，应尽可能地让社会各界更为广泛地参与到对学校的监督和评价当中，同时将社会中较为适宜的管理方式融入学校。作为学校教育主管部门，要积极对学校的教学、科研和社会服务质量进行评估，通过多种评估方式全面了解学校的办学质量，对于学校的教学、科研和社会服务质量等数据进行整理、公示，并交由第三方评估机构进行客观中立的质量评估，最后给予质量信息反馈。此外，组织建立一支符合新建应用技术型本科院校实际情况的教育质量评估与保障团队，是新建应用技术型本科院校满足社会需求、实现持续高质发展的必然选择。

第五章 新建地方本科院校教学质量保障体系构建研究

第一节 新建地方本科院校教学质量保障体系的形势分析

一、新建地方本科院校教学质量保障体系的现状分析

在高等教育大众化发展形势下，新建地方本科院校教育质量保障体系建设迎来了新的机遇。目前，新建地方本科院校的质量保障机构一般有三种情况：一是学校不设专门机构，教学质量监控主要由教务处分管；二是在教务处下设专门科室，如教学质量管理科、教学评价与质量管理中心等；三是设有独立建制的高等教育质量保障与检测机构。

近年来，很多高校主动完善教学质量监控手段，形成了教学督导、课堂评价、教学秩序检查、用人单位对毕业生的满意度调查等系统化的教学质量监控系统，对本科教学过程进行实时监测。其中新建地方本科院校的高校课堂评教中，已经基本形成了以学生测评为基础，以同行评教为重要补充，以专家测评为辅助的课程评教体系。

另外，按照教育部的部署，各新建地方本科院校都参与了本科教学基本状态数据库的填报工作，并普遍开始建立各类质量报告年度发布制度。通过公开基本状态数据、公布年度质量报告，高校办学信息被社会各界所了解，有利于高校自觉接受社会监督，积极提高教育教学质量。

但是由于这些新建的院校不同于传统研究型大学和高等职业教育，并且办学时间普遍较短、办学定位不明确、本校教学质量保障体系不够完整，使得这些学校在发展的过程中也面临着一些问题，主要体现在以下几个方面。

一方面，在教育理念方面，固守传统模式，缺乏创新性，偏离应用型人才培养的理念。

高校的教学质量评价标准与人才培养目标和办学定位密切关联，对学生知识、素质和能力的要求随着人才培养目标和办学定位的不同而有所区别。新建地方本科院校旨在培养满足地方经济和社会发展需要，能够承担企业的生产建设、管理服务等一线岗位工作，并能熟练运用现代高新技术解决实际问题的技术技能型人才，这就决定了该类院校的教学质量标准不应以追求知识体系的完整和知识的艰深为目的，而应注重学习和创新、学习与应用实践的有机结合，强调培养学生分析、解决实际问题的能力和动手实践能力。目前，我国新建地方本科院校的教学质量保障体系大多难以适应人才培养目标和办学定位的要求。反映在评价标准上，普遍照搬或移植研究型院校的教学质量监控指标，过于注重知识的完整性和系统性，片面强调课堂教学的信息量，以及教学内容的深度和难度。这实质上混淆了应用型本科与综合型、研究型大学的办学内涵，偏离了该类院校的办学定位，严重影响了教学质量监控的实际效果。

新建地方本科院校升本之前，在长期的专科办学实践中积累了丰富的专科教育经验，已经建立了一套较为完善的专科教育教学质量监控体系。升本之后，新建本科院校在构建教学质量监控体系方面大多沿用专科教育教学质量监控体系，或照搬某些传统本科院校的模式。然而原本的专科教育下的教学质量监控体系和传统本科院校的教学质量体系都不能完全符合培养应用型人才的发展要求。教师、教学管理人员以及相关职能部门人员没有广泛树立起科学的教学质量观，缺乏加强质量管理的意识和动力，注重外部教学质量监控和评价，忽视了内部教学质量的监控和评估，只满足于责任的完成，而不注重教学质量持续的提升，存在准备文件本身比实际工作重要的错误观念。

还要指出的是，这些学校的教学质量保障体系雷同现象也比较严重。目前我国新建地方本科院校教学质量保障体系的建立存在两个极端：一是仍然沿袭传统的低层次的教学质量监控方法，二是完全抄袭老牌重点高校的教学质量保障模式。这些都无法体现教学质量保障体系的地方差异化和学校特色，尚未根据地方特色来设计相应的教学质量保障体系。

另一方面，实效性不足，组织机构及反馈机制有待完善，监控力度薄弱。高校内部教学质量保障体系在高等教育实践中通常表现在教学质量管理上，体现为：在各学期实施开学、期中及期末三个节点的过程检查，推行学生评教、督导评教或同行评教的评价方法，采用对发生教学事故的教师进行惩戒的相关举措。而大部分新建地方本科院校内部教学质量保障体系往往以项目作推进,并非以问题研究为中心,尤其是并未构建真正合理与理性的保障体系。其质量保障体系的建设工作主要是由学校、教务部门推动,在基层效果不明显,部分教职工对质量管理的全员性认识不足、行为被动,一线教师更加关心如何完成"规定动作"和避免出现教学事故,导致教学质量监控效果不佳以及实际教学质量下降。而一个健全的内部教学质量保障应该是多部门协同、各级组织负责、全员参与的。

新建地方本科院校的教学质量保障组织不够健全,主要实行校系二级制度,督导评教、院系同行评教和学生评教是大多数新建本科院校教学质量保障的普通做法。该类院校虽基本上都建立了学校、院系、教研室三级管理体系,形成了教学运行一条线的教育教学管理模式,但教学质量保障却没有确立校、院、系、教研室三级保障体系,形成与教育教学运行既对应又分离的监控一条线。一般而言,教学质量保障往往只是在教务处组织的学校层面的活动,院、系、教研室没有专门机构,院系领导又认为院系的主要功能是组织教学,缺乏开展质量监控的积极性,把主要精力放在教学管理和教学改革方面,很少主动考虑自身的教学质量监控机制建设问题。从某种意义上来讲,他们是被动等着学校对其评估、监督和调控。这样,就形成了院系和教研室承担着教育教学运行职能,学校教务部门或教学督导负责对教育教学活动过程进行监督和控制的现实情况。

另外,新建地方本科院校由于本科教学质量监控与评价经验匮乏,普遍存在评教组织职能混淆、对评教任务认识不到位的问题,严重制约了评教工作的顺利开展。从大多数新建地方本科院校的实际情况看,校级督导的主要工作仅局限于深入课堂听课,未能充分发挥其在教学质量监控中的引导和决策作用。在多数新建地方本科院校,质量监控管理部门只是作为一个科室,挂靠在教务处等相关机构。即使设立了教学质量科或单独设置教育教学评估中心等机构,但其职能仅仅限于教学管理部门内部行政性事务监督。新建地方本科院校所设置的教学管理委员会和学术委员会通常只在学校教学质量标准和措施制定时提供相关建议,没有安排其相应的实质性权力。

二、新建地方本科院校教学质量保障体系问题的归因

高校教学质量保障体系是诸多要素构成的系统,新建本科院校教学质量保障体系问题存在的原因无疑是多方面的。综合起来则主要有以下几个方面。

一是领导层面认识不到位。高校领导拥有决策权,他们对教学质量的认

识度与重视度直接影响到质量保障体系的提升。新建地方本科院校的相关人员自身在观念上对质量保障思想认识不到位，对质量保障体系的认识往往以偏概全。在实践中往往存在着一些模糊认识，将内部质量保障体系等同于高等教育评估体系，或把内部质量评估与保障看作是高校的一项管理职能，属于高校行使行政权力的范畴。此外，对于内部教育质量保障体系的构成层次也缺乏足够的认识，不清楚教学质量保障体系的内容和维度，这样就失去了体系建设工作的方向和根基。在现实中，高校的相关人员仍然认为教育质量保障仅仅是指与教学质量管理相关的事务，没有意识到应将学校其他部门的管理整合到这一系统中来，从而使这些部门的使命直接指向提高教学的质量，为教学服务。

二是质量文化环境没有形成。高校教学质量保障体系是教学过程各环节、各部门的活动与职能合理组织起来，任务明确、职责与权限清晰、相互协调、相互促进的有机整体。它的实施需要规范而良好的质量文化环境。然而，新建地方本科院校往往在教学质量、教学质量保障的认识上存在偏差。一些新建地方本科院校在利益驱使下，不能很好地认清本校的客观实际，滋长了严重的攀比心理，过分向老牌高校看齐，导致许多学校盲目追求高标准，从而出现学校培养的人才质量不能满足经济社会需求的尴尬局面。再加之国家教育主管部门制定的各类评估标准和指标体系过于单一，更多地强调新建本科院校的办学规模、办学条件、科研能力等，对地方院校的办学定位、办学特色、人才培养质量、社会适用度等方面缺乏考虑。这也在一定程度上对新建地方本科院校产生误导，导致一部分高校只为通过教学评估而进行质量监控，接受性、被动性地开展教学质量监控。

另外，一些新建地方院校又承担了较重的扩招任务，有的升为本科的时间不长，教学质量保障缺乏相应的经验和技术，教学管理人员缺乏本科教学管理经验和研究，学校教学管理观念守旧，学校监控制度不到位，大部分高校都没有形成全面质量意识，很多教职员工把教学质量保障看作是专门机构的专门问题，事不关己、高高挂起。如此种种，导致新建地方本科院校未能形成良好的质量文化环境，影响了教学质量保障体系的构建和实施。

三是学校办学条件落后，提供不了物质保障。办学条件是提高教学质量的基本保障。扩招以来，各地、各高校想了很多办法，千方百计地从多渠道筹措经费，虽然在高等教育的投入总量上有所增加，但是还远远跟不上在校学生人数的增长。特别是新建地方本科院校的办学经费很多由所在地市的财政负责。地市一级要支撑一所本科院校在很多地区还相当困难，且它们自身获取教育经费的来源和能力又不够。教育经费投入不足导致教学条件无法保证，反映在教学工作中就是实验条件难以满足教学需要，生均教学经费达不到要求，生均教学用房和场地面积不足等，使教学计划难以落实，与本科院校实践教学的要求还有一定的差距，从而导致教学效果大打折扣，造成廉价教育的负面影响。另外，教育经费不足导致师资短缺，难以吸引高质量的教学和管理人才。教学条件和师资是保证教学质量的基本条件，它们的缺失是新建地方本科院校教学质量保障体系不完善的根本原因之一。

四是教学管理跟不上学校层次的提升。在我国教育发展进程中对新建地方本科院校的要求不只是简单的办学规模扩大、办学层次的提高、学制由三年改为四年，而是要在办学内涵上有质的飞跃。然而，由于新建地方本科院校的领导班子不少是在原来专科学校领导班子基础上调整而成的，中层管理队伍也是以原来专科时的人员为主。升本后，随着办学规模的扩大和层次的提升，整个管理队伍跟不上发展需要的问题就凸显出来。如有的学校领导层在本科办学内涵的建设上往往因为能力不足显得力不从心；中层管理队伍结构不合理、管理能力弱、工作能力有限等。相当一部分管理人员对教学质量问题缺乏研究，遇到事情才去解决问题，就事论事，对外界社会环境的变化反应不及时，对社会的人才需求把握缺乏准确性。教学管理队伍人员的素质与能力滞后于学校办学层次的提升和发展，也就给教学质量保障体系的构建、实施带来了困境和偏差。

另外，新建地方本科院校在本科教学管理方面还处于探索阶段，要么沿用升本前的教学管理制度，在旧制度上进行改造，要么照搬一些重点大学的管理模式，缺乏创新，更不符合校情，难以形成科学的教学管理制度，不利于教学质量保障体系的有效构建。

五是质量保障建设跟不上学校的转型。新建地方本科院校是由专科学校升格或是由若干所专科学校合并升格的，也有由中专和专科学校合并升格而成的。它们都有由专科学校向本科学校转变的过程，相当部分还要实现由单一性向综合性的转变，这些转变具体表现为人才培养目标规格上的转型，以及与目标相对应的培养过程、培养质量保障等诸多方面的转型。在这个转变过程中，由于人才培养目标、功能的不同，导致本、专科院校在许多方面产生差异。教学质量保障体系的主体应主要由校、院系、教研室等多个层次构成，但是新建地方本科院校一般只是在学校层面上建立教学监控机构，而教学的基层组织通常没有设置相应的教学质量保障组织机构。如此，显然教学质量保障体系建设跟不上学校的转型。

六是教学质量监控偏离教学管理目的。在新建地方本科院校中,存在着教学质量监控偏离教学管理目的的问题。一些学校在教学管理工作中,教学质量监控的目的往往是为了应付外部评估和对教师评定排序,没有从根本上考虑如何利用质量监控来明确教育教学目标,提高教育质量;未能从系统的组织机构、特定学科的条件和标准等方面来考虑质量和进行教学质量监控,只重视课程的质量和教学的结果,忽视学生的综合素质、教学基础设施、学术环境与文化建设的质量,如此这种由于教学质量监控目的异化,把教学活动的主体——教师和学生作为监控对象,把质量目标、影响质量的关键因素抛在一边的做法,违背质量监控初衷,很难建立起完善有效的教学质量监控体系。

第二节　新建地方本科院校教学质量保障体系的构建

一、新建地方本科院校内部教学质量保障体系的构建

(一)内部教学质量保障体系概述

内部质量保障体系建设是保障本科教育质量的重要举措,国际上对高等教育质量的保障有三种基本模式:美国模式——高等教育认证制度;英国模式——高等教育质量的多元评估;欧洲大陆(指除英国之外的其他国家)模式——高等教育质量保障的政府管理。这些模式充分发挥了第三方评估的作用,但对高校自我监控体系涉及不多。英国模式虽然包含了高校内部质量控制,然而其内容和方法比较单一,普遍采用学校批判性的自我检查、学生反馈和校外评审。中国高等教育理论界对于如何划分高校内部教学质量保障模式尚未达成一致看法,各高校质量监控体系比较混乱,大多为零散的监控措施。

根据不同的理论依据,我国高校内部教学质量保障体系构成可分成三种模式:①有相当一部分高校在构建内部教学质量保障体系的过程中借鉴企业界全面质量管理理论思想和方法,将现代质量观念引入高校教学管理中并具体运用。这些高校内部的教学质量保障体系形成了闭环式系统和持续改进机制。②大部分高校运用系统论、信息论和控制论的思想构建内部教学质量保障体系。这部分高校中只有极少数高校的教学质量保障体系可以构成持续改进的闭环系统。大部分高校教学质量保障体系虽能够自成系统,但没有构成闭环系统,无法实现教学质量的持续改进。③还有一部分高校运用经验型方

法，根据教学管理实践内容构建内部教学质量保障体系。这些高校根据实实在在做过的、并取得成效的教学管理工作经验构建本校的内部教学质量保障体系，但体系中的各个要素之间没有内在的逻辑联系，它基本上不能构成一个系统。

结合以上相关理论与实践，我们不难看出，要提高高校教学质量，必须借鉴全面质量管理理论，运用科学的高等教育质量观，构建完整、有效的内部教学质量保障闭环系统。再加之新建地方本科院校面临着规模从小到大、办学层次从低到高的两大跨越，其教学质量问题更成为社会各界关注的焦点。

而审核评估是建立在合格评估基础上的评估，评估的重点不是考察其办学条件是否达标，而是考察其办学条件是否能够有效地支持人才培养目标的实现。国家也不再规定具体的、统一的质量评估指标（甚至不提供评估指标），而只是提供一个框架性的评估内容。而且高校还可以根据办学实际与评估机构协商，对评估内容做出适当的调整。总之，它考察的重点是学校质量管理的系统性和有效性。因此，在审核评估模式下，政府的角色将从直接管理者向战略指导者转变，高校将不再被来自外部统一的评估标准束缚，在遵循高等教育规律的前提下，完全可以根据办学实际、国家和社会的需要，确定自身的人才培养目标和质量标准，并以此为依据构建其内部质量保障体系。

综上所述，新建地方本科院校内部教学质量保障体系是在审核评估背景下学校以保证和提高教学质量为目标，运用系统的原理和方法，设置统一协调的组织机构，将各执行单位、各环节的教学质量管理职能严密组织起来，形成一个有明确任务、职责、权限，互相促进的教学质量管理有机整体。其核心内容是学校要建立满足学生对教育服务要求、政府和社会对人才质量要求的质量方针，确定质量目标，并将质量目标分解到学校的相关职能部门和各个层次的内部组织机构中去，同时明确各个岗位的职责和权限，通过过程控制的方法，逐步实现质量目标。因此，结合该类院校自身实际情况，汲取老牌院校和同类高校的先进经验，取长补短，构建、发展一个建立在全面质量管理理念之上的教学质量保障闭环系统，对于审核评估背景下新建地方本科院校提高教学质量，提升人才培养水平，实现学校可持续发展具有重要意义。

（二）审核评估对内部教学质量保障体系的构建要求

欧洲大学联盟在2005年度大会上提出："真正提升大学教学质量的关键并不在于外部评估和监控，其起点在于大学内部在促进与提高教学质量上所做的持续性工作,这需要大学自身发展出一种良好的内部质量文化。"教育部实施的审核评估正是以促进高校内部质量提升为主要内容,以高校自我评估为基础和前提,考察高校内部自我目标实现保障机制的有效性的新型评估,对高校质量保障体系建设提出了新要求。

1. 质量保障机构的独立性

实行"管、办、评"分离,是构建有效的教学质量保障体系,不断提升高校教育教学质量的关键。《国家中长期教育改革和发展规划纲要(2010—2020年)》首次提出要促进管办评分离,党的十八届三中全会也要求深入推进管办评分离,特别是2014年教育部开展的高校审核评估,强调实行管办评分离,保证学校质量保障体系运行的有效度。学校应当成立质量控制的专门机构,各院、系、学科乃至教研室,也应该有相应的组织,这些组织要研究学校各方面工作的质量构成要素,确定各项工作的质量标准和流程,能迅速发现质量问题或隐患,并提出改进建议。

2. 质量保障目标的科学性

质量目标是质量保障体系建设的基本依据。在以前的评估中,高校虽然根据全国统一的评价质量标准建立了以硬件条件保障为重点的质量保障体系和标准,但并不是为促进内涵提升的自主自发行为,质量保障体系的目标定位、基本框架、运行模式几乎是"千校一面"。而新一轮审核评估只提供了框架性的评估内容,没有统一的评价标准,高校的办学定位、人才培养目标和贯穿人才培养全过程的各环节质量标准是专家进校评价的重要依据。因此,高校尤其是新建地方本科院校必须根据自身的实际情况确定与人才培养相符合的办学质量标准,并构建具有本校特色的内部质量保障体系。

3. 质量保障系统的信息化

与前一轮水平评估不同的是,在审核评估阶段,学校要填写教学基本状态数据库,包括学校基本信息、学校基本条件、教师信息、学科专业、人才培养、学生、教学管理改革与质量监控等类别的信息,将学校基本信息导入后,由系统自动提取数据,生成教学基本状态数据分析报告,帮助专家全面系统地了解学校的基本情况。在年度教学质量报告方面,从以往的学校年度教学质量报告来看,多数以官样文章居多,而审核评估工作需要的是写实性自评报告,从专业的角度来说,需要学校、评估者具有相应的专业水准,甚至借助专业的数据机构等才能完成。

4. 质量保障体系的有效性

新一轮审核评估审核项目质量保障包括四个要素,即教学质量保障体系、质量监控、质量信息及利用和质量改进。与第一轮水平评估的指标体系不同的是,审核评估将质量保障作为一级观测指标单列的同时,更加重视对质量改进环节的考察。这也反映了本轮审核评估注重内涵建设,核心是质量,目的是保障质量,通过促进高校坚持内涵式发展,引导学校建立自律机制,加强质量保障体系建设。审核评估不仅测量高校是否建立了质量保障体系,同时评价质量保障体系的运行有效性。影响高校人才培养质量的,既有目标确定的科学性,也有培养过程中各要素的保障度,还有最终效果的检验及反馈改进的有效性。要对影响质量的主要因素进行有效的监控与评价,必须建立全方位、全过程、全员参与的质量保障体系,发挥校、系、教师、学生及用人单位参与质量管理的作用,确保质量信息搜集的全面性和实效性。高校作为质量监控主体,必须在进行质量监控的同时,建立质量分析机制和反馈机制,在检查评价工作进展状况的同时,分析评价目标实现的有效度和质量管理的有效性,从而不断修正目标,完善过程管理。

(三) 内部教学质量保障体系的系统框架

根据对高校内部教学质量保障体系建设理念和原则,按照高校教学质量保障体系建设思路,新建地方本科院校内部教学质量保障体系一般由以下 5 个子系统构成。

1. 教学质量决策子系统

教学质量决策子系统包括学校定位、办学思路、质量目标、专业设置等项目。学校定位和办学思路项目包括学校定位与规划、教育思想观念、教学中心地位等内容,要求学校定位、教育思想观念及教学中心地位明确,学校发展规划充分体现学校定位,相应措施能保证学校定位的实现;质量目标项目包括办学指导思想和总体目标,要求根据社会、经济、文化发展需求以及学校定位,明确学校办学指导思想,制订学校教学质量总体目标,保证教育规模、结构、质量、效益的协调与均衡发展;专业设置项目包括学校专业设置规划、专业结构调整、新专业申报等内容,要求专业设置符合社会、经济、文化发展需求和学校定位,专业布局与结构合理,形成若干有一定影响的优势专业。

2. 教学资源管理子系统

教学资源管理子系统包括人力资源管理、经费管理、教学设施管理、基本建设管理、信息资源管理、教学学术资源管理等项目。人力资源管理项目包括师资队伍建设、教学管理队伍建设等内容,要求师资队伍数量与结构合理,师德师风高尚,专业素质良好,能满足学校应用型人才培养需要,发展趋势良好，教学管理队伍稳定、素质高、服务意识强；经费管理项目包括经费的预算、使用、管理等内容，要求确保教学经费投入达到教育部相关文件标准，并逐年增长，确保教学经费专款专用，确保教学经费使用合理、有效、公开、透明；教学设施管理项目主要包括课堂教学设施、实践教学设施和辅助教学设施等，要求确保各类教学设施能满足课堂教学、实践教学以及体育教学的需要，并得到有效利用；教学基本建设管理项目包括专业建设管理、课程建设管理、教材建设管理、实践基地建设管理和实验室建设管理等内容，要求各类建设目标明确、规划合理、制度健全、措施得力、特色鲜明，符合人才培养目标与培养规格的需要，满足应用型人才培养的要求；信息资源管理项目包括文献信息资源建设和网络资源建设，要求文献信息资源体系建设、校园网络建设与现代教育技术建设有规划、有措施，生均图书达到教学评估要求，文献信息资源和教学资料库利用率高，教学应用软件系统配置到位；教学学术资源管理项目包括教学改革与研究、学术资源管理，要求教学改革与研究成果显著，对教学形成良好的支撑作用，科研工作、科研平台和科研成果对教学改革及教学质量起到促进作用。

3. 教学过程管理子系统

教学过程管理子系统包括培养方案管理、招生工作、培养过程、教学档案管理等项目。培养方案管理项目包括人才培养方案的制（修）定、执行，要求培养方案符合高素质应用型人才培养目标的要求，管理规范，执行严格；招生工作项目包括招生计划、招生宣传、录取、生源质量分析，要求招生计划符合学校实际和社会对人才的需求，招生宣传效果好，招生程序规范，生源质量好；培养过程项目包括常规教学管理、课堂教学管理、实践教学管理、学风建设、课外科技文化活动、体育锻炼和就业指导。要求常规教学管理工作规范教学运行系统正常，教学秩序良好；严格执行教学计划和课程标准（或教学大纲）的具体要求；优化课堂教学管理，课堂教学秩序良好；实践教学体系设计科学，符合人才培养需要，实践教学环节管理规范、严格，毕业设计（论文）管理规范、质量高；学风建设有清晰的工作思路，有健全的规章制度，有具体的落实措施，有得力的管理队伍，有浓厚的学习氛围；课外科技文化活动丰富活跃，形式多样，学生参与面广，课外科技文化活动措施落实到位，学生综合素质明显提高；体育活动内容丰富，能满足不同类型学生锻炼需求；就业指导工作思路清晰、措施得力、成效显著，就业率高。教学档案管理项目的基本内容包括教学档案的收集、保管、鉴定、利用和统计，要求教学档案归档及时、资料齐全、管理规范、管理手段先进,充分发挥教学档案的作用。

4. 教学质量监测、分析和改进子系统

教学质量监测、分析和改进子系统包括教学质量监测、教学质量分析、教学质量改进等项目。教学质量监测项目包括日常监督和定期监督。定期监督分为教学评估和管理评审。日常监督主要包括常规教学检查、专项教学检查和公众监督,要求建立健全的日常监督系统,对教学质量保障体系中所执行项目监督适时、反馈及时、改进有效,稳定教学秩序、规范教学行为、规范教学管理。教学评估主要包括教学工作评估、专业评估和专项评估等,要求根据学校实际情况、结合上级教育部门的要求,制订科学、合理的评估指标体系和明确的评估程序,定期组织教学评估,评定教学效果与教学目标的实现程度;管理评审主要包括学校教学质量保障体系的管理评审、相关职能部门及各系(部、院)的管理评审,要求有科学、明确的评审流程、职责和工作要求,定期进行管理评审,确保教学质量保障体系的适宜性、充分性、有效性,实现教学质量保障体系的可持续改进。教学质量分析项目包括人才培养质量分析和教学质量保障体系运行分析,要求数据收集及时、信息处理科学、分析清晰、评价客观、及时反馈、建议有效,为改进教学质量和进行决策提供有效依据。教学质量改进项目包括制定纠正和预防措施并持续改进,要求始终以学生及社会的要求和满意度作为持续改进的重要因素,依据其制定纠正和预防措施,并落实到位。

5. 管理职责子系统

管理职责子系统包括机构、职责、权限和沟通等项目。管理职责系统的总体要求是有适合学校教学质量保障体系运行所要求的组织机构,各组织机构的职责和权限明确,相互关系清晰,沟通及时有效,体系运行好、效率高。学校教学质量保障工作的领导机构是学校教学质量管理委员会。其成员由校长、相关工作分管校领导、相关职能部门负责人、系(部、院)主要负责人组成,主要职责是统一领导学校教学质量保障体系的制定、修改和实施;制定有关保证和提高教学质量的重大政策和措施;监督各个工作机构执行教学质量标准的情况和监控单位实行监控的情况。学校教学质量保障工作的管理机构是学校教学质量监控处。主要职责是负责组织教学质量保障体系的建设;负责教学质量保障体系的正常运行;组织各项教学评估和管理评审;统计、分析各工作机构提交的有关数据和报告等;完成校教学质量管理委员会交办的其他任务。学校实施教学质量保障的工作机构是相关职能部门和各系(部、院)。教务处是学校教学质量保障工作的主要执行机构;各系

（部、院）是学校教学质量保障体系的实施主体；教师是教学工作的主要承担者，也是教学质量保障工作的主要参与者。

二、新建地方本科院校外部教学质量保障体系的构建

（一）外部教学质量保障体系概述

高等教育的质量保障的主体包括政府、高校和社会三部分。

我国高等教育外部质量保障体系可分为两类，即政府组织实施的质量保障活动和半官方或民间机构组织实施的质量保障活动。政府主导的质量保障活动包括：由教育部组织、高等教育教学评估中心实施的普通高等本科教学工作水平评估、合格评估和高职高专院校人才培养工作水平评估，以及由国务院学位委员会和教育部共同委托、学位与研究生教育发展中心实施的重点学科评估、一级学科排名评估、学位授权审核、全国优秀博士学位论文评选和博士学位论文质量抽查评估等。此外，政府还采取其他一系列措施，例如，实施"211"工程、"985"工程、"国家示范性高等职业院校建设计划"和"高等教育质量工程"，评选优秀教学成果，设立高等学校教学名师奖，建设国家精品课程、实验教学示范中心、特色专业和人才培养模式创新实验区等，以进一步保障和推动高等教育质量的提高。半官方或民间机构组织的质量保障活动包括大学排行榜、研究生排行榜、学科专业排行榜以及各专业团体、行业协会、新闻媒体等第三方教育数据咨询和评估机构参与高校评估等，其社会影响在不断扩大。

而学校作为一个特殊的社会公共事业组织，一个典型的利益相关者组织，从政府的一方管理走向政府、社会和学校的三方多元管理已成为必然趋势。推进管办评分离是教育发展的必然选择，管办评是一个有机整体，管是基础，办是核心，评是导向。在管办评分离的体制下，要按照政事分开的原则，将"评"的任务交给社会中介组织来完成，真正建立起"政府管、学校办、社会评"的三方协同格局，政府直接参与评估的做法已经不符合新的体制要求。但是由于我国教育评估长期由政府操办，社会评估中介组织难以深入介入，再加上社会评估组织自身发展缓慢，直接影响管办评分离制度的落实。

为此，各高校纷纷从构建学校内部的质量保障体系着手，采取各种措施将高等教育的质量保障贯穿于学校教学、管理的每一个环节之中，使得高等教育内部质量监控体系的理论研究与实践探索取得丰硕成果。相对于高等教育内部保障体系而言，外部保障体系的研究则稍显不足。高等教育内部质量

保障体系与外部质量保障体系是互相联系、互相制约的。因此，构建高等教育外部质量保障体系，建立宏观和微观相结合，内部和外部相结合，政府、高校和社会相结合的高等教育质量保证体系，使之相辅相成，形成合力，共同实现提高我国高等教育质量的目标，具有非常重要的现实意义。我们必须着眼于我国高等教育改革与发展的实际，吸取、借鉴国外高等教育外部质量保障体系精华，对我国高等教育外部质量保障体系进行深入的研究，创新高等教育外部质量保障体系的方式、方法，开拓我国高等教育外部质量保障体系的理论研究与实践探索之路，为我国高等教育质量的提高创造良好的外部条件，促进高等教育事业的不断进步和持续发展，促进高等教育更好地服务社会。

目前，高校外部质量保障主要包括两个方面：一方面，高校接受政府的质量管理。教育部实施了五位一体的本科教学工作评估，这是质量管理的控制型模式，有效地保证了高等教育的整体质量和平稳发展。另一方面，高等教育高度开放的趋势，意味着市场竞争机制必将被引入高等教育领域。在这种情况下，质量保障与评估活动由政府、高校和社会共同认可的中介机构实施，这是质量管理的市场型模式。这种以市场调节为主导的质量保障模式能增强学校的社会适应性，加强学校的责任感和危机意识，提高学校的责任意识和质量意识，促进高等教育的多样化。学校一方面必须自愿遵守外部质量准则，另一方面学校为了适应市场需要，为了办学的可持续发展，还要制定适合本校培养目标的质量准则，在校内形成一套科学的、规范的、制度化的、有组织的、主要由校内机构和人员实施的教学质量保障体系。

经历了多年的实践，我国高等教育的外部质量保障体系的建设取得了显著成绩，积累了丰富的有益经验，但也存在着许多问题与不足：高等教育质量保障热潮是随着高等教育大众化到来的，我国对高等教育质量外部保障的研究还没有形成体系，理论研究的深度还不够，现有的理论还不成熟、不完善，队伍建设和学术研究还未形成气候；政府在外部质量保障中的作用十分突出，但社会的作用显得十分微弱，政府、社会的功能耦合有待加强；保障重点突出，对本科教学质量的保障投入较多，其他层次、形式的高等教育质量保障成为薄弱环节，有待重视和加强；评估手段运用较为单调，缺乏多种保障手段的综合有效运用等。新建地方本科院校主要位于中小城市，肩负着为地方经济社会发展输送人才、为地方经济社会发展服务的责任，与地方经济、政治有密切的联系。由于新建地方本科院校的本科办学时间较短，办学经验相对不足，我国现有高等教育管理并没有针对新建地方高校的特点建立相应的外部质量管理模式,使得新建地方本科院校质量发展遭遇困境。因此,新建地方本科院校的当务之急是建立科学合理的高等教育外部质量保障体系,解决其外部质量保障中的问题和不足,促使新建地方本科院校外部质量保障走上科学化、规范化、系统化的轨道,切实有效地为新建地方本科院校的发展创造良好的条件,保障与促进学校教育质量的提升,保证高等教育改革发展的顺利进行。

(二)外部教学质量保障体系的构成要素

高等教育外部质量保障体系是由各构成要素密切联系而组成的具有保障和促进高等教育质量提高功能的整体,其构成要素主要包括保障目的、保障主体、保障客体、保障方法和功能载体等。

第一,保障目的。保障目的是指高等教育外部质量保障的价值取向,即解决"为什么保障"的问题。高等教育质量的内涵与高等教育质量保障体系的内、外部分工决定了政府与社会应该将高校外部质量保障的目标定位于通过指导、监督、调控高等学校教学、科研、服务等工作的开展,促使高等教育所进行的人才培养、科学研究、社会服务等相关活动能够满足个人和社会全面发展的需求,并把高等教育对社会经济发展、文化繁荣、科技进步等所做的贡献作为衡量指标。因此,高等教育质量保障目的是其人才培养目标、科学研究目标、社会服务目标的综合。

第二,保障主体。保障主体是指高等教育外部质量保障活动的组织、实施者,即解决"谁来保障"的问题。借鉴国外高等教育外部质量保障的有益经验和我国高等教育改革发展的自身需求,将保障主体定位于政府层面的主体方和社会层面的主体方,前者包括国家、国务院各部委、高等教育行政管理部门等,后者包括各行业部门、专业评价委员会、社会评价机构、企事业单位、媒体组织等。只有两个层面的保障主体相互配合、协调共进、形成合力、共同保障,才能创造良好的外部环境,切实发挥外部质量保障体系的功效。

第三,保障客体。保障客体是指高等教育外部质量保障活动所指向的对象,也可以说是保障的具体内容,即解决"保障什么"的问题。高等教育外部质量保障客体是高等教育实施机构的人才培养、科学研究、社会服务等活动的过程和结果。

第四,保障方法。保障方法是指保障主体为促使客体达到保障目的而对其所采用的手段、措施等,既解决"如何保障"的问题。高等教育外部质量保障方法主要有投入支持、立法约束、政策导向、制度传导、评价监督、信息反馈、激励惩戒、舆论影响等。各保障方法的有效运用和科学实施是保证外部质量保障活动发挥作用、实现目的基础和前提。

第五，功能载体。功能载体是指能够在系统各要素之间运载有用物质，保障系统"能源供给"、保障系统有序运行实现其功能的物质——信息。信息是系统有效运行的根本保证，是系统构成的最基本要素。通过信息的流通使系统其他构成要素有机地联系起来，共同影响系统的运行状态与运行结果。高等教育外部质量保障体系当然也不例外，信息同样是其各要素相互联系、相互影响的桥梁和纽带。信息就像血液供给支撑生物体的生命一样，支持着整个保障体系的运行，通过信息的交流，保障主体不断改进、创新、选择、运用恰当的保障方法，保障与促进客体朝着目标的方向发展变化，最终实现目标、满足愿望。

三、新建地方本科院校内外部质量保障体系的有机统一

高等教育内部质量保障体系与外部质量保障体系是相互联系、相互促进、相辅相成的。内部保障是高校针对教学、科研、服务过程所进行的质量控制，外部保障是政府与社会针对教学、科研、服务的效果所进行的控制。内部保障是基础，外部保障为内部保障的顺利实施提供条件并最终促进内部保障效用的实现。高等教育的质量既体现在教育、科研、服务的过程中，也体现在教育、科研、服务的结果上，只有内、外保障共同实施、形成合力，才能促进高等教育质量水平的提高。

首先，新建地方本科院校应进一步明确自身的使命和目标，追求自身的教育价值，在内部质量保障体系建设过程中加强自主性。这也应该成为外部质量保障体系建设和新一轮本科教学评估的重要价值取向。

其次，新建地方本科院校应加强内涵建设，进一步明确内部质量保障体系的内涵和功能，切实发挥其在人才培养和教学工作中的作用。外部质量保障体系建设和新一轮审核评估也应强化这方面的导向作用。

另外，政府有关部门也要加强宏观管理，对不同类型高校的内部质量保障体系建设给予分类指导，根据新建地方本科院校的特点加强引导。新建地方本科院校也应与不同类型的高校之间相互交流和借鉴，取长补短，进一步完善学校教育质量保障体系的建设。

而新一轮审核评估正是促进该类院校内部质量保障与外部质量保障有机统一的融合剂。一方面，审核评估的新思路、新举措正体现了新建地方本科院校外部质量保障体系的强大推动力，政府、社会各相关利益体都应当积极

参与到这一活动中来，促使新建地本科院校将压力内化为动力，进一步加强质量建设；另一方面，审核评估的新要求、新方法也促使新建地方本科院校转变质量观念，强化质量管理，建设科学有效的内部教学质量保障体系。因此，在实际操作中，新建地方本科院校必须抓住审核评估的有利时机，内外并举，坚持"两手一起抓，两手都要硬"，才能真正实现其保障与促进高等教育质量水平提高的功能。

第三节　完善新建地方本科院校教学质量保障体系的对策

提高教学质量是新建地方本科院校永恒的主题。教学质量保障体系的建设是一个长期的、不断完善的过程，其核心和关键在于将本科教学质量管理不断科学化、程序化、信息化，注重本科教学质量的全员参与、全过程管理监控，强调教育质量价值共识的形成。[①] 因此，构建一个动态的、不断改进的教学质量保障体系，以严谨、科学、负责的态度公布评价指标、方法、监控程序和结论，准确地界定现存的教学质量问题，合理地制定改进问题的措施和目标，依据科学合理的方式、指标和流程查验改进的效果，并在实践中不断改进完善教学质量保障内容和实施效果，才能促使新建地方本科院校教学质量保障体系有效运行。

一、更新质量观念，促进质量文化建设

苏联教育家苏霍姆林斯基说："有怎样的校长，就有怎样的学校。"新建地方本科院校的领导作为学校的决策者，他们对教学质量的重视与否直接影响到质量保障体系的提升。因此，新建地方本科院校的领导要有充分的质量意识，可以通过理论研究和借鉴先进院校的成功经验培养质量意识，并认识到师生才是该体系构建和完善的主要力量，切实加强质量意识和质量责任教育，营造良好质量文化氛围，不断引导教师更新传统观念，让质量意识成为一种习惯。质量观念的更新和质量文化的建设应该是一场自上而下的革命。从根本上说，只有当教学质量成为学校所有成员共同信奉的价值和内在追求时，才能形成全员提高教学质量的行为。新建地方本科院校应当强化教学质

---

① 冯巍，冯译明，傅伟韬. 核心价值体系铸魂　知行统一文化育人 [J]. 吉林医药学院学报，2013（02）：158-160.

量责任意识,切实落实教学质量责任主体,成立各级质量管理结构,形成完善的评价队伍,包括学校教学质量保障委员会、各级教学督导组、各院、系的学生会等组织,充分发挥各级人员在体系中的作用,做到层层把关、层层负责,确保质量达标。

同时,新建地方本科院校一方面要在高校内部建立正确的质量观,明确建立教学质量保障体系的意义和指导思想,营造质量的文化氛围;另一方面要在正确的质量观指导下,提高教学队伍的素质,构建和实施教学质量保障体系。因此,除加强宣传教育外,还需制定相应的政策措施,通过引导、激励等机制,传播质量信息,奖励质量成果,加快推动教师队伍进行现代教育理论的学习与普及,开展各种提升教学质量的教育理念讨论活动,树立起教学质量为先的工作思想,使质量文化建设成为学校发展的永恒主题。构建浓厚的教学质量文化氛围,促使全体教职工和学生成为提高教学质量的坚定的拥护者和自觉实践者,共同推进教学质量保障体系的正常运行,不断提高新建地方本科院校的教学质量。

二、规范质量标准,完善质量保障制度体系

质量标准是高等教育活动的出发点和归宿。一个完善的教学质量保障体系要拥有完备的规章制度体系和有效的组织机构,而这些是保障体系履行职能的基础设施。质量标准的设置及制度的完善是教学质量保障的前提和基础。新建地方本科院校要从服务于教学质量保障、服务于审核评估出发,强化质量标准的规范性、质量保障体系的完整性、质量保障体系内容的针对性,坚持"有用、有效、有特色"的建设原则,根据自己的办学定位、办学特色、人才培养规格和各主要教学环节的具体情况,制定完善的质量标准体系,积极推进和完善教学质量保障体系的制度建设,保证教学质量和人才培养目标的实现。高校教学质量标准应该是一个完整的体系,涵盖教育教学的全过程和每一个环节,既包括过程质量标准,如教师教学工作规范、课程教学基本要求,也包括服务质量标准,如多媒体中心、图书馆等技术业务服务规程,还包括环境质量标准、人员质量标准等,有关制度、规章、程序也要纳入质量标准的轨道,并以文件的形式确立下来。当然,质量标准的相关文件与现行的规章制度有一个继承与创新的关系,质量标准文件可在原来的规章制度的基础上进行修改和补充,使其更加科学、规范。

具体说来,主要包括如下步骤:一是提高教学质量的标准化建设程度。一方面要从新建地方本科院校的实际出发,修改、删除不合时宜的教学管理

与质量标准体系的规范文件，制定符合学校发展要求的教学质量规章制度；另一方面要重点修改、完善主要教学环节及其检验、监测与评估的标准，如学科专业、课程、教材制订规范。二是加强教学质量目标与教学资源保障系统的制度建设。既要加强教学管理保障与教学质量检测改进的制度建设，又要加强教学质量目标与教学资源保障系统的制度建设。重点要制定好"十三五"发展规划，明确学校的办学定位、发展方向和人才培养目标，修改完善教学资源保障的各项制度。三是加大质量标准及其体系的内涵建设，重点是加强人才培养方案、专业课程和实践教学、毕业论文（设计）与课程考核等规范文件的制定与修改。四是完善教学质量评价标准和评价机制等。

三、加强教学管理，构建全面质量管理机制

科学、规范的教学管理是提高教学质量的手段。教学管理缺乏科学性、规范性，则容易导致教学质量监控与教学管理的脱节，造成管理混乱，使质量保障体系如同虚设。因此，加强教学管理、建立全面质量管理机制是构建与完善教学质量保障体系的重要环节。

一方面要拓宽专业口径，改革课程结构，及时调整人才培养质量标准。学科专业的结构设置是学校办学定位和学科专业定位决定的，也是高校定位的客观依据和保障。新建本科院校要准确把握好当前和未来经济及社会的发展趋势，客观分析自身学科专业建设的各个因素，对学科专业建设进行及时合理的调整与改进，突出地方特色，服务区域发展。要优化课程结构，处理好专业基础课、专业选修课和实践技能培训等方面的关系，向着合理化、综合化、多样化方向发展，积极建立并及时调整应用型人才培养质量标准，以适应社会发展对应用型人才的需要。

另一方面要加强教学管理执行力，构建全面质量管理机制。新建地方本科院校要以全面质量管理的理论方法作为构建教学质量保障体系的理论基础。首先，要确立以人为本的观念。将学校各行政和教学管理的基础单位和教师个体都纳入这一管理，注重提高教学质量管理人员素质，包括管理人员的协调能力、沟通能力和创新能力，同时也要充分考虑教师这一核心群体的实际需要，充分调动其工作积极性和主动性，形成人人参与、全程监控的教学质量保障良好局面。其次，要完善质量管理机制。着重建立使教学质量保障涵盖人才培养全过程的管理制度，在此基础上严格按照教学质量保障的要求，对教学质量的全因素、全过程、全部门、全方位进行质量管理，从而形成激活管理者、教师创造热情、工作激情的持久动力机制。此外，还要利用

现代化管理软件和网络工具，形成科学合理的现代化管理系统，为教学质量提高提供有效途径。

四、完善质量管理队伍，健全教学质量监控机制

（一）完善校系两级督导机制

高校的中心工作是教学，教学督导是反映教学质量的"晴雨表"。目前，从大多数新建地方本科院校的实际情况来看，大部分的学校仅仅只成立了校级督导组织，且校级督导的主要工作仅局限于深入课堂听课，未能充分发挥其在教学质量保障体系中的引导和决策作用。因此，建立科学合理的校系两级督导机制是完善教学质量保障体系的又一重要工作。

校级督导处于全校教学质量监控体系的最高层，理应从宏观上对学校人才培养目标、办学定位和指导思想的制订以及教学单位的质量评价工作予以指导，并依据教学管理制度，从宏观上对学校教学管理的常规工作予以检查督促；以及通过专题调研，客观反映教学突出问题或重要情况，为学校重大教学决策的制订及教学改革提供参考咨询。系级督导由各院系聘任，在院系督导组织的指导下开展工作，重点是开展课堂教学督导及日常教学秩序的巡视检查。如对本院系的教师所授课程进行随堂听课，并在课后与老师进行沟通交流，履行督助和引导的职能等。

因此，新建地方本科院校应建立完善的教学督导制度和科学的运行机制，着力建设一支德高望重、有丰富教学经验的督导队伍。完善校院两级督导组织，成立教育教学督导团，聘任校级教育教学督导员；各教学系部成立系部督导组，聘任系级教学督导员。通过每学期定量听课、多种形式的教学调研和座谈会，使校系两级督导对全校教学状况进行调查、分析和研究，提出改进教学工作的意见和建议。两级督导既有分工，又有交叉，校级督导主要抓全局性的督导工作，并对等级督导进行指导，二者之间相辅相成、相得益彰。

（二）建立校、系、教研室三级质量保障体系

对于现代化的新建本科院校来说，需要一个层次分明的教学质量保障体系，但是新建院校往往只设立学院以及与系（部）二级的教学质量管理组织，具体到教研室、班级或某一课程的三、四级教学质量管理大多处于空白状态，甚至有些新建地方本科院校连一、二级管理都没有。我国高等教育经过多年的发展，高校都已经具有多部系、多学科、多专业等特点，课程之间的差异非常大，如果教学质量监控机构不完善，便难以及时发现教学过程中

存在的质量问题，更无法及时地解决这些问题，不利于教学质量保障体系的构建和改进。因此，在审核评估背景下，加快建立新建地方本科院校多级多层的教学质量保障显得尤为重要。

五、推进教学信息化管理，畅通教学质量信息渠道

建立畅通的教学质量信息收集、传输、处理和反馈整改渠道是保证高校内部教学质量保障体系有效运行的关键。

（一）完善学生信息员制度

学生是高等教育服务的对象之一，有权利对高等教育的质量提出更高的要求。在学生中设立学生信息员，了解学生对于教学、服务等方面的需求是否得到满足，并针对学生的意见提出改进性措施并付诸实践，不仅符合全员参与的全面质量管理原则，也会收集到很多有效的质量控制信息。新建地方本科院校应建立覆盖到每个教学班级的学生信息员队伍，并就采集内容、采集方法、采集手段等进行专项培训，强化定向信息采集。

（二）拓宽教学信息收集渠道

全面质量管理理念要求新建地方本科院校进一步拓宽信息采集渠道，扩大信息采集对象范围，动员全体师生员工参与到对教学信息的反馈和收集工作中来。建立包括专用信箱、电子邮件、QQ群、微信群、电话、座谈会、网络论坛等多形式、多渠道的信息采集方式，保障各类信息快捷有效的传输。

（三）做好质量信息统计工作

教学质量信息对加强教学管理与改革、提高教学质量有着举足轻重的作用，因此，做好相关质量信息的统计工作，科学严谨地分析统计结果，合理有效的利用统计结果，也是构建教学质量保障体系的重要一环。

（四）重点做好教学质量信息反馈和整改

对收集的各类信息，在分类整理后，以现场反馈、会议反馈、《教学质量信息收集与整改反馈通知单》等方式，实行直接反馈；以简报、邮件、通报等方式，进行间接反馈。对反馈的意见，要求限期整改，并以检查验收、"回头看"等方式督促整改落实。

（五）加强教学质量信息的分析总结

对教学检查、学生评教等相关专项活动认真分析，找问题、查原因、提对策，以撰写《本科教学质量年度报告》为抓手，进行全面分析和总结，并进行发布，以更好地改进本科教学工作，提高人才培养质量。

教学质量信息收集、反馈、整改是一项系统的工作，不仅要检查常规的指标，还要对综合情况进行深入调查，及时收集各种教学信息，不断完善教学质量信息反馈体系，充分了解师生的整体情况，了解企业对毕业生的质量评估情况，并将这些信息作为教学质量评价的主要依据。加强教学质量信息监控，可以有效解决教学过程中存在的各种问题，掌握广大师生对教学质量改进的建议和意见。对教学质量保障体系以及相关的规章制度要进行积极的宣传，使有效的信息反馈成为教学质量的检验基础。

第六章 新建本科院校教学管理创新概述

第一节 新建本科院校教学管理概念及理论

一、国内外关于教学管理的相关研究

国外对高校教学管理的研究早于国内。在1875年，学者威廉·佩恩出版专著《论学校督导》一书，从教育自身的角度对教育管理进行了研究。随着管理理论的发展，教育管理的研究也随之发展。教育管理经历了由封闭到开放、从专制到法制、从经验到科学以及文化的发展阶段。每一段教育管理的变化都与时代背景紧密相连。伯顿·克拉克的《高等教育系统——学术组织的跨国研究》一书基于学术的角度分析高等教育系统运行规律，为高校教学管理的运行提供借鉴和指导。学者张新平认为教育管理学的发展过程是教育管理范式转换的过程，也是不同的教育管理范式在冲突、融合、变迁发展的过程，他总结出了西方国家教育管理的三种范式，即结构功能主义范式、解释主义范式及批判探究范式，系统地论述了西方国家对教育管理范式的研究，为教育管理人员的实际行动提供了理论和方式方法。学者陈青主编的《高等学校教学管理》（西北工业大学出版社），该书系统地论述了教学管理的内容、教学管理基本规律及学科体系。从教学计划、教学行政、教学管理制度、教材建设、实践性教学环节、实验教学、教学质量管理、招生管理、教学管理信息系统等十个方面全面论述了高校教学管理的内容，该书为研究高校教学管理提供了理论基础。同一时期的学者刘玉柱主编的《高等学校教学管理（山东大学出版社）》一书从校园规划和专业设置、教学计划管理、教学内容和方法的调整改革、教学环节的组织和实施、教务管理、教学质量管理、研究生教育培养和管理、教学管理手段的现代化等八个方面论述了高校教学管理的内容。还有学者也从不同角度论述了高校教学管理的相关内容，涉及高校教学管理系统制度的研究、高职教学管理的研究、教学

管理信息系统研究、远程教学管理系统研究、成人教学管理研究等，相关的著作随着高等教育的发展而不断地增多，研究的角度不断地创新，研究内容不断地细化和深化。学者别敦荣在《以现代理念改革高校教学管理制度》一文中强调高校教学管理制度要以学生为本，从保护学术自由，促进资源共享，促进教学质量的提高等方面论述现代教学管理理念的重要性。刘晓慧在《教学管理观念的转变和交互管理理念的建立》一文中指出要树立新观念，建立在管理者、学生资源、学生之间交互管理的理念。学者张鹏在《以人为本的教学管理理念及其实现途径》一文中强调了教学管理要以学生和老师为本。学者宋正富在《将素质教育理念融入教育教学管理的全过程》一文中强调了教学管理中要把思想、专业、体育、人文等方面融入其中。此外，还有学者从创新教育理念的角度论述了高校教学管理体制的创新研究。高校教学管理理念的研究成果丰富，但具体实现理念的途径仍需要进一步的探究。

对高校教学管理的研究集中在以下几方面。

（一）教学管理制度的研究

较早研究教学管理制度的学者有李巧林，她在《我国高校几种教学管理制度的演变与比较》一文中介绍了学年制、学分制及学年学分制的起源及其社会实践发展基础，系统地论述了我国实行过的教学管理制度，为探究适合我国的教学管理制度提供了指导。刘根厚在《关于高校教学管理制度改革的研究》一文中从制度改革的目标、前提、基础、关键、保障等方面论述了高校教学管理制度改革的相关问题。胡建华在《论高校教学管理制度改革的价值取向》一文中将教学管理制度价值取向分为个人本位、知识本位、社会本位三种管理制度的价值取向。学者袁祖望从高等教育行政管理体制和高校内部管理体制两方面论述了高校管理的特点。学者李华、李思经分析了英国、美国、新加坡高等教育管理的体制及特点，提出了我国应该学习和借鉴的方式和方法。还有学者从制度分析的理论角度分析了高校教学管理制度存在的问题并提出了相应的解决对策。通过以上资料看出，已有的关于高校教学管理制度的研究都是在探讨现有教学管理制度存在的缺陷，指出了现有制度存在的问题，根据问题对应地提出了制度创新的对策和建议。虽然这些文献都提出了目前高校教学管理的体制需要改革和创新，但是却没有提出一个具体的切实符合学校教学发展的具体改革方法。提高人才培养的质量尤其是教学质量，需要去探究改革的迫切性和必要性，尤其是需要针对地区及学校的不同提出有针对性的教学管理的改革创新路径。

(二) 教学管理模式的研究

国外教学管理模式研究中比较典型的是以英国为代表的社团式教学管理模式，它注重学术社团的权威作用，大学不受政府的控制，只受法律的约束，保持着学术传统的自由。以法、德等欧洲国家为代表的科层组织管理模式，在高校内进行科层管理，严格按照层级进行高校教学的管理。以美国为代表的科学和市场导向型的高校教学管理模式，使教学管理更能够适应时代的发展需求。澳大利亚的教学管理注重学生的综合素质和实践应用能力，注重教学工作的控制性和操作性。各个国家的教学模式根据各国国情的不同而不同。国内关于高校教学管理模式的研究很多，尤其是高校教学管理的模式创新研究，相关的研究文献丰富且全面。比较有代表性的有郑海霞的《高校教学管理新模式——创新性教学组织探析》，她在文中初步探讨了教学管理模式从统一型到灵活型再到创新型的演变过程，重点阐述了创立创新型教学管理模式的必然性和紧迫性，从创新的角度阐述教学管理的新模式。任世存在《协同理论视角下高校教学管理分级管理模式研究》一文中通过协同理论设立不同层次的管理机构，优化教学分级管理，实现教学管理的系统化、灵活化、层次化。张雷在其研究生论文中运用历史学、哲学、管理学、社会学等不同的学科背景分析了高校教学管理的各种模式，并从理论基础、实践方式、国家地域特点等方面进行了分类比较，预测了我国教学管理模式发展的趋势。对高校教学管理模式的研究趋势大多数是从现有的教学管理模式存在的问题中，分析现有的教学模式存在的弊端，进而提出相应的解决办法，促进教学管理模式的变革和创新。

(三) 教学管理的创新研究

教学管理创新的必要性和路径对策方面，学者们都给出了相应的建议。认为高校教学管理创新是适应高等教育发展趋势的需要，也是提高高校人才培养质量的需要。在教学管理路径创新上，学者们都是要提倡树立以人为本的理念，充分地坚持以学生和老师的需求为出发点，加强教学管理队伍建设，提高学生学习的积极性和主动性，尊重学生的个性，注重学生的全面发展。保障教师的教学自主权，鼓励老师积极地参与高校教学管理。

(四) 教学管理队伍的研究

高校教学管理不仅需要专业的方法和路径，还需要专业的人才、专业的管理队伍。冯方盛等学者指出了在教学管理队伍中，出现了教学管理队伍质量水平不高，结构不合理，队伍专业理论水平相对缺乏，教学管理人员的地位不是很明确等问题，也提出了要改善管理环境，更新管理理念，优化教学管理队伍结构，完善相应的教学管理制度。教学管理队伍建设是高校教学管理建设重要的组成部分，需要不断地加强管理队伍建设，提升队伍的质量，提高教学管理的效益，这样才能更好地服务师生、服务学校。

还有学者研究了教学管理的信息化、教学管理的国际化以及教学的精细化管理。纵观国外关于教学管理的研究可以发现，不同时期、不同国家的教育管理呈现出不同的特点。国外的学者大多数是从高等教育运行的宏观系统论述的，只涉及教学内部管理的运行模式甚至只是高校内部管理的一部分，在高校内部系统运行尤其是高校教学管理运行方面研究得不多，仍需要不断地探索。国外的相关研究在实践上也在不断地创新，由于我国在教学管理理论的研究起步较晚，国外的先进理念和经验值得我们学习和借鉴，结合我国自身的国情，在借鉴的基础上探索更符合学生利益的高校教学管理。

高校教学管理的创新需要根据高校自身的实际特点，结合高校老师及学生的实际，结合高校现有的教学管理资源，尤其是要在尊重学生主体性和教师主导性基础上，了解学生对教学管理各方面的满意程度，有针对性地提出相应的教学管理策略，使高校教学管理在好的方面更加地凸显，在不好的方面可以及时地调整，提高高校教学管理水平，更好地保障教学质量。

二、新建本科院校教学管理

管理一词源于西方，管理就是系统对一定的人、财、物等进行计划、组织、指挥、协调、控制的过程。教学管理有广义和狭义之分。广义上是指教育行政部门对各类学校的组织领导和管理。狭义上是指依据教学的特点和规律，为达到教学目标、实现教学目的，对教学工作实行计划、组织、指挥、协调、控制的过程。教学管理的本质是，组织、运用学校的人力、物力、财力等对教学的业务、信息及教学过程的效率、效益、时间、质量、程序等进行管理的过程。

新建本科院校教学管理需要坚持以下几项原则：一是综合性原则。新建本科院校教学管理受社会系统和学校内部系统等的制约。二是民主性原则。教学管理因素很多，所以必须坚持民主性原则尤其是要发挥教学管理人员的主观能动性，发扬管理民主性，激发教学管理人员的主人翁精神，使其更好地服务于教学管理。三是效率性原则。教学管理必须要强调效率，提高教学管理的效果。四是灵活统一原则。教学管理要保证教学管理各个系统要素的协调统一，又要在教学管理中发挥灵活性原则，注重因材施教，尊重学生的个性，促进教学管理的个性化、特色化和差异化，形成自己的特点。

综合以上观点，本书认为新建本科院校教学管理是指新建本科院校教学管理人员依据新建本科院校教学规律和特点，为了实现教学目标、提高教学质量而对教学业务进行的综合管理的过程。新建本科院校教学管理包括教学日常管理、教学保障管理、教学评估管理三方面的内容。

三、新建本科院校教学管理理论

新建本科院校教学管理理论是在现代管理理论基础上发展而来的。管理理论的发展源于西方，经过多年发展先后经历了古典、科学和现代管理理论三个阶段。

在古典管理理论阶段，主要的代表是泰罗的科学管理和法约尔的科层管理。泰罗的科学管理注重计划，实行标准化，追求效率；法约尔则是从整体的组织体系出发构建一个完整的组织系统。在新建本科院校的管理中必然要运用古典管理理论的一些思想，古典管理理论的优点就是有计划，层级分明，看重效率，注重对组织对事物的管理；缺点就是古典管理是一种集权控制的管理模式，强调个人要服从组织，忽略了个人的心理和社会性因素，把人当作没有感情的物体，忽略人的情感因素。

在行为科学管理理论阶段，美国学者马斯洛提出了人本的需要理论，否定人是经济人的假设，认为人是社会的人，除了追求经济和物质外，还会有心灵、情感等其他的需要。行为科学的发展，使得管理理论更加注重人的感受，注重人的心理和社会需要。

现代管理理论注重利用自然和社会的研究成果，如系统论、控制论、信息论等，使管理理论和理念进一步地现代化，运用高科技成果使管理方法和手段、管理的决策和组织进一步现代化。现代管理理论强调用系统化的思想和方法指导实践活动，从整体出发；注重人的决定性因素，强调人的主观能动性，满足人的需要；管理过程中要不断地创新，不断地适应社会的变化和需求。除此之外，在管理中必须要坚持以人为本的管理理念，充分发挥人的能动性，强调人是管理活动的核心，尊重人的价值。

在当前新建本科院校教学管理中存在着教学管理的手段方式方法不适应学生需要，教学质量管理缺乏有效的测量和监控手段等问题，所以必须贯彻现代化的管理理念，坚持以人为本的管理理念，树立人的核心地位，提高新建本科院校教学管理的整体水平，教学管理要不断地创新以适应新的发展变化。

四、新建本科院校教学管理的构成要素

新建本科院校教学管理内容包括三个方面：教学日常管理、教学保障管理和教学评估管理。

（一）教学日常管理是对教学日常运行的管理，包括教学计划、教学业务的管理

1. 教学计划管理

高等学校的教学计划包括培养目标、时间安排、课程设置、教学环节和进程等。教学管理工作的开展有各种计划，包括专业的教学计划、实践教学计划、学期工作计划教学研究活动计划、教材出版和编审及订购计划、教学检查计划、教师培训进修计划、专项工作计划及会议计划等。在执行计划时，做到标准统一，考核有依据、符合实际。在检查计划时，对不符合计划的目标要及时地改正，对有变化的情况要及时调整以确保计划的顺利完成。

2. 教学业务管理

教学管理中的业务管理包括针对教学的业务管理和针对教学管理系统及人员的业务管理。具体来说教学的业务管理是对教学的内容、方法、效果和教学体系改革的管理。包括教学大纲、内容、方法的调整与改革，课堂教学的管理，实验课实践课的管理，课程与学年论文（设计），科研训练，课外学习考察活动的管理等。日常的教学工作管理。另外，还包括教学管理手段及方法的创新。通过对教学管理系统的优化升级和提升人员综合能力，促进教学业务管理的发展，保障教学业务管理的质量和效益。

（二）教学保障管理包括制度和组织管理

1. 教学制度管理

教学制度是教学工作的行动指南，是稳定教学的保障。加强教学制度的管理是教学管理工作的重要内容。教学管理的各项工作都有规章遵循，是保证教学质量的重要条件。建立规范的教学管理制度能促使教学管理更加科学化和规范化。教学管理制度包括以下三个方面。①教学方面：备课、上课、考核、教学研究等；②教师方面：教师岗位责任制度、教师工作量制度、教师考核进修制度等；③学生方面：学生守则、学籍管理制度、选修制度、选拔考核制度、学位管理制度等。新建本科院校要不断地总结教学管理制度在实施过程中的好的经验做法，扬长避短，提升新建本科院校教学管理水平，及时修改、完善教学管理制度的漏洞和弊端。发挥教学管理制度在提高教学管理的质量和效率方面的作用，发挥其在教学质量过程中的保障支撑作用。

同时也为新建本科院校更好地落实大学章程提供理论和实践的支持，推进新建本科院校人才培养质量的提升。

2. 教学组织管理

教学管理的开展首先要建立一个职责分工明确的组织机构，机构成员要具有活力且精简干练，保证教学管理工作有条不紊地进行。对教学管理人员的工作进行静态和动态相结合的考核办法，定期对教学管理人员进行培训，提高管理人员的素质，控制和优化管理人员的构成结构，优化管理体系的结构和功能，提高教学管理工作的效率和管理的质量。同时要注重教学管理组织系统内部各个系统的协调，使系统内部的各个要素能够相互协调、相互支持、相互作用，促进教学工作的有序健康发展。

第二节　新建本科院校教学管理创新

一、如何做好新建本科院校教学管理创新

由于近几年出现了比较严重的人才供给与需求在人才培养规格上的错位对接，导致了大学毕业生的结构性失业，国家逐步开始了对高等教育结构和功能的调整，以适应经济发展方式的转变。教育部明确提出了地方本科院校转型发展，这使新建本科院校压力更大，一是管理队伍中大多数人缺乏本科管理经历，二是没有转型成功的本科院校作为学习和借鉴的对象。如何在转型期间，做好本科层次职业教育的教学管理，成为一个需要认真研究、努力探索的难题。

（一）转变管理观念

观念是行为的导向，只有科学的观念才能很好地指导实践，因而教学管理观念的不断与时俱进、及时创新，对于本科院校转型发展有着非常重要的意义。新形势下的职业教育提出要以职业岗位需求为导向，要推进课程内容与职业标准对接、教学过程与生产过程对接、毕业证书与职业资格证书对接。这导致企业行业教师成为教学活动的实施者的比重大大增加，教学场地向生产一线倾斜，还致使学生成绩构成、成绩判定者的多元化以及教学管理的非常规化。这些新情况、新问题的出现，还依赖旧的管理观念、旧的管理制度、旧的管理方法来解决，显然是不行的。所以，管理者首先要从观念上积极转变，建立适应转型发展的管理新观念。建立与本科层次职业教育相适应的课程观、教材观、教师观、学生观、质量观、评价观，切实增强服务意识，在

确保规范管理的前提下,要强化开放管理思想,采用管理方式的多元化、信息化。要树立可持续管理观念,建立起适应形势发展进行持续性调整的机制,以管理保转型,以管理促发展,以实现管理效能整体性提高的目标。

(二)提升管理方式

对于新建本科院校而言,教学任务的升格转型、教学目标的变化、管理环境的改变等等表明旧的管理方式是不能满足要求的,必须提升管理方式。

1. 重建优化管理信息系统

重建优化管理信息系统的关键在于科学设计教学管理系统,使它符合本科层次职业教育需求,实现教学管理全程的信息化、规范化和智能化,同时对教学运行过程产生的数据进行深入分析和挖掘,构建大数据背景下以现代化教育思想为指导的新建本科院校教学管理模式。教学管理全程信息化,能够全程地执行教学管理和进行教学资源调配,对学生、教师、课程、教学场地和教学时间等五大要素进行科学合理的调度,这有效地解决了职业教育教学场地多元、教学活动实施者的增加、学生成绩构成的复杂、人才评价的社会化等带来的管理难处,能有效地、实时地对学生的学业情况、教师教学质量、教学资源使用情况进行监控。完成职业教育与社会需求紧密对接的任务。

2. 增强信息反馈系统功能

教学过程是一个信息传递的过程,为使教学过程处于良性循环,该过程必须引入信息反馈机制进行自身调节,必须应用反馈控制技术,建立教学过程反馈控制系统,对各教学过程的运行状况进行有效控制,及时解决教学过程运行中出现的问题,对教学运行流程中可能发生的异常情况提供及时预警和监督,对各教学过程的运行进行整体协调。职业教育是以就业、职业需求为导向,为了培养适合产业转型升级、经济发展方式转变要求的应用型人才,教学管理更依赖于高效的信息反馈系统。

3. 加强教学管理流程的设计与实施

职业教育必须要走校企合作、产教融合的办学模式,做好学校与企业共同研究制定教学质量标准,共同修订人才培养方案,共同构建课程体系,共同开发教材更新教学内容,共同组建教学团队,共同建设实训实习基地,共同进行人才培养,共同评价人才培养质量这八个共同的工作。这导致了教学管理的信息量大、涉及面广、环节多、工作量重、任务复杂,而且工作负荷不均衡,这种工作负荷上的不均衡还难以用增加人手来解决。要想从根本上解决这些问题,必须对教学管理流程进行再造,建立面向学生、教师的教学管理流程体系，实现从传统的面向职能管理转变为面向流程管理，尽可能地将管理的规范化、科学化落实到每个环节上，建立扁平化的流程型组织结构，以缩短信息的传递渠道与时间，提高管理者对工作绩效的反应速度；尽可能地减少管理流程中每一环节的无效或内耗活动，并从整体流程最优（而不是局部最优）的角度，合理地设计和优化教学管理流程中的各项程序活动，消除流程中的本位主义、分散主义倾向，实现教学管理绩效的最大化。

（三）强化过程管理

职业教育要求课程内容与职业标准对接、教学过程与生产过程对接、毕业证书与职业资格证书对接，促进职业教育与社会需求紧密对接。这一方面导致了教学管理的难点，另一方面提出了对完善过程管理的新要求。过程管理所强调的原则是：每个环节的管理质量必然或多或少地影响整体质量，过程管理强调对过程的全方面把握和对关键点的监控。因此过程管理重在策划，贵在坚持，功在细化。为适应本科层次职业教育管理的需要，应建立、完善有助于过程管理的制度、评价体系，明确和细化各阶段目标，在合适的区域建立以过程为基础的质量管理体系模式，设置环节管理方法、目标和原则，对每个环节细化管理并严格把关，实现环环相扣、相互促进的过程管理，提高教学管理的整体质量。

二、新建本科院校教学管理创新的必要性

（一）社会发展的需要

社会的发展对本科教育提出了新的要求，要求其培养的人才有一定的创新能力，满足社会、行业的要求，即培养综合性应用型人才。而传统的本科教育以培养知识型人才为培养目标，这就要求新建本科院校对传统的教学目标、教学内容、教学模式、考核方式等进行改革。

（二）新建本科院校发展的需要

21世纪初，大量专科学校升为本科院校，管理却主要沿用老办法或是借鉴老本科院校的管理方法，跟学校目前的发展情况匹配度不高，也日益暴露出种种问题，如很多新建本科院校教学管理还是行政命令式，教学管理理念落后，管理模式陈旧，管理手段单一，缺乏服务意识，很大程度上影响了教学改革的深入进行，因此亟须进行改进与创新，从而推动新建本科院校教学改革，提升教学质量。

（三）高等教育发展的需要

高等教育在发展，教学管理也要随之进步，传统本科院校强调一切教学

活动必须严格按照既定的规范流程来完成,不能满足众多学生的个性发展需要,也无法激发学生的学习积极性。因此,需要从以教学控制为主要管理手段的教学管理,转变为人本主义的教学管理,以学生为中心,积极为学生学习的发展创造条件,从而提升人才培养质量。

三、新建本科院校教学创新改革模式

1999年起我国开始实行新建本科院校扩招,自此,高等教育事业呈现出快速健康发展的良好趋势,已经实现了历史性的跨越。近年来,从新建本科院校在校生总人数以及毛入学率等衡量新建本科院校教学管理和发展质量的主要指标来看,目前的高等教育已经步入大众化的新的发展阶段,按照国家的工作方针和要求,新建本科院校在坚持始终保持规模可持续健康发展的同时,必须积极关注和重视教育教学质量问题。通过采取院校教学管理体制改革的模式,推进新建本科院校教育实践工作重点的转变和转移,最终实现新建本科院校的转型升级。

(一)新建本科院校教学管理制度规范化的现实诉求

1. 教学管理制度规范化的现实意义

对新建本科院校教学管理的规范化创新实践和相关领域的研究,具有十分重要的现实意义。新建本科院校的教学管理方面的工作被看作是新建本科院校加强学校日常管理的中心工作和核心任务,教学管理工作将贯穿于新建本科院校教学教育的整个过程,以利于维持好已经建立起来的正常的院校教学管理秩序,推进院校教学研究和创新改革的各类实践,加快实施院校的素质教育,确保完成新建本科院校的教育教学任务。

2. 教学管理工作需规范化

近年来,随着新建本科院校数量的不断增加,需要重点考虑如何能够顺利地加快实现从专科院校的教育向本科院校高质量教育的转换和升级;考虑如何能够把普通本科的教育实践和任务要求作为出发点和落脚点,进一步促进其教学管理工作的规范化发展,以及在制度层面实现科学化的建设;考虑如何能够促使新建本科院校进一步提高教育的层次和水平,从而保证新建本科院校培养人才的高质量。上述问题也是院校必须积极面对的有待解决的问题。在实际的教学管理工作中,必须始终坚持规范化的发展原则和目标要求,进一步转变教学管理的思想,全面加强教育教学管理师资队伍的重点建设。对于全体教职员工来说,针对当前由专科院校升格为新建本科院校的发展实际,必须首先在教育思想和教育观念上实现与时俱进,适应新建本科院

校教育的现实需要。通过采取讨论、调研、论证等行之有效的方式、方法，尽快转变全体教职员工的教育理念和教学观念，以带动院校管理工作观念的转变，进一步助推新建本科院校教学管理体制的改革创新，为其提供坚实的思想认识层面的基础。

3. 教学管理人员需规范化

新建本科院校教学管理工作人员是院校教学管理体制改革和创新的参与者、执行者，他们的基本综合素质、教学管理水平、管理业务实际能力，能够在较大的程度上决定新建本科院校教学管理工作质量的高低。因此，新建本科院校需要积极转变教学管理工作人员的身份观念，即他们不仅仅是从事简单事务性教学管理工作的人员，还应该充分发挥其在加强院校教学管理工作领域的重要职能作用，进一步优化提升院校教学管理工作人员的队伍建设，将其作为实现新建本科院校教学管理规范化程度提升的重要保证。

第三节 新建本科院校教学管理问题分析与对策

一、新建本科院校教学管理存在的问题

发现新建本科院校教学管理中存在的亟待解决的问题并不可怕，可怕的是找不到问题，以及找到问题却找不到解决问题的办法。因此，需要始终坚持带着问题加强管理体制改革的方法，及时将存在于新建本科院校管理体制改革方面的阻碍因素找出来。目前问题主要体现在以下两个方面。

（一）教学管理的制度问题

许多新建本科院校教学管理中存在着控制中心理论，院校在教学管理制度方面缺少一定的弹性约束，提供管理体制改革创新的选择余地相对不足。主要表现在院校教学运行方面，其中教学管理制度之中的教学计划和课程选择最为显著。因此，院校的课程以及教材对广大学生来说选择比较有限，教师和学生参与选择的机会也相对较少。在学生学业综合成绩的考核评价之中，现有的考试制度更加强调的是统考、闭卷考试的模式以及笔试的重要作用，往往会忽视其他教学管理体制改革方面的创新实践。上述问题或多或少地给新建本科院校教育的大众化发展趋势带来了阻碍。

（二）教学管理的权限问题

许多新建本科院校始终坚持学校的中心地位，没有赋予各院（系）教学管理方面的权力，甚至是沿袭计划经济体制背景下的教学管理体制，存在着

决策权过于集中的现象,直接导致院校严重缺少应有的生机和活力。从传统的本科教育教学实践角度来说,我国新建本科院校教学管理体制之中的权力重点集中于教务处等职能部门,这些部门承担学校教学发展规划、决策管理、教学组织、指挥控制、综合评价等多项工作职能,而院系等重要的层级则在学校教学管理体制改革之中扮演着次要的角色。旧的教务管理的模式和体制,已经不适应现阶段新建本科院校教育教学发展的实际需要,导致了院系在招生、课程、教学等诸多关键环节之中,严重缺少应该具有的积极性和主动权,导致院校管理在平等性、服务性等方面大打折扣。

目前,我国新建本科院校教学管理体制的组织构架,通常是坚持以院校的管理者作为主导。仍然延续这一传统教育教学管理的组织框架,直接导致广大学生与院校管理者之间存在着不平等的关系,院校教师与院校的管理者之间存在着不平等的关系,以及在新建本科院校教学服务领域与院校管理层面存在着信息不对称等方面的不足。

二、新建本科院校教学管理创新的对策

为确保新建本科院校教学管理适应高校人才培养的要求,更好地促进新建本科院校教学的深入改革,就需要从教学理念、管理模式、管理队伍等方面入手,进行相应的创新。

(一) 树立以人为本的教学理念

在教学过程中,学生作为最重要的参与者和受益者,他们学习主动性的发挥程度对教学效果有直接的影响,因此新建本科院校管理要突出学生的主体地位,着重培养学生的创造能力。学校需鼓励并创造条件,让学生可以根据自身需求选择喜欢的专业和科目,针对学生个体差异因材施教,充分调动学生积极性,探索适合其发展的方向,促使学生成为全面发展的应用型人才。

(二) 完善教学管理模式

首先,新建本科院校教学管理者要建立完善的学校与院(系)两级管理模式,打破从上到下的垂直管理模式,实现学校与院系的合理分工、协同管理。学校负责宏观的政策与目标的制定和管理,院系成为具体教学工作的主体,有一定的专业办学自主权,负责人才培养的过程管理及教学监管。其次,推行和完善学分制,促进学生个性发展,充分调动学生学习积极性、主动性和创造性。设置弹性与刚性结合的课程体系,增加选修课比例,提供丰富的选修课程资源,在保障学生专业能力的前提下,打破院系壁垒,允许学

生跨专业或到相近专业学习。再次，新建本科院校要运用多样化的现代化教育手段和教育资源，建立教学管理系统，适应学分制管理及学生自由选课等管理需要，改变教学方式方法，如采用讲授与研讨相配合，理论与实践相结合，同时推进线上线下教育相结合等。最后，完善评价体系。创新学生考核方式，重点考查学生知识运用能力与解决问题能力。改变教师评价主要依据期末的学生评教分数的现状，以多时段、多途径、科学有效的教学考核方式，激发教师的教学热情。

（三）打造优秀教学管理队伍

新建本科院校要改变重视教学过程而轻视教学管理，重视科研者轻视管理者的现象，提高教学管理人员的综合素质。首先需要加强思想政治修养，加强师德师风建设，树立服务意识和责任心。其次需要加强专业学习，定期进行专业培训，不断学习先进的管理知识，及时为学校的教学管理创新提出可行性建议，促进教学发展。

三、新建本科院校教学管理的发展策略创新实践

彻底改革新建本科院校内部的管理体制和管理制度，积极为转型升级提供更加扎实的制度保证，需要更新新建本科院校的管理观念，狠抓工作落实，将任务细化到具体的日常教学管理当中，让院校的各项规章制度全面提供支持。新建本科院校要相应地做好制度层面的转型升级，积极推进院系学部等二级单位管理体制的创新和改革等。

1. 加强新建本科院校教学管理理念的创新

教学管理体制的创新首先应该是教育管理理念的创新。"以人为本，能力本位"的教学理念应该成为新建本科院校管理理念的重要基础。"以人为本，能力本位"强调的是人这个主体的价值，参与教学管理和被管理的对象都是人，因此教学管理者应在管理中融入人本关怀，注重对师生情感和信念的培养，增强师生自主学习能力，从而提高整体的教学质量。"以人为本，能力本位"的教学管理理念是基于人的个性特征的不同而进行教学管理的方式，需要以培养学生综合素质作为出发点和归宿，注重发挥教师和学生的创造性，培养师生的创新精神和实践动手能力。作为教学管理者应该要做到以人为本，要尊重人、关心人和依靠人，在管理工作上积极发挥管理专家和教授的积极作用，依靠学术素养深厚、教学业绩突出的人才来优化教学管理工作。

2. 加强院校二级单位教学管理体制改革

加紧推进二级单位和院系的教学管理长效机制改革，能够进一步增强新

建本科院校行政运行的效率和绩效,确保新建本科院校教育教学秩序的持续稳定,进一步提升教学的质量。二级单位管理的体制改革主要包括相关的分配制度改革、教学质量监控体系改革以及教学工作管理体系改革。对于二级单位来说,应紧紧围绕教学管理体制改革创新,不断提高思想认识,切实转变思想观念,努力促使二级单位和学院的教学管理水平不断提升。

3. 加强新建本科院校人事制度体制改革

通过采取干部聘任制等行之有效的改革手段,进一步激发和调动干部参与日常教学管理制度改革创新的主动性和积极性,进一步明确岗位的工作职责,研究制定聘任的各种标准,积极选拔任用优秀的人才,建立健全长效院校管理机制。通过分配制度领域的改革创新,进一步健全完善院校激励长效机制,激发人力资源所具有的巨大潜能。

4. 加强院校教学管理的质量监控体制改革

首先,积极构建新建本科院校的教学管理体制质量监控长效机制,将其作为复杂的、系统的、长期的工程,始终坚持系统性理论和更加科学的、更加全面的质量教学管理体制监控理念,充分考虑新建本科院校教学管理体制改革的指向性和长期性,进一步明确院校的教学质量监控长效机制构建的核心环节和主要问题,将其作为院校发展的出发点和落脚点。

其次,积极构建教学管理质量检测和控制体系,进一步规范院校教学管理工作,进一步促进院校教学管理质量和水平的不断提高。院校教学质量检测控制工作是教学管理的重要组成部分,不仅仅是单纯地为了院校管理监控而采取监控措施,而是从院校监控工作方案的科学设计到体系监控等具体工作实施方式,必须始终以教育教学为目的。

最后,坚持从发展的、科学的教育学理论观点来审视新建本科院校教学管理质量监控工作,始终坚持多层次性的发展原则。从院校质量监控体系组织实施的机构层面来看,需要由校、院(系)、教研室等不同层级积极履行组织职能,充分发挥各自的职能作用,不论是学校的最高管理层次,还是负责院校教学管理质量监控的决策、指挥层次,以及院校院(系)的组织层次和实施层次,均需要进一步明确院校教学管理质量监控的主要目标、主攻方向、工作思路、总体要求等关键环节,充分发挥工作合力。

四、新建本科院校教学管理创新的具体实证

新建本科院校,近年来为适应社会的发展要求,不断进行教学及教学管理改革创新,开展了系列探索和实践。

(一)推进专业建设，修订教学大纲

学校根据地方经济与社会发展需要，结合学校发展特色，申报相应新专业，推动省级专业综合改革和校级转型发展专业的建设，提高专业的内涵性和竞争力，逐步形成专业特色。同时全面铺开各专业教学大纲修订，并邀请专家对省级专业综合改革，以及校级转型发展试点专业课程教学大纲进行审核，为人才培养方案的实施和人才培养目标的实现奠定基础。

(二)加强教学改革，创新课程建设

构建产教融合育人机制。学校需紧密对接区域经济社会发展的产业链，全力推进产教融合、校企合作，通过"找产业""亲产业""引产业"等多种形式，共建人才培养基地，规范实习基地管理，加强专业实习的监控和指导，切实提高实习质量。

改革教学方法，提升教学技能。通过"外培内引"的方式加强教师培训，改进教师的教育教学方法和理念。采用优秀示范课的形式和"研讨式课堂开放月"等方式，推广优秀课堂教学案例，提高全校教师的课堂教学水平。

提高课程信息化教学水平，推进课程中心的微课建设和研讨式课堂教学的推广。建立慕课网络平台，建设云平台多媒体教室，推行"智慧教室＋慕课网络平台＋手机移动端应用"三位一体的信息化教学，为课程建设提供保障。

(三)落实学分制和主辅修制，促进学生个性发展

为促进学生个性发展，充分调动学生学习积极性、主动性和创造性，实行学分制改革。并在学分制各项管理规章制度全面实施的基础上，进一步优化符合学分制要求的管理平台和技术手段，形成与学分制管理相适应的管理系统。

(四)加强师德师风建设，提高教师队伍素质

学校举办"师德是教师的灵魂"的教师演讲比赛、教师课堂风采展播等系列主题活动，引导教职员工爱岗敬业、乐于奉献，为学校事业发展贡献智慧和力量。通过"先进教育工作者""优秀教学质量奖"等评审表彰，注重榜样引领，弘扬"学为人师、行为世范"的师德风范，传承"教书育人、管理育人、服务育人"的优良传统。同时通过线上线下宣传教师队伍中的师德典范，展现教师们立德树人、爱岗敬业的精神风貌，用榜样的力量营造崇师尚德的良好氛围。

第七章 新建本科院校教学管理的问题分析与对策研究

第一节 新建本科院校教学管理的主要问题

一、校院两级权力边界不清晰，教学管理重心过高

（一）校院两级权力边界不清晰

校长是学校行政主要负责人，在学校党委领导下，贯彻党的教育方针，组织实施学校党委有关决议，行使高等教育法等规定的各项职权，全面负责教学、科研、行政管理工作。从教学管理的角度看，校长承担着组织开展教学活动和科学研究，创新人才培养机制，提高人才培养质量，推进文化传承创新，服务国家和地方经济社会发展的具体职责。与此同时，各高校还明确规定院系（即学院）在学校授权范围内开展人才培养、科学研究、社会服务和文化传承创新等工作。从这样的表述中，我们很难看到学校、学院在教学管理的职责、权限上有清晰、明确的界限。此外，学校也没有就如何明晰学校、学院两级教学管理各自的职责、权限发布相关文件。正因为如此，在涉及教学管理的人、财、物、事等各个方面，学校、学院两级教学管理都存在着严重的交叉重叠、边界不清的问题。

正是由于学校、学院两级教学管理职能存在着严重的交叉重叠、边界不清的问题，致使学校和学院教学管理过程中普遍存在着推诿责任、办事效率低下等诸多弊端。在对一个学院的调研中，学院领导在谈到人事管理的问题时说，学院根据学校规定和学院需要拟增配一位副院长，可就是这样的一个符合规定的请求，从报告提交之日算起，整整三年的时间学校竟然因为各种原因迟迟不予落实。从教师和教学管理人员的引进、配备，专业和培养方案的调整和教学、科研、办公经费的使用等涉及学院办学的重要事项，到教室的使用、教师调课等具体的教学管理环节，往往都需要在学院和学校主管部

门之间进行反复的磋商、交涉。

（二）学校教学管理重心过高

学校教学管理重心过高首先表现在教学管理的权限和资源高度集中在学校，学校、学院教学管理的权力边界不清晰的问题，本质上就是学校管理权限过于集中，以至于出现对学院教学管理权限的僭越；其次表现在学校管理机构所处的强势地位，其中既包括学校管理机构与生俱来的权力和资源的优势，也有这些机构的管理人员在素质、经验方面形成的优势和强势。

这里特别要强调的是，在学校一级，相关教学管理机构内部形成了十分健全的管理组织构架，一方面，科室及其管理人员积极主动地履行其管理职能，必然要将"腿"伸向各教学学院。相对教学学院来说，这种功能完备、机构健全的学校管理系统本身就会对其形成巨大的压力；另一方面，这些管理机构及其管理人员占有得天独厚的资源、信息优势，具有教学管理的经验与优势，他们在对学院实施管理的过程中也会自觉不自觉地显示出一种强势的地位或倾向。由此可见，在学校层面这样健全、庞大的教学管理体制下，学院教学管理必然处于一种相对的弱势地位，其实体地位和主体功能也难免会受到影响、遮蔽。

（三）学校微观干预过多

由于学校管理层面形成了健全、庞大的管理组织体系，这些学校层面的管理机构及其工作人员基于履行自身管理职能的要求，必然会不遗余力地对下一级机构也就是学院教学管理部门及其工作人员下达管理指令，分派工作任务，这是造成学校管理对于学院教学管理微观干预过多的根本原因。如实际管理中学生实习由学校教务处统一组织，带队教师也由教务处统一安排，在这样的工作安排下，学院对本院学生的实习管理就有可能失控。因为具体到一个实习点，带队教师与实习学生之间并不熟悉，加之专业学科不对口，教师的实习指导就很难到位。同时，在现行管理体制和模式下，新建本科院校教务处大多建有管理和监控的职能，这种既当"运动员"又当"裁判员"的情况，不利于对学校教学管理过程和环节实施有效的监督和控制。同时，这种管理体制机制也是导致新建本科院校教务部门对学院教学管理微观干预过多问题的症结所在。

二、学院教学管理能力虚弱，办学实体功能不到位

首先，是学院管理主体责任不明确的问题。总体上看，在学校教学管理的权力边界不清晰、重心过高、微观干预过多的整体格局下，必然会出现学

院一级管理主体责任不明确的问题。具体地说，新建本科院校学院管理主体责任不明确主要表现在两个方面：一是在顶层设计、制度设计的层面上，对学院教学管理的权责没有明确地加以规定；二是在管理实践的过程中，由于学校管理权限的过度僭越，使得学院管理的主体功能出现相对的萎缩。这里尤其要指出的是，在整个学校教学管理重心过高、学校微观干预过多的背景下，学院一级的领导、教师和管理人员组织教学科研、实施教学管理的积极性、主动性受到了极大的挫伤。根据对部分学院副院长以及教管人员的访谈可以看出，在现有的学校教学管理的格局下，学院办学和教学管理处于"欲干不能，欲罢不能"的两难境地。一方面，在当下教育和人才竞争日趋激烈的背景下，学院办学面临着多重困境和压力，应对当前这种严峻的压力与挑战，急需学院全体上下团结、拼搏，努力开创新局面。然而，现行的学校管理体制和格局捆住了他们的手脚，使得他们无法从学院的实际出发、按照自己的意愿去实施办学、去推进事业发展。现在他们能做的只能是尽最大努力，把学校教务处交办的工作完成。按他们的话说，能做到这一点已经很不容易了。

其次，是学院教学管理能力虚弱，而这一问题又突出地表现在学院教学管理队伍建设方面。新建本科院校学院教学管理队伍的现状，可以简单地概括为教学管理人员数量不足、结构不合理、整体素质较差。新建本科院校学院教学管理人员数量不足的问题由来已久，从各高校的情况看，近年来虽然通过多种方式和途径充实学院教学管理一线人员，但管理人员数量不足的问题依然没有得到根本解决。目前，各学院配备的专职教学管理人员一般在2~3人。从静态的角度看，这有限的教学管理人员实际上很难完成学院繁杂的教学管理工作任务。特别要指出的是，在学校层面，本科生与研究生的教学管理分别由教务处和研究生处负责实施，而在学院，本科生和研究生的教学管理机构则是一体的，只不过在有些学院，可能会配备两个副院长分别负责本科生和研究生的教学管理工作。相对于学校层面完备的管理组织机构和充足的管理人员来说，学院繁重复杂的教学管理任务，仅靠这有限的2~3个管理人员的确难以胜任。另外，在学院管理队伍中还有一定比例的"双肩挑"人员，即一些原本是教师系列的人员同时兼有教学管理的职责。目前，学院一级的院长和副院长一般都是"双肩挑"人员，此外，一部分学院的办公室主任也是由"双肩挑"人员担任。这些"双肩挑"教师通常要把相当一部分精力放在自身的教学和科研上，正因为如此，使得这些学院教学管理的主导力量在参与学院教学管理的过程中普遍存在着精力投入不足的问题。按照学院院长们的话来说,平时他们的主要精力除了教学,大多都用在应对学校布置的各项具体的教学管理任务上,很少有时间认真学习相关的教学管理政策,或者是结合学院工作实际开展教学管理研究,这是当前学院教学管理面临的一个最为严重和突出的问题。新建本科院校学院教学管理队伍结构不合理、整体素质较差的问题也十分突出。近年来学校引进的博士、教授的家属以及从教师行列中转岗的人员,大多都安排在学院教学管理岗位上,因此,在学院一线教学管理岗位上,女性偏多、学历层次偏低、工作经验不足成了管理人员队伍的基本特征。

造成新建本科院校一线教学管理队伍整体素质偏低这一现状的原因当然是多方面的,但是从根本上说,还是由于这类学校对于学院教学管理人员队伍建设缺乏应有的重视。据调查,大多数人认为教学秘书这个岗位只需要一般学历,能按要求完成任务即可,说明大众对于教学秘书这个岗位所应具备的能力认识不足。学校与学院在提升管理人员能力方面也缺乏重视度,教学管理人员没有机会参加学习以提升自己的管理能力。

在高校流传着这样的说法:"高校的教师处于主导地位,学生处于主体地位,而教学管理人员处于辅助地位。"从学校教育工作的整体而言,说教学管理人员处于辅助地位这话也不是完全没有道理,但是,这并不意味着教学管理人员这支队伍不重要。在学院教学管理的层面上,教学管理人员同样是这项工作的主体,他们所从事的工作及其个体素质对于学院乃至整个学校的教育教学工作同样具有十分重要的意义。目前,学院一线教学管理队伍建设存在的问题很多,特别是教学管理人员工作负担过重、职业认同感较低的状况尤其需要引起重视。根据调查数据分析,高校学院教学管理人员的职业认同感和职业忠诚度总体偏低,而造成这种状况的主要原因,是因为他们感觉自己的职业在学校中的地位较低,工作负担过重,继续学习提升的机会不多。

另外,管理主体责任不明确、教学管理能力虚弱的现状,必然导致学院办学实体功能不到位的问题。所谓学院办学实体功能不到位,具体表现为原本是学院应该行使的职能不能到位,应该推进的工作不能有效地开展,应该完成、实现的任务和目标不能圆满、高效地达成,导致学院教学工作出现了许多问题。

三、教学管理理念模式陈旧,师生正向评价度不高

学院教学管理理念模式陈旧的问题,突出地反映在教师和学生的主体地

位没有得到应有的尊重，教育体系、内容僵化、单一，教学管理的制度、方法和模式不能适应知识管理和创新性、应用型人才培养的需求等方面。在现行的学院教育教学管理体系中，教师依然处于被管理的对象。一方面，手续繁杂的各种考评、检查以及项目申报、经费报销弄得教师焦头烂额、疲于奔命，教师们对学校、学院目前的管理体制、方法和效率颇多微词；另一方面，教师民主参与学院教育教学管理的程度依然较低。我国大学教育的这种现状和弊端，在很大的程度上与现行学校、学院的教学管理制度和模式有关。教学管理理念模式陈旧，加之上文所分析的学院教学管理制度设计及其主体功能的缺失，导致学院教学管理效能较弱，师生正向评价度不高。

第二节 新建本科院校学院教学管理问题形成的原因

一、我国现代大学制度建设的现实困境

大学学院制的确立，以及在高校内部管理实施学校、学院两级管理体制，这是高等学校基于大学组织属性及其教育功能做出的一种历史性的选择，也是今天现代大学制度建设的一项根本任务。高校内部管理实施学校、学院两级管理体制，其要义是要在学校框架内实现学校和学院之间的权利和职责的再分配，进而在此基础上形成既有一定内在张力，又能体现不同主体和要素之间和谐共存的学校内部管理机制，以有序、高效地应对来自各方面的挑战，并最终全面地实现学校的教育功能和目标任务。

目前，在我国高等教育领域，过度的行政化倾向加剧了大学内部学校和学院两级教学管理的体制性冲突。在关于我国现代大学制度建设问题研究中，人们一般都会将批判的锋芒直指高校办学及其体制管理中的行政化倾向。高校办学及管理实践中的行政化倾向当然不是指学校管理中必要的行政职能的体现和行政手段的运用，而是指在学校组织构架运行发展过程中行政权力的过度运用、强势主导及其对学术权力的僭越。在分析新建本科院校实行学院制管理体制和学院教学管理问题时我们不难发现，这种过度的、强势的行政主导倾向在学校教育管理中可以说是无处不在，而正是这种行政化主导倾向成为导致学院教学管理实体地位缺位、主体功能虚弱的根本原因。换言之，过度的行政化倾向既是新建本科院校学院教学管理存在的最为主要的问题，同时也是导致其教学管理多重问题出现、衍生的根本原因。

学者们在分析我国高校行政化问题和弊端时指出，政治权力、行政权力

处于强势,且双强联合,而学术权利处于弱势,权力对比失衡是高校行政化最突出的表现,也是行政化倾向滋生蔓延的根本原因。[①] 结合新建本科院校学院制管理体制实施及其教学管理的实际,无论是在学校、学院两级管理体系中学院实体和主体地位功能的缺失,还是在学院教学管理过程中的一些有悖于学术管理和创新人才培养理念要求的具体做法,其根源皆在于行政化的管理体制和模式。新建本科院校学院教学管理存在的诸多方面的问题、弊端,均可以追溯其学校行政化主导倾向的根源。可以说,从20世纪90年代开始探讨建设现代大学制度起,我国大众的视野里就出现了高等学校的行政化问题。然而,长期以来,高校行政化问题依然如故。为应对、解决高校行政化问题和倾向,国家先后出台了一系列文件。但从文件发布到今天又经过了若干年,人们在高校去行政化问题上似乎依然看不到有效的对策与举措。

概而言之,新建本科院校学院教学管理存在的诸多问题与弊端,其根源即在于我国现代大学制度建设中学术管理与过度强势的行政管理之间的冲突。鉴于我国高校管理中行政化问题的复杂性,意味着高校特别是新建本科院校推行学院制和改善、加强学院教学管理还会面临许多现实问题,还需要走过一段漫长的道路。

二、新建本科院校建设发展的实践偏误

首先,着眼于新建本科院校自身,学校在学院教学管理存在的诸多问题与弊端,是这些学校从初创到逐步走向成熟阶段的必然规律的反映。1998年,随着高校扩招以及由此而带动的高等教育的蓬勃发展,拉开了我国新建本科院校蓬勃兴起的序幕。1999年教育部先后批准设置了10所师范类新建本科院校,随后陆续所建升格了很多的本科院校。具体说,新建本科院校有着以下几个方面的特征:①地方政府投资建设及管辖,属省市共建共管的管理体制;②有较好的专科办学基础条件,实力及成绩突出;③组建方式上都是由专科学院通过升格、合并及重组而形成;④教育功能由专科阶段的重视教学研究转换为教学研究与科学研究并重,并服务于社会;⑤生源上,新建本科院校学生较老牌大学及研究性大学学生的自主钻研学习的能力相对欠缺一些。

新建本科院校抓住国家高等教育政策调整的历史时机,通过加强学校的

[①] 薄建国,王嘉毅.高等学校去行政化:内部权力结构的重构[J].现代教育管理,2012(05):21-25.

教学设备条件和扩大基础设施建设，迅速完成了学校的外延扩张。在这之后它们的生存发展空间却变得非常狭窄，不仅受到老牌本科院校和同类院校的"挤压"，而且受到高职高专的"顶替"，步履维艰。新建本科院校跻身本科教育行列之后，由于办学层次和办学规模的扩张，大多都在学校内部实行学院制办学体制，并初步建立了学校—学院两级管理体制。一方面，新建本科院校实行学校—学院两级教学管理体制面临着我国高校现代大学制度建设进程中的一些普遍、共同的矛盾和困境；另一方面，如前所述，新建本科院校实现学校教育任务和目标有着其内在的特征、规律和要求，学院教学管理也同样面临着一些属于这类学校所特有的矛盾和问题。加之这类学校在办学实力、水平乃至理念上的一些缺陷和不足，更加剧了学校实现教学管理现代化的难度。在学院制办学体制下，通过反复协商、不断磨合最终实现学校和学院之间的各项权力、资源乃至职责的科学合理的配置，原本就需要一个较为长期的过程。

其次，新建本科院校学院教学管理存在的诸多矛盾和问题，也与这类高校自身建设发展中的一些实践偏误有着内在的联系。

一方面，我国新建本科院校大多是在世纪之交高校扩招的浪潮中跻身于大学本科办学的行列，这种办学层次的跨越式提升和办学形式的急促转变，决定了学校在推进包括实行学院制在内的学校管理体制改革方面，面临的矛盾、出现的问题更多，遭遇的挑战和困境也更为严峻。新建本科院校进入本科办学层次之后面临的一个最为紧迫的问题，就是如何根据经济社会发展的需要和高等教育自身发展变革的要求，明确、找准学校办学和人才培养的目标定位。早在我国高等教育刚刚迈入大众化发展阶段的时候，潘愈元先生在讨论大众化背景下高校办学定位问题时就曾经指出："研究型大学和高职高专两类高校，较易定位，至少在理论上不难说清楚。但在研究型大学与高职高专之间，有一个特定的办学层次，即工农医师等本科与硕士生层次。它们的发展方向是什么？它们既不能走学术性研究型的独木桥，也不应都办成职业技术型的高职高专。这类学校的办学定位面临着许多需要研究和解决的问题。"显然，潘先生这里所说的"一个特定的办学层次"，主要是指新建本科院校。遗憾的是，时至今日，潘先生所担忧的这个问题依然没有得到较好的解决。即新建本科院校在办学和人才培养目标这一根本问题上的彷徨和游弋，直接导致了学校在教育教学管理理念和实践上的多重偏误。

另一方面，面对新的办学使命和环境所带来的巨大的压力与挑战，一些新建本科院校自觉或不自觉地忽视了学校组织构架及其权力和资源配置等事关学校运行发展的深层次问题，对学校、学院两级管理体制以及学院教学管理过程中的许多现实问题不予关注，更谈不上进行必要的研究和积极的应对。专家和学者在分析我国高等教育领域开展院校研究问题时指出，新建本科院校对院校的理论层面研究有较高热情，而实践层面上，新建本科院校与一些重点大学比较而言重视度还不足够。

院校研究是把高等教育研究与现代管理研究的成果运用于高等学校管理，通过提高、改进高等学校管理，以推动学校建设和发展为基本目标的研究。正是由于一些学校对推动学校建设和发展为基本目标的院校研究，包括实施学校—学院两级管理体制以及推进学院教学管理的理论和现实问题的研究缺乏重视，导致了这些学校在学院教学问题上的诸多现实问题和实践困境，学校教育和管理工作者也在应对这些问题中变得被动和茫然。

第三节　加强和改善新建本科院校学院教学管理的目标与思路

一、厘清学校学院教学管理权限边界，建设科学高效的大学教学管理体系

目前多数高校推行学院制的思路是把校部设定为大学的决策与调控中心，学院设定为大学的管理和协调中心，系所设定为大学的教学和科研中心。实际上，按照两级管理的原则，学校即校部机构的职能应设定为大学的决策与调控中心，而学院则应设定位管理和协调中心、教学和科研中心。总体上看，厘清学校学院教学管理权限边界，建设科学高效的大学教学管理体系，应按照这一基本原则加以推进。同时借鉴政府工作部门权力清单制度，逐步厘清校院两级教学管理权力边界。

基于新建本科院校的教学管理实际，首先有必要借鉴政府工作部门权力清单制度，通过逐步厘清校院两级教学管理权力边界来推进学院制管理体制，切实加强和改善高校学院教学管理。中共中央办公厅、国务院办公厅印发《关于推行地方各级政府工作部门权力清单制度的指导意见》，指出："推行地方各级政府工作部门权力清单制度，是要将地方各级政府工作部门行使的各项行政职权及其依据、行使主体、运行流程、对应的责任等，以清单形式明确列示出来，向社会公布，接受社会监督。通过建立权力清单和相应责任清单制度，进一步明确地方各级

政府工作部门职责权限，大力推动简政放权，加快形成边界清晰、分工合理、权责一致、运转高效、依法保障的政府职能体系和科学有效的权力监督、制约、协调机制，全面推进依法行政。"显然，这样的目标理念同样适用于高校内部，特别是在厘清校院两级教学管理权力边界的问题上可以直接地借鉴这样的目标理念以及一些具体的做法和操作模式。新建本科院校在推行学校—学院两级教学管理体制问题上，代表学校行使教学管理权限的教务处和担负着具体的教学管理职能的学院分别出现权力僭越和主体缺位两种不同的倾向，其根本原因还是在于高校教学管理制度建设过于粗放，以至于作为两个层级的教学管理者总是会自觉或不自觉地在履行管理职能问题上出现越位和缺位。借鉴政府工作部门权力清单制度，逐步厘清校院两级教学管理权力边界，将成为治理这一教育管理乱象的一剂良方。遵照《关于推行地方各级政府工作部门权力清单制度的指导意见》，新建本科院校可以先将学校教学管理的内容和权限进行系统的梳理，然后按照学校—学院二级管理体制的总体要求进行职责和权力的分解、划分，并通过相应的法定程序进行信息公开，接受监督。这样，传统的教学管理模式下的许多陋习和弊端都可以迎刃而解。

其次，是学校教学管理部门要进一步转变职能，下放权限。新建本科院校在实施学校—学院两级管理和凸显学院教学管理的主体和实体功能实践中，代表学校行使教学管理权限的教务处和担负着具体的教学管理职能的学院分别出现了权力僭越和主体缺位两种不同的倾向。显然，在学校和学院这一对矛盾关系中，学校管理权力僭越是矛盾的主导方面，而应对这一现实问题的基本策略应该是着力推进学校管理部门转变职能，下放权限，从而使教学管理重心下移。

转变学校管理部门职能，实现教学管理重心下移的关键，就是要科学地设定学校即校部在教育教学管理上权限和职能。这也就意味着，包括教务处在内的学校各个职能部门要按照"决策与调控"这样的思路去进行职能定位。事实上，在高等学校，特别是在一些新建本科院校，学校行政部门的职责和权利远远超出了"决策与调控"的范畴。这就是我们不断强调指出的学校管理权限膺越的基本含义，也是导致学院教学管理权限旁落，管理实体功能虚缺的根本原因。这里既有制度设计的问题，也有学校管理者特别是教务部门的负责人的意识和观念的问题。在调查研究的过程中我们发现，在谈及关于学校层面特别是教务处如何转变管理职能和工作方式问题上，教务处的负责同志和工作人员并没有表现出应有的积极性和关注度。这样的状态显然不利于推进学校教学管理改革创新。当前,新建本科院校学校教学管理部门要按照"决策与调控"的职能定位,对自身教学管理的目标理念和内涵进行重新审视,进行坚决、彻底的变革。

新建本科院校学校管理部门转变工作职能,除了在宏观上明确自身职能定位之外,一个具体的路径就是要坚决地实行简政放权。如前所述,新建本科院校在学校和学院教学管理职责和权限划分问题上出现的突出矛盾,是教务处在一些具体的教学管理的环节和项目上微观干预过多、管得过死。而转变行政管理职能,实现管理重心下移的关键即在于学校教务处要精简机构、下放权限,由过去权力过分集中、微观干预过多,变为以宏观决策和调控为主。按照转变学校管理部门职能,实现教学管理重心下移的理念和原则,学校教务处应该进一步撤并机构、下放权力,把主要精力放在对学院教学管理的过程和结果进行监控方面,进而从具体的、微观的教学管理的环节中解脱出来。

《高等学校章程制定暂行办法》强调指出:"高等学校应当以章程为依据,制定内部管理制度及规范性文件、实施办学和管理活动、开展社会合作。"这就意味着大学章程作为治校、办学的总纲,它所确立的基本原则和目标理念,需要通过各种具体的规章制度得以体现和落实。从既往的办学实践看,关于实施学校—学院两级管理和强化学院教学管理的主体和实体功能,高等学校都有一些比较原则的规定或理念,但问题是这些原则理念和规定没有通过一些细化的规章得以明确化、具体化,致使在执行的过程中,各方面都会自觉或不自觉地出现权力僭越和主体缺位的现象。因此,对这一点要予以改进。

二、夯实学院教学管理基础,彰显学院教学管理实体功能

基于实施学院制管理体制,加强和改善学院教学管理工作的需要推进现代大学制度建设,一方面要明确校院两级权力边界,切实实现管理重心下移,同时又要进一步加强学院教学管理基础建设,强化学院教学管理的主体地位,彰显学院办学实体功能,这是一个问题的两个方面。而基于加强和改善学院教学管理的目的要求,夯实学院教学管理基础,强化和彰显学院办学实体功能,则具体包括两个方面的内容:第一,确立和强调学院作为办学实体所具备的教学管理的主体地位,第二,是要加强学院教学管理基础建设,努力使学院具备作为大学办学实体所应当具有的自主、能动、高效地实施教学管理的能力。

首先，要在推进校部管理部门转变职能、简政放权的同时，进一步明确学院在教学管理中的各项权利和责任，真正落实好学院的教学和管理的实体地位。所谓"实体性"意指学院应该是管理中心，相对于学校是决策中心、系所是学术中心而言，学院在人、财、物、事上均具有较大的自主权。这也就是说，推行实施学院制，保障和落实学院办学的实体地位的关键即在于要保障学院在人、财、物、事上均具有较大的自主权。学院在人、财、物、事上是否具有较大的自主权，或者是在多大的程度上具有自主权，是衡量学院是否或在多大程度上具备了教学管理主体地位的标志。上文中提及的逐步厘清校院两级教学管理权力边界、转变学校管理部门职能等思路和举措，其要义即在于明确和保障学院办学的实体地位。

其次，是要立足于学院自身，通过加强学院教学管理的各项基础建设，不断提升学院作为大学办学实体所应当具有的教学管理的能力。结合当前新建本科学院的实际，应着重抓好以下几个方面的工作。

第一，要进一步提高、增强学院领导、教育工作者和教学管理工作人员的办学主体意识，以及通过自身主动、创造性的工作，自觉地履行、担当起学院办学和教学管理的能动精神。这里，实际上包含着三个方面的内涵和要求：第一，基于学校和学院的实际，学院的教育工作者必须明确学院办学和管理以及各类管理人员的职能任务是什么、应该做什么；第二，学院的教育工作者要具备主动承担履行办学实体功能的责任意识和担当精神；第三，学院的教育工作者要有全面履行办学实体功能的素质和能力。在新建本科院校，由于受过去长期学校集中统一管理的体制和模式的影响，在很长的一段时间内，学院教育工作者在办学和教学管理问题上往往更习惯于依赖或听命于学校。加之在实施学院制管理体制的过程中一些制度性缺陷和许多现实问题的负面影响和作用下，学院的领导和管理者的办学主体意识不断受挫，履行办学实体功能的能力得不到有效的培养和成长。我们必须从学院教育和管理主体自身的角度关注、研究强化学院办学实体功能问题，通过加强对学院教育和管理主体的教育和培养，使他们在观念、能力和管理方式、行为上逐步适应学院作为办学和管理实体的要求。这一任务同样十分艰巨。

第二，要切实抓好学院管理人员队伍建设。相比较而言，新建本科院校学院教学管理的一个突出问题，是学院教学管理队伍力量薄弱，无论是管理人员数量还是队伍的整体素质都远远落后于成熟大学、老牌大学。正是由于这一现状，导致了新建本科院校学院办学和管理的实体地位、主体功能虚弱、缺位，学校管理简政放权迟迟难以推进落实。学院教学管理队伍是一个由多元要素构成的整体，除了学院领导这一层面的管理者之外，具体承担各项管理工作任务的一线管理人员是这支队伍的主体，也是加强学院教学管理队伍建设的主要对象。当前，尤其要把加强学院管理队伍建设的重点放在对一线教学管理人员的教育、培养和管理方面。一方面，要进一步提高对加强学院一线教学管理队伍建设意义的认识，增强学院一线教学管理队伍建设的自觉性和紧迫感。学院制管理体制的推进实施，确立学院作为办学和教学管理的实体地位，明确了其主体功能，实践证明，如果学院没有一支数量充足、结构合理、素质精良的教学管理队伍，就不可能真正体现其办学和教学管理的实体地位、主体功能，学校各项教育教学任务的落实也就可能成为一句空话。学校和学院两级办学实体都要高度重视学院一线教学管理队伍建设问题，真正把这项工作纳入学校队伍建设的整体规划之中，切实抓紧落实。另一方面，就是要从充实队伍、优化结构、提高素质入手，全面加强一线教学管理队伍建设。针对新建本科院校学院教学管理队伍中"双肩挑"人员较多的问题，学校可以在部分学院中实行院长专职化制度，即教学学院的专家教授在担任学院院长或副院长的时候，暂时停止教学科研工作，以保障他们有足够的精力投入学院教学管理工作。着眼于提高学院教学管理队伍素质，既需要进一步激发调动教学管理人员自身的主体意识和能动精神，更需要加强相关的政策、机制的引导和保障功能。譬如，在学院教学管理人员的合理配置与管理，切实解决好教学管理人员的职称评聘、学习进修和工资待遇等问题上，都需要认真研究，积极应对。

第三，要进一步强化激励和约束机制，以最大限度地调动学院领导和管理工作者的主动性、积极性和创造精神，促使他们不断增强责任意识，提升管理素质和水平。一方面，要采取多种措施和途径，强化激励机制。这里最为关键的是要进一步落实学院办学目标考核评价制度，通过考核评价制度机制的实施，激励学院领导和管理工作者履行职责、主动作为。目前，高等学校大多都在这方面进行过一些探索实践，在这一进程中既积累了一些经验，也出现了一些亟待解决的问题。其中，一个最为突出的矛盾和问题，就是如何处理好实施学院办学目标考核与利益竞争机制在学校、学院内保持相应的教育均衡和协调的问题。无论是在各学院之间还是在学院内部，实施办学目标考核必然要与一定的利益竞争机制相关联。从当前新建本科院校实施学院办学目标考核评价的实践看，如何处理好这项工作推进中的效益与公平的关系是一个突出的矛盾和问题。

另一方面，是要进一步建立和健全监督约束机制。进一步建立和健全监督约束机制，既是当前高校内部管理体制机制建设的需要，也是推行和实施学院制，加强学院实体地位和主体功能的现实需要。从监督约束机制的内涵和路径看，目前高校尤其需要在健全内部监督和机制的基础上，进一步增强外部监督约束机制。当前，我国大学的外部监督社会化和规范化程度较低，严重缺乏外部监督体系中非常重要的民间监督和第三方评估组织。从大学学校治理的宏观层面看，外部监督社会化和规范化程度较低，是导致目前我国高校自我约束机制虚弱、主体意识和功能不强的根本原因，这样的局面必须尽快得到改善。从大学内部治理的角度看，适度引进社会化的外部监督，有利于从根本上增强学院办学的自我约束机制，提升学院办学的主体意识和能力。许多教育实践证明，无论是学校还是学院的教育工作者通常总是更为关注、重视来自社会公众的舆论批评和监督，通过引入外部社会监督机制可以更加有效地解决好学院教学主体虚弱、缺失的问题。

三、坚持回归学术管理本位，积极推进高校去行政化

在学术事务和学术管理活动较多的高等教育领域中，"学术权力"是与行政权力并存的重要权力形式。二元化权力结构是高校在权力配置上与企业、政府机关等非学术性组织的重要区别。现代大学是一个以学术研究的方式培养高层次人才的组织机构，毫无疑问，在大学的这种学术与行政二元化权力结构中，相对于行政权力，学术权力应当是居于主导地位的。大学教学管理是其学术管理的重要内容，因此，在大学管理体系中，相对于行政管理而言，由学术权力衍生的学术管理也应该是居于主导地位的。然而，在我国现行大学制度建设与实践中，过度的行政权力和行政管理对于学术权力和学术管理的僭越，已成为一个现实的、积重难返的问题，也是现阶段大学办学以及教育教学管理诸多矛盾和问题产生的根源。唯其如此，推行学院制办学体制，厘清学校学院两级管理的矛盾关系，加强和改善学院教学管理，也必须紧紧抓住推进高校去行政化、回归学术管理本位这个根本问题。

基于推行学院制办学体制，加强和改善学院教学管理的目标理念，回归学术管理本位，推进高校去行政化的要义无非有二：一是努力改变当前学校行政权力过分集中、过度运用的现状，进一步理顺学校、学院两级管理的关系，强化学院办学实体地位；二是努力改变学校特别是学院教学管理单一、陈旧和过分刚性化的倾向，按照学术创新和创新型人才培养的要求，形成科学的教学管理体系、模式和方法。

首先，在教学管理理念和制度上，要进一步强化、突出学术管理民主性

的基本原则，注重发挥教师、学生在学院教学管理中的主体地位。按照行政管理和学术管理的关系，研究者将本科高校学术管理的发展分为三个阶段：第一阶段为教授教学阶段，第二阶段为教授治学阶段，第三阶段为教授治校阶段。从学院教学管理的角度看，从教授教学到教授治学，的确是学院教学管理的一个质的飞跃。从目前新建本科院校的实际来看，如何切实保障和落实教授治学，这是实现学院教学管理目标的根本问题。为此，必须在现有的教学管理制度体系的基础上，进一步建立和完善教授参与学院重要教学管理制度修订的制度规定，包括发挥好学术委员会在学院教学制度建设中的作用和功能。从制度建设的角度看，目前，针对新建本科院校学术委员会在学校的层面上如何发挥作用已经有了一些较为明确的规定，但学院一级学术委员会如何开展工作、发挥作用还仍然处于探索之中。同时，要通过加强、改善系和教研室的建设和管理，在学院教学管理体系内部进一步实现管理重心下移。目前，在新建本科院校，系和教研室一级的组织建制和功能的发挥依然十分薄弱，这一点在调查研究中反映得较为突出。这一问题实际上从一个侧面反映了学院教学管理自身同样存在过度的行政化和管理权限过高的弊端。为此，加强、改善系和教研室的建设和管理也应该成为今后新建本科院校加强学院教学管理基础建设的重点。

其次，在教学管理模式和方法上，要按照学术创新原则和创新型人才培养的要求，建立起开放、灵活、适应性强的教学管理体系。大学组织主要通过发展学术研究和培养创新人才的方式来实现其服务社会的功能，这种组织发展的目标和任务，决定了学校管理包括教学管理必须强调和突出知识管理所特有的理念和方式，而不能简单地沿用一般的企业管理的理念和方式，这是现代大学教育管理变更、创新所必须始终自觉遵循的基本理念和原则，也是新时期以来我国高校推进现代大学制度建设和教育教学管理改革创新所面临的一个重要课题。现代学校制度本身蕴含着学校教育制度体系与教育的根本价值目标之间的内在矛盾与冲突。一般认为，现代学校教育在一定程度上限制个人的充分发展，因为它强迫所有学生接受同样的文化和知识模式。现代学校制度所固有的与人的创造性发展相悖的体制性弊端，对高等教育的体制内涵同样有着根深蒂固的影响。众所周知，当代中国高等教育正面临"钱学森之问"的严峻拷问，无论是宏观的高等教育体制，还是微观上的教学管理的制度措施，都在许多方面体现出了与创新型人才培养要求相冲突、相背离的特性，包括学院教学管理在内的高等学校教育管理体制改革、创新、优化的任务急迫而繁重。特别是在当前，随着地方高校转型发展的深入推进，一系列新的办学和教学模式逐步出台，需要学院及时调整教学管理的方式方法，从而使学院教学管理能从整体上适应学校办学和人才培养模式的改革创新需要。

第四节　加强和改善新建本科院校学院教学管理的原则和举措

一、践行创新发展理念，推动学院教学管理改革创新

当前，加强和改善学院教学管理需要努力践行创新发展的理念，用改革创新的思维和方式，推动学院教学管理改革与发展。

践行创新发展理念，推动学院教学管理改革创新，首先要进一步更新教育管理观念，树立新的大学管理思维。《中共中央关于全面深化改革若干重大问题的决定》指出，教育领域要深入推进管办评分离，扩大省级政府教育统筹权和学校办学自主权，完善学校内部治理结构。完善学校内部治理结构问题的提出，是对传统的学校教育管理理论与实践的超越与创新，同时也对高校教育管理理论与实践研究提出了新的课题和要求。完善学校内部治理结构，主要是形成有效的管理体制和良好的运行机制。在管理体制方面，要对各种主体的责任、权力进行明确的定位，形成相互支撑、相互制衡、相互促进的内部结构。强调学校治理过程中多元主体地位、功能及其相互之间的支撑、制衡和促进，是学校治理理念的一个重要内涵和原则，也是推行学院制、加强和改善学院教学管理的一个重要的思想原则。一方面，要在学校层面上着力解决好学校和学院之间的权利和职责定位，以及两级管理主体之间的张力与均衡；另一方面，还要注意在学院内部处理好领导者、管理者、教师、学生等不同的主体要素在学院管理中的地位与功能，既要充分体现和照顾到不同的利益主体在学院管理中的意志与诉求，又要从学院管理的整体目标要求出发，协调好不同利益主体和教育元素之间的关系。

其次，以推进大学章程的制定与贯彻实施为切入点，进一步建立和健全教学管理制度规范。2011年，随着《高等学校章程制定暂行办法》（以下简称《办法》）对高等学校制定大学章程做出了明确、全面的规定之后，我国各级各类高校先后开始了制定大学章程的工作。推进大学章程的制定和贯彻实施，是加强现代大学制度建设，为推行学院制、加强和改进学院教学管理并提供制度保障的根本举措，也是新建本科院校在治理实施学校—学院二级

管理体制过程中一些问题、顽症的治本之策。新建本科院校必须切实抓住这一重要机遇,通过推进大学章程的制定和贯彻实施,进一步理顺学校、学院两级管理的关系,建立和健全各种制度规范,实现加强、改善学院教学管理的目标。

从推进学院制管理体制,加强和改善高校学院教学管理的角度看,首先要依据章程,进一步审视学校现有的各项教育管理制度,依据章程的规定,明确学校、学院两级管理职能,规范各种管理制度与行为。《办法》指出:"章程是高等学校依法自主办学、实施管理和履行公共职能的基本准则。高等学校应当以章程为依据,制定内部管理制度及规范性文件、实施办学和管理活动、开展社会合作。"大学章程是高等学校制定各项具体规章制度的总纲领,它从总体上规定大学办学过程中内部的人、事、物与活动的相关工作原则、要求、标准、程序和方法等。通过大学章程的制定和实施,新建本科院校推进学院制管理体制,加强和改善高校学院教学管理的制度建设,可以找到更为明确的法理依据,过去存在的诸如权利界限不清、工作职责不明、管理制度行为不规范等一系列问题,都可以以大学章程为准则得以纠正。其次,是要进一步强化法制观念,坚持以大学章程为准绳,切实保证各项教学管理制度规范的贯彻实施。大学章程的制定并不意味着现代大学制度建设从此就可以一劳永逸。实践证明,在我国,包括大学组织在内,任何一项制度法规的制定都只是一项基础性的工作,而这种制度规范的贯彻实施,任务则更为艰巨。为此,《办法》强调:"高等学校应当指定专门机构监督章程的执行情况,依据章程审查学校内部规章制度、规范性文件,受理对违反章程的管理行为、办学活动的举报和投诉。"新建本科院校教育工作者要进一步强化教育法制意识,加强对学校各部门执行章程情况的监督,这是推行学校、学院两级管理,切实保证学院教学管理自主权得到落实的重要举措。

第三,要充分利用地方高校转型发展的契机,深入推进教学管理体制、方法和模式的改革创新。一方面,进一步推行和完善学院制办学体制,凸显学院教学管理的实体地位和主体功能,是包括新建本科院校在内的地方高校转型发展的基本内涵。地方普通本科高校转型发展的根本目的,是要使转型高校的教育目标和质量标准更加对接社会需求、更加符合应用型高校的办学定位。从这样的意义上说,新建本科院校推进转型发展与推行学院制管理体制、加强和改进学院教学管理的目标理念是根本一致的。另一方面,转型发展也是新建本科院校推进教学管理体制、方法和模式的改革创新的内在动力。根据《关于引导部分地方普通本科高校向应用型转变的指导意见》的要求，高校转型发展要从创新人才培养模式、深化人才培养方案和课程体系改革、加强实验实训实习基地建设、完善校内评价制度等方面实施、推进，这些转型发展目标内容的推进和落实，必然会对学校和学院原有的教学管理体系的改革创新提出新的要求，引发新的变革。因此，新建本科院校要抓紧学校转型发展的重要契机，将以推行学院制办学体制和加强、完善学院教学管理为目标的教学改革与推进学校转型发展的实践有机结合、相互融通，在推进学校转型发展的实践进程中实现学校教学管理的优化升级。当前，最为重要的，是要按照现代大学治理理念以及学校转型发展的根本要求，重新审视现有的各项管理制度规范，并在此基础上建立起新的教学管理体制机制。如前所述，新建本科院校现行许多教学管理的制度规范和行为模式与现代大学制度建设和创新人才培养的要求格格不入，利用好当前学校转型发展的重要契机，积极推进教学管理制度和方式的改革创新，对于新建本科院校来说是一个千载难逢的机会。

二、加强教育管理科学研究，促进学院教学水平的提升

新建本科院校内部管理体制和学院教学管理层面上出现的诸多问题，与这类学校教育工作者自身对于学校转型期间出现的一系列重大的理论和实践问题关注不够、研究不够，以至于在思想认识和思维方法上出现了许多偏误。因此，加强教育管理科学研究，不断提升学校、学院办学主体的教学管理能力和水平，是当前推行学院制办学体制和加强、完善学院教学管理的一项重要任务。

一方面，要继续从现代大学的属性和功能的角度，去研究、认识和把握新建本科院校教学管理的特点和规律。在现代社会的治理框架内，大学作为担负着培养高层次人才、开展科学技术研究和服务社会发展的组织机构，它需要在整合多种教育资源的基础上以一种系统的组织形态，去全面履行自身的教育职能，实现组织发展的任务和目标。这是现代大学作为一种社会法人的身份和独立的社会组织机构存在的基础，并由此而决定了学校作为一个组织系统所拥有的权利和职责的合法性。然而，由于大学基本的教育功能及其组织特性，在大学组织机构内部必须进行适度的权利和职责的再分配。刘献君在论述大学组织的属性时指出："作为非营利组织，大学是典型的利益相关者共同体，没有哪个个体或集体能全部拥有大学，也没有任何人能对大学承担全部责任。因此，高等学校管理不仅要受到社会的监督，还要受到校内多方面因素的制约，表现出复杂的治理结构，遵行着多重制约的决策程序。"

大学组织的这种特定属性，决定了其组织内部实行权利和职责的再分配的必然性。而在大学组织结构内部实行学校和学院两级管理体制，正是基于其属性所进行的一种权力和职责的再分配的方式。这也就是说，根据现代社会运行机制的特征和要求以及满足学校实现其教育职责和功能的需要，大学组织应以一种系统和整体的组织机构形态进行运作。与此同时，在其组织机构内部又必须采取权力和职责的再分配，因而在大学内部推行学院制，实行学校和学院两级管理也就成为一种必然的要求。

虽然说，大学组织内部通过推行学院制实行学校和学院两级管理来实现权力和职责的再分配，体现了学校组织属性和运行规律的必然要求，但是这种权力分配和组织构架并不会自然而然地实施、形成。克拉克·克尔称现代大学为多元化的巨型大学，管理采取的是所谓"联合国形式"。在这个"联合国"里，有教师国（也许还可以细分为教授国、讲师国、助教国之类）、学生国、职员国、董事国等；每个"国"都代表着一种特定的甚至相对独立的利益集团，各有其领地、权力范围和特殊的管理形式，并对学校的各种决策拥有否决权。这就意味着，在大学组织内部通过推行学院制、实行学校和学院两级管理来实现权力和职责的再分配，必然是一个多元利益主体反复协商、不断磨合的过程，这种权力分配和组织构架的实施、形成也必然是一个保持张力和均衡相协调统一的过程。唯其如此，在现代大学制度建设过程中，合理调适学校和学院之间的各项权利、资源乃至职责的配置，始终是各高校必须面对的一个重要的现实问题。

同时，在新建本科院校开展以推行学院制办学体制和加强、完善学院教学管理为目的的教育管理科学研究过程中，还要注意立足学校实际，坚持以问题为导向，以实践研究和行动研究为基本路径，凸显教育科学理论研究服务于教育改革发展实践需求的宗旨和原则。经过多年的办学实践，新建本科院校学院在教学管理的制度规范方面已经积累了一定的基础，但是从总体上看，这一基础依然比较薄弱，远远不能适应新形势下学院办学、发展的要求。这里特别要强调的是，新建本科院校学院教学管理体系建立和形成之初，较多地学习、借鉴了那些成熟大学、老牌大学的做法和模式。实践证明，这些"拿过来"的管理制度、模式和方法有许多是不适合新建本科院校办学实际的。一方面，新建本科院校与成熟大学、老牌大学各自的校情及其办学传统和特色不同；另一方面，也是更为重要的原因，那就是相对而言，那些成熟大学、老牌大学的办学层次较高，在办学理念和目标定位上与新建本科院校有着许多方面的差距，新建本科院校在教学管理制度建设方面如果不加选择地引进、借鉴，必然会出现"水土不服"的问题。此外，如果说新建本科院校在学院教学管理的制度规范方面已经积累了一定的基础，那么相对而言，形成科学的管理行为和方式的过程中存在的问题更多，改进、完善的任务更艰巨、更复杂，需要通过不断的管理思想理念和制度的改革创新去达成目标。

　　专家在论述院校研究的基本特征时指出，院校研究是自我研究，即院校研究的对象主要是单独的高等学校，是研究者对他自身所处的那所学校的研究。院校研究通过对高等学校管理方面存在的突出问题进行分析、诊断，以解决学校管理工作的实际问题为基本目的。这些论述实际上体现着院校研究立足于学校实际、坚持以问题为导向和面向并服务教育教学实践的基本原则。遵循这样的教育科学研究的理念和原则，开展以推行学院制办学体制和加强、完善学院教学管理为目的的教育管理科学研究，最重要的是要通过多种积极的政策机制，充分调动、发挥新建本科院校教育理论工作者和教育教学管理人员的积极性，引导他们把自身的学术研究和学院教学管理工作研究实际结合起来，开展多种形式的理论实践研究。近年来，一些新建本科院校都在通过发布校内教育科学研究课题的方式，引导和促进着眼于学校自身建设发展的院校研究，在这一过程中，应该把推行学院制办学体制和加强、完善学院教学管理作为一个重要选题纳入其中。同时，要大力倡导推出智库成果和研究咨询报告一类的研究成果，引导教育科学研究更具针对性、更加符合学校建设发展的实践需求。

第八章 新建本科院校教学管理组织与队伍问题分析及对策研究

第一节 新建本科院校教学管理组织与队伍存在问题

一、组织设置厚此薄彼

从总体上看，新建本科院校的专家组织、行政组织、评估组织设置比较齐全，基本可以保证高校教学管理有效运行。但是，部分学校突出专家组织，强调行政组织，忽视评估组织，未能真正实行管办评分离。

从专家组织的设置情况看，大多数高校重视校级层面的专家组织建设，而忽视了二级学院的专家组织的建设，未能真正实行"两级管理""重心下移"，无法调动二级学院的积极性。东部地区的二级学院（系）教学指导（工作）委员会的设置比例明显高于中部和西部地区；省会城市的二级学院（系）教学指导（工作）委员会的设置比例明显高于非省会城市；公办院校的二级学院（系）教学指导（工作）委员会的设置比例明显高于民办院校。

从行政组织的设置情况看，基本所有高校都建立了强有力的行政机构，从教务处到教研室都有专人负责，有完善、详尽的规章制度保障其运行。学校教务处内设综合科、教学科、教学质量科、实践教学科、学籍管理科、教学运行科、教材科、招生科、公共实验管理科、多媒体教学保障科等科室，各院系教研室岗位职责明细，符合教育部高教司颁布的《教学管理工作要点》的要求和教学工作运行的基本规律。

从评估组织的设置情况看，大多数学校成立了专门性的评估机构，但其职责主要由教务处承担。与独立存在的评估组织的相关职能重叠，未能真正实行"同一职能，不可替代"的组织设置原则，在实际工作中容易产生"碰撞"或"缺位"现象。从经济区域上看，中西部地区独立评估组织较东部地区多，省会城市的独立评估组织较非省会城市多。

二、组织职能权责不明

从总体上看，新建本科院教学管理组织职能履行情况并不乐观，对组织的权利与职责缺少全面、完整的规划，对组织职能运行的各个环节保障度不够。

从专家组织职能上看，各院校比较重视"研究与审议"职能，而忽视"规划与论证"职能。西部地区院校在"规划与论证""研究与审议"和"建议与咨询"职能履行上优于东中部地区；东部地区院校在"规划与论证"和"建议与咨询"职能履行上表现不佳。省会城市院校在履行"研究与审议""建议与咨询"职能上优于非省会城市，非省会城市院校在"决策与指导"职能履行方面优于省会城市。从办学体制上看，公办院校的专家组织在履行"研究与审议""规划与论证""决策与指导"职能上优于民办院校，而在"建议与咨询"上，民办学校要优于公办院校。

从行政组织职能上看，各院校能够很好地履行"组织与运行"和"计划与设计"职能，且各经济区域职能履行情况大体一致。省会城市的行政组织在履行"计划与设计""反馈与交流"和"组织与运行"的职能上都比非省会城市要好。公办院校的行政组织在"计划与设计""指导与调控""反馈与建议"的职能履行方面均落后于民办院校。

从评估组织职能上看，各院校能很好地履行"质量监测"职能，对于"考核评价"的职能履行则表现不佳。中部地区院校评估组织职能的履行情况比东西部相对要好。非省会城市在履行"考核评价""诊断反馈""评估研究"职能上优于省会城市。民办院校侧重于履行"质量监测"和"评估研究"职能，而公办院校的评估组织在履行"诊断反馈"和"考核评价"职能上优于民办院校。

三、队伍结构配置失衡

（一）组织人员构成不够合理

从专家组织人员组成看，大多数院校角色结构不合理，比较重视来自各教学单位和教务处的负责人，而忽视教学的中介要素，如人事处、财务处、设备管理处等部处的负责人，未将影响高校教学质量的人、财、物等各因素考虑进去。在学校教学指导（工作）委员会组成人员中，若缺少与本科教学工作密切相关的人事处、设备处、财务处、学工部等部门代表参与，将不利于学校教学资源的统筹规划和优化配置。据调查统计，绝大多数高校的组成人员均未齐备。其中，有几所高校专家组织负责人仅有教务处负责人和各教学单位负责人，唯山东女子学院较为齐全，其专家组织成员包括学校负责人、科研副院长、教务处长、科研处处长、人事处处长、招生就业处处长、学工部部长、发展规划处处长、图书馆馆长、各教学单位负责人、基础部主任以及学科专家。

从行政组织负责人组成看，其负责人主要是教务处处长，个别学校由教学副校长负责，行政组织的管理存在越位或管理不足的问题。个别学校因教务处长岗位调整，由教学副校长暂时管理，这种情况暂不讨论。

从评估组织负责人工作背景看，大部分院校未安排专门负责人，主要由教务处下设机构质量监控科负责。对教师的课程教学、科研成果、绩效津贴等的评价由负责教育质量监控的科室进行。教务处可拟定教学质量评估方案并组织实施，对教学的各环节进行实时监测并调节控制，存在既当"运动员"又当"裁判员"的嫌疑，教学管理质量的评估实效难以充分发挥。

（二）干部素质结构差异较大

从总体上看，各高校的校级教学管理干部以中青年为主，年龄结构较为合理，个别高校教学副校长年龄最大为65周岁，系发生于武汉某高校；大部分院校校级教学管理干部具有硕士、博士学位，学位结构较合理，少数高校教学管理干部具有学士学位，个别高校教学副院长无学位，系发生于河北某高校；绝大多数校级教学管理干部具有副高级及以上职称，具有良好的职称结构，个别院校教务处处长具有中级职称，系发生于武汉某高校、青岛某高校。特别要说明的是，公办院校校级教学管理干部高级职称的比例要高于民办院校。还有，校级教学管理干部具有管理或教育学科专业背景的比较少，大多数教学管理干部来自各个专业，智能结构不是很合理。

从总体上看，各高校的二级学院（系）教学管理干部以中青年为主，年龄结构合理；大部分高校的二级学院（系）教学管理干部具有硕士、博士学位，学位结构较为合理，个别学校的教学副院长无学位；绝大多数二级学院（系）教学管理干部具有副高级及以上职称，具有良好的职称结构，个别院校"思想政治理论课教研部"的管理干部无职称。另外，公办院校和民办院校二级学院（系）教学管理干部在高学位和高职称的比例上存在显著差异，公办院校硕士、博士学位比例低于民办院校；公办院校的副高级及以上职称比例均高于民办院校。

从总体上看，各高校的教学秘书的平均年龄均低于40岁，年纪较轻，均无职称，教学管理经验不足，整体素质较低；大部分高校的教学秘书为学士学位；绝大多数高校的教学秘书不具备管理或教育学科背景，智能结构较不合理。据调查统计，各高校教学秘书的学位结构特征在经济区域之间、行政区划之间、办学体制之间存在显著差异。东部地区无学位的比例较高于中西部地区；省会城市无学位的比例较高于非省会城市；公办高校无学位的比例较高于民办高校。

四、干部人员更替频繁

从总体上看，各高校的校级教学管理干部大多数任现职年限在4年以下，教学管理队伍不够稳定。教学副校长和教务处长更换较为频繁，没有完整的4年本科教育管理经验。还有，民办高校的教学管理干部的变更要比公办院校频繁。

从总体上看，各高校的二级学院（系）教学管理干部大部分任现职年限在4年以下，更换较为频繁，队伍不够稳定。

从总体上看，各高校的教学秘书队伍大部分任现职年限在4年以下，任现职年限较短，更换较为频繁，队伍不够稳定。教学秘书队伍低学历、无职称的比例较多，整体素质较低。省会院校无学位的比例要高于非省会院校；公办院校无学位的比例要高于民办院校。另外，民办院校的教学秘书的变更要比公办院校频繁。

第二节 影响新建本科院校教学管理组织与队伍建设的因素

一、对教学管理理念的认识领会不够深入

根据现代组织理论，研究组织的唯一有意义的方法是把组织看作系统来研究。高校是社会母系统的一个子系统，它既与外部社会大环境有着千丝万缕的关系，同时也有着复杂多变的内部环境。所以，对于高校教学管理应该持有科学的教育管理理念，使高校保持外部和内部环境的动态平衡。

新建本科院校之所以出现教学管理组织定位不准确、机构设置不健全、组织职能不协调和教学管理队伍配置不全、人岗不搭、素质不高、队伍不稳定等问题，归根结底是高校教学管理理念的不清晰、不深入，理念的模糊导致实践的错位。第一，新建本科院校对自身定位不清晰。由于成立时间短、发展不稳定、队伍建设困难，新建本科院校还没有找到自己的路，盲目照搬

研究型大学、公办院校的教学管理模式，对现代大学治理理念认识不够深入，个别学校忽视二级学院学术委员会的建设，导致现有的教学管理制度未能体现"两级管理，重心下移"的理念。第二，新建本科院校的教学管理理念落后。现代大学治理理念倡导学术自由，而我们的教学管理组织都是基于传统的科学管理理念从上到下实施科层制，学校决策层无法根据动态变化的外部环境及时调整学校的发展战略，无法真正实现"党委领导，校长负责，教授治学，民主决策"的大学治理理念。第三，新建本科院校教学质量的评价理念不正确。根据《国家中长期教育改革和发展规划纲要（2010—2020年）》的精神和学校评建工作的需要，大多数新建本科院校成立了评估组织，建立了评估制度。但是由于错误的教学质量评价理念，使得不少院校将教学质量评估、教师教学水平评估、课程评估等职能归赋教务处相关科室，既有对教学的管理权，又有对教学的监督和评价权，如同既当"运动员"又当"裁判员"，无法保证教学质量评价的客观性，也无法保障教学管理的科学性。

二、教学管理组织的顶层设计不够完善

大学属于开放的系统、动态的系统、复杂的系统。高校管理的主要任务是寻求内外环境、学校发展和个体需求之间最大的一致性。组织与其环境以及内部组织设计之间的和谐将会提高效能、效率和参与者的满意度。权变管理观点的基本设想是，在组织与环境之间，以及在各分系统之间都应有一致性。这就要求在学校内部组织中，各组织权力的实现不能对其他组织的权力造成影响，要避免各项组织权力与职责的重复或冲突。

新建本科院校之所以在组织设置上"厚此薄彼"，在组织职能上"权责不明"，归根到底是因为对学校内部教学管理组织的规划设计不够完善、不够科学。

第一，新建本科院校对教学管理组织机构的顶层设计模糊，特别是民办高校和非省会院校。在整体组织设置上，专家组织实施对学校大政方针的宏观决策，如教学指导（工作）委员会对学校的政策方针有着指导权；行政组织负责执行学校的方针政策，保证学校教学的工作的顺利开展，如教务处对教学工作个环节的管理；评估组织负责对教学工作的过程、结果进行评价，还要对执行层的管理过程进行评价，将所有评价结果反馈给决策层。而事实上，我们大部分非省会院校设置了校级层面的教学指导（工作）委员会，但是未建立二级学院（系）教学指导（工作）委员会，无法从各学科、各院系

的中观层面进行决策。一些民办高校虽设置了专门的评估组织，但是如何对待定义组织的地位和作用还不够清晰，无法保障行政组织的"管"、二级学院（系）的"办"和评估组织的"评"三权分离。面对复杂多变的社会大环境和校内环境时，新建本科院校自主应对、自我提高、独立决策的能力严重不足。

第二，新建本科院校的教学管理组织机构制定的职能职责不规范。全面质量管理理论重视管理过程中全员参与、全面监控、全程关注，在计划、组织、实施、评价每个环节都要加强管理。由于缺乏对教学管理组织的地位和作用的科学认识，大部分新建本科院校只侧重管理的某一个或几个环节，导致教学管理组织的职能职责不全、不明、不清。根据对新建本科院校教学管理文件以及职能职责的调查表中发现，大部分院校在专家组织方面比较重视"研究与审议"职能，忽视"规划与论证"职能，对《教育部高等学校教学指导委员会章程》领会不彻底。对于评估组织的职能，大部分院校仅限于评建工作中的"质量监测"，对于对教学状态数据的"诊断反馈"和对教师和教学管理人员的"考核评价"的职能缺失。

三、管理组织职能的保障条件不够全面

管理的目的是提高工作效率，工作效率的提高需要管理组织的有效运行。新建本科院校教学管理组织的顺利运行离不开影响教学管理组织运行的人、财、物等要素。新建本科院校影响教学管理组织职能的实施因素有以下几个方面。

（一）教学管理组织职能职责的履行缺少制度保障

为建立中国特色现代大学制度，完善高校内部治理结构，高等学校应建立本科教学自我评估制度，加强评估专家队伍建设，严格评估过程组织，制定科学的评估方式方法，建立与"管办评分离"相适应的评估工作组织体系。大部分新建本科院校仅重视对日常教学质量的监测，大部分未建立专门的评估制度，缺少评估工作的研究、教学质量诊断的反馈的职能等。大部分院校的评估机构需要依靠教务处科室的力量，工作无法独立开展，这样无法保证评估结果的有效性和科学性。

（二）教学管理组织职能职责的履行缺少财务保障

从经济水平上看，处于省会城市的高校的教学管理组织职能职责比处于非省会城市的高校相对全面，较为科学。城市中心地理论认为，中心城市在城市群中居于核心地位，处在市场和交通网的中心位置，为整个区域提供货

物和最好的服务。省会城市作为一地区的中心城市，通过其规模效应、集聚效应、外部效应等作用对周边区域的发展产生积极的影响，为其高校的发展提供了无形的资产、有利的地理区位、更多的公共资源、优惠的政策支持等。从办学体制上看，公办院校的教学管理组织职能职责比民办高校的相对全面、较为科学。由于时代背景和现实发展等多种因素影响，我国民办高校相比公办学校在政策环境、资源获取、历史积累等方面明显处于劣势地位。特别是在公共财政支持上，民办高校办学经费来源还很单一，学校一般以公司、企业、社会团体、外资或个人等社会力量的投入作为启动资金，然后靠学杂费来维持运行，其中学费收入占学校总收入90%以上。

（三）教学管理组织职能职责的履行缺少相关人员保障

从校级教学管理干部到底层的教学秘书的任现职年限大多数均在4年以下，可见教学管理干部队伍归属感较差，更替频繁，且管理经验不足。部分学校的专家组织缺少涉及教育教学相关部门的负责人参与，如人事处、财务处、设备资产部负责的领导干部，难以调动全校整体办学资源。新建本科教学管理组织干部队伍整体学员结构、学位结构不够合理，教学管理干部的选拔、任用机制存在问题，很难保障教学管理组织的高效运行。从评估组织队伍的组成人员上看，大部分院校的评估组织负责人为教务处质量监控科科长，有的学校为教务处处长兼任，缺少专门、专业的负责人，有碍评估工作的独立开展。

四、对岗位管理规范与个人利益不够重视

为了最大限度地提高组织管理效率，人岗匹配理论要求最大限度挖掘员工的潜能，让不同的员工完成其能力所及的工作，在相应的工作岗位上发挥其能力的最大贡献。而根据调查统计显示，新建本科院校教学管理队伍结构不科学，配置不合理，管理人员更换频繁，其主要原因有以下几个方面。

第一，对教学管理岗位的地位和作用认识不够清晰。伯顿·克拉克认为，在高等教育领域越来越多的知识领域表现出内在的深奥性和固有的自主性。教学管理是一门既需要科学又需要艺术的学问，教学管理岗位需要专门的管理规范或制度和专业的管理人员。岗位管理规范不同于组织机构的职能职责，前者是对任职人员的选拔、任用、奖惩等的规定，后者是说明组织机构在教学管理系统中的地位和作用。在目前的岗位聘用制度当中，大部分学校将校级管理岗位作为一种行政职务，选拔上来的人大部分不具有管理学科或教育学科背景，凭借经验去管理。对于底层的教学管理干部队伍，特别是

教学秘书的选拔，只看其是否有学位，很少考虑其学科专业背景是否足以胜任该岗位工作。

第二，对教学管理干部的个人利益不够重视。从调查统计结果上看，大部分新建本科院校校级教学管理干部和二级学院（系）教学管理干部具有高职称、高学历，但是在地区之间、办学体制之间存在差异。省会院校因坐落于省会享有行政区位优势、人脉优势、资源优势，占据便利的交通、丰富的人口等，吸引着大量的高职称、高学历的优秀人才。但是，因其竞争压力较大，人口迁移较频繁，导致教学管理干部流失的现象也比较严重。公办院校有着国家财政支持，管理人员收入较为稳定，且普遍享有地方人才引进优惠政策。但是，因其身份固化，论资排辈严重，所以管理干部队伍虽较民办高校稳定，但在提升自身的积极性上较民办高校低。整体上，基层教学管理干部及教学秘书的学历普遍较低，年龄较小，经验较少，他们的工作量相对较大，且缺少相应的制度保障和物质激励，容易出现懈怠情绪，相对不够稳定。

第三节　新建本科院校教学管理组织与队伍的整改建议

在高等教育大众化、信息化、国际化大背景下，与中国社会经济的发展相适应的新建本科院校应运而生。英国剑桥大学前副校长埃里克·阿什比（Eric Ashby）说过："任何类型的大学都是遗传与环境的产物。它不仅携带有'母体'遗产性的毒瘤，还处在社会环境的危机的包围中，同时它自身的'免疫系统'尚未建立。"针对新建本科院校教学管理组织和队伍的现状分析和原因探析，整改建议如下。

一、深入学习教学管理的先进理念，树立教学质量保障的主体意识

（一）深入学习现代大学治理理念

在社会主义市场经济潮流的冲击下和全面深化改革旗帜的引领下，大学的办学逐步由政府办学转向为社会办学，大学的办学行为由行政文件的约束转向法律制度的约束。新建本科院校要不断适应现代高等教育的发展要求，体现领导专家化、管理科学化、决策民主化的管理原则，需深入学习现代大学治理理念，积极进行管理制度创新，调整大学组织内部和其他社会组织的关系，建立现代大学治理的体制。

在大学内部治理中，如何通过一定的组织来协调行政组织力量和学术组织力量一直是大学制度创新中的疑难问题。这要求新建本科院校需建立现代大学治理的思维，探索教学管理体制机制的创新，以章程规范办学行为，以制度推进教学管理，以绩效作为考评依据，以第三方评价保障结果客观中立。大学内部治理的目的是形成决策系统、执行系统和监督系统相互促进、相互制约的关系；完善决策职能、执行职能、监督职能的组织机构的设置及其职能履行，形成自由发展又彼此独立、相互配合又权责明确的关系。最终建立自主办学、自我约束、自我发展的管理体制，为创新人才的培养提供宽松的自由的环境。

（二）树立以人为本的教学管理理念

受历史传统影响，"崇官"之风导致我国高校出现了不同程度的官本位倾向，重视行政权力、忽视学术权力，重视行政管理、忽视教学管理，行政支配资源的比例高于以学术支配资源的比例。大学的行政化倾向，破坏了大学崇尚知识的学术氛围和尊崇学术自由的价值取向。在高度集权的科层制管理模式的教育系统中，专家组织和评估组织只是行政组织在高校教育系统的延伸，教学管理主要依靠行政机构，而较少依靠专家教授和专业教师。更有甚者，专家组织、评估组织的事也要由行政部门来主管。

根据人力资源管理理论，人在学校的资源配置过程中是一个自变量，尽管受学校规则和资源配置的要求和约束，但不能否认人是学校拥有的资源中最重要的资源。以人为本的教学管理理念，就是要求在高校教学管理中尊重人的本性，正确看待个人的权力，按照个人的发展规律去进行管理。高校教学管理的目的是促进学生个体的自由发展、自主发展，充分利用和开发学校资源，更好地服务于师生。组织是个人发展的载体，而组织的根本是个人的存在。高校行政组织需把人作为管理的主体，以尊重人、关心人、发展人作为教学管理的指导思想。因此，新建本科院校在高校教学管理的各个环节、各个行为之中，如教学计划的制订、教学运行的保障、教学质量的评价以及学科、专业、课程、教材等方面的管理均应贯穿以人为本的思想，倾听学生、教师、专家、学者的"声音"。

（三）强化高校教学质量保障的主体意识

1. 完善教学管理组织的顶层设计

权变管理理论为人们认识和分析组织管理的动态性提供了一种十分有用的视角。该理论认为组织的外部环境是错综复杂的，组织的内部环境是密切联系的，管理中要根据组织所处的内、外部条件随机应变，针对不同的具体条件寻求最合适的管理模式、方案或方法。高校作为复杂的组织系统，它有独立的存在价值，它有足够的能力成为社会的主体，它具有自主、能动、自由地应对环境变化的主体特性和主体意识。

"评估十二条"指出，要强化高等学校质量保障的主体意识，完善校内自我评估制度，建立健全校内质量保障体系。新建本科院校面对国家、社会发展的机遇与挑战，就要树立正确、全面的质量观，加强评估组织的建设，坚持严格的质量标准，积极发挥应对问题的主体性与能动性。自主办学只是大学自主性的外在表现，大学自主性的深层意蕴则是增强人才培养与社会需求的适应性，进行本科教学工作运行的自我监控，教学状态数据库的自我建设，教学工作的自我评估，并根据"管办评分离"的原则，形成科学合理、运行有效的评估组织工作制度。

2. 健全学校内部质量的保障体系

健全学校内部质量保障体系，进一步完善学校内部的管理体制与机制，要充分发挥好教学管理工作中教务处的"主导作用"、二级学院的"主体作用"和教研室的"基础作用"，正确地处理好学校内部的"专家组织"（教学指导委员会、教学工作委员会）、"行政组织"（教务处、教学办、教研室）和"评估组织"（评估中心）三者间的职能职责区分，有效地实行校内"管办评分离"。根据现代管理的基本原理和我国的政治制度，高校教学管理系统一般包含规划指导机构、计划执行机构、监督反馈机构三个部分，三者相互协调同步，形成连续封闭的回路，才能产生有效的管理活动。

教学管理的规划指导机构负责有关学校全局性工作的战略方向，如办学方向和规模、学科专业建设发展规划、学校长远发展规划以及年度工作计划、经费预决算等；负责在既定方针内，对教学、科研、行政工作执行中出现的问题提供建议和指导；负责审议论证学校其他重要事项。教学管理的计划执行机构负责协助校领导工作，拟定学院学科和专业建设发展规划、学院教学工作规划等，制订教学管理方面的规章制度、各项教学计划，组织和指导各教学单位编制和修订各专业人才培养方案等教学基本文件，为教学工作的正常有序运行提供咨询和指导。教学管理的监督反馈机构对学校、学院（系部）的教学工作和管理工作进行监测、诊断、考核、评估等，发布教育教学质量报告、教学工作评估报告、就业质量报告等，负责为学校各部门领导提供宏观调控、微观监控等客观依据。它不同于行政主体自身的反馈，相对独立，能比较客观地反映下面情况。

二、保障组织职能职责的有效履行，优化组织机构运行的体制机制

（一）加强现代大学制度的建设

新制度经济学家道格拉斯·诺斯（Douglass C. North）认为，制度是人类设计出来调节人类相互关系的一些约束条件。组织管理水平的高低受组织职能的运行影响，组织职能能否顺利、有序地运行取决于是否有科学、合理、全面的制度体系。要协调好行政权力与学术权力的关系，处理好校院两级管理体系的关系，保障教学管理组织职能的有效运行，新建本科院校就必须加强现代大学制度的建设。

新建本科院校的制度建设应"因校制宜"，不可盲目沿袭原母体院校和效仿其他院校。学校各级教学管理干部应当从思想和行动上重视制度建设，鼓励人事处、财务处等其他部门一起参与对各项制度的调研、论证、审议工作，确保教学管理制度的科学、合理、全面。教学管理制度建设必须依章程进行，依法进行，形成一套具有操作性、完整性、科学性的制度体系。专家组织、行政组织和评估组织应共同协作，确保制度的执行力和严肃性。制度建设的程序应民主参与，管理上适当下放权力，使管理中心下移，发挥院（系）、教研室（课题组）的积极性，体现公平、公正、公开的原则。最后，新建本科院校要组织加强对不同主体职能履行的监督，对组织职能的履行情况进行常态监测。

（二）完善教学管理组织的投入保障机制

教育具有社会制约性，高等学校的教育教学不可避免地要受到政治制度、经济水平的影响。新建本科院校起步晚，发展快，教学管理方面面临着极大的挑战。特别是经济不发达的中西部地区和非省会城市，教学管理队伍较不稳定，对教学工作的顺利开展产生较大影响。民办院校教育经费不足，导致其对财物的管理更为严格。针对新建本科院校在教学管理组织实际运行中出现的问题，笔者提出以下几点建议。

第一，增加新建本科院校的教学经费投入。不管是历史悠久的院校还是新建院校都属于公益性事业，都是社会主义教育事业的重要组成部分。因此，政府有义务对新建本科院校进行政策、资金、物资方面的扶持。政府应制定一些对新建本科院校扶持的专门法规，完善社会资本进入高校的相关法规，为新建本科院校融资创造良好的环境和条件。当然，新建本科院校也可以拓宽社会融资渠道，加强与校友的广泛联系，扩大校企的合作领域，成立

专门的筹资机构，积极争取金融机构贷款等。

第二，增加影响教学管理的相关人员的配备。教学管理组织职能的正常履行，不仅需要有教育学科、管理学科的专门人才，还需要影响教学管理各环节、各要素的相关部门的配合。关于专家组织的组成人员，除了要有校级教学管理干部外，还要有二级学院（系）的专家教授，同时还需要配备与教学相关的负责人、财、物等资源分配的相关部门领导。评估组织的组成人员，除了要有精通高等教育评估的专门人才，还需要配备精通教育测量的教学质量监测人员、精通信息技术的状态信息管理人员和精通教育评价的绩效考核评估人员。

三、优化教学管理队伍的整体结构，保障基层管理人员的个人利益

（一）加强培训，确保管理干部的岗位认识

人岗匹配理论认为，行政人员在工作中出现的积极性不高与工作本身有着天然的联系，个人和工作之间匹配的差距与个人产生的职业倦怠成正比。社会分工不同会影响组织内部的工作内容，从而使所需设立的职务和部门、所需完成的任务不同，不同工作环境对组织中各项工作完成的难易程度，以及对组织目标实现的程度的影响也不同。稳定的环境要求设计出"机械式组织"，而多变的环境则要求有"有机式组织"与之相适应。因此，新建本科院校的教学管理干部应对坚守或即将上任的岗位有正确的认识，并不断适应岗位的要求。新建本科院校要健全各项管理规章制度，完善教学管理文件汇编，为实行"依法管理""依法治校""依法执教"提供政策或法规依据；明确各类各级管理岗位职责，实行"因事设岗"和"因岗择人"；加强对教学管理干部的培训，积极稳妥地推进各行政部门和各教学单位的年度目标管理和绩效考核，完善激励与约束机制，以充分调动广大教职员工的工作主动性和积极性。

（二）科学配置，完善领导班子的智能结构

为最大限度地提高生产效率，最大限度挖掘员工的潜能，人岗匹配理论认为，应该让员工完成其能力所及的工作，在相应的工作岗位上发挥其能力的最大贡献，这就需要我们对人力资源进行科学的配置。

新建本科院校要完善领导班子的知识结构或学缘结构。合理的领导班子知识结构是由不同专业领域或学科背景的领导干部组成的立体知识结构，以达到较宽的知识水平和较深的专业知识的有机统一。高校是一个学术系统，

是各类专业人才的聚集地，是知识密度最高的地方。这为建设高水平的领导班子提供了肥沃的土壤，但这并不意味着领导干部的学历越高越好，也不是要求所有领导干部具备同样的专业知识，应该将多种"专才"进行科学合理的安排，从而形成整个班子的"通才"，这样才可以轻松自如地面对纷繁复杂的教学管理难题。新建本科院校的领导班子中，不仅要有同学校整体学科相称的学术尖子，也要有精通管理理论、有大量管理实践的专家，更要有熟悉教学工作、掌握教育规律的学者，这样就可以提高高校的整体管理水平。

新建本科院校也要完善领导班子的能力结构。知识与能力不可分割，二者相辅相成。不同的人个性特征不同，其知识水平不同，其能力高低也不同。有的人深谋远虑，有较强的决策能力；有的人善于协调，组织指挥能力突出；有的人有创造性思维，开拓能力强。要让不同能力特长的领导者之间协调配合，取长补短，这是新建本科院校对领导班子的能力结构提出的要求。一个具有合理能力结构的领导班子，应该由帅才型、将才型、智慧型领导按一定比例构成。新建本科院校的领导班子成员应具有较高的观察力、思考力和行动力，其成员的选拔应注重教学实践、管理实践方面的经验。

（三）重视基层，保障管理队伍的个人利益

人岗匹配是一种双向的匹配，每个岗位都有相应的要求和报酬，工作的报酬又与个人的动力相匹配。新建本科院校教学管理队伍的频繁更换，除了其岗位要求不合理、工作内容较烦琐等客观原因之外，更多的是对个人利益的忽视。新建本科院校，特别是民办院校、非省会院校要进一步保持学校各级教学管理干部队伍尤其是二级学院教学副院长和教学秘书的稳定，提高管理信息化、决策科学化和运行规范化的水平，需加强对各类各级管理干部的培训，并从职务晋升、福利待遇、优惠政策、工作环境等方面进行改进。

新建本科院校要畅通教学管理人员的晋职渠道，切实加强对教学管理干部的教育、培训和管理工作。学校要鼓励管理队伍人员在岗自学、自我提高，将工作成绩突出的教学管理人员纳入各级后备干部队伍管理。高校要针对不同职位、不同工作性质的教学管理人员采取具有差异性的培训方式。各类培训要系统化，培训内容要遵循因地制宜、分类指导、按需施教、学用结合的原则。高校可组织教学管理人员对外交流，到校外机关、其他高校、事业单位挂职或邀请校外机关、其他高校、事业单位来校交流管理经验。

新建本科院校要重视教学管理人员的考核评定工作，特别是对教学秘书队伍的选拔、聘用、培训、考核等。新建本科院校注意选拔和培养德、能、勤、绩优异的人才进入各级教学管理岗位，逐步改善教学管理队伍的学缘结构、学历结构、职称结构和年龄结构，以提高管理队伍的整体素质。根据具体情况，对其岗位职责的履行和工作业务的成效进行考评，根据考评结果适当提高教学管理人员的工资待遇，或通过教学、研究、技术管理等岗位系统分流解决其职务职称问题。此外，新建本科院校需定期听取底层教学管理人员的意见，及时了解教学管理人员的实际困难，并予以解决。

第九章 新建本科院校教学管理模式的改进与创新

第一节 新建本科院校基于契约理论构建的教学管理模式

一、契约理论的兴起及其在高校教育管理中的运用

契约理论最早源于法律和经济学科，目前随着社会的发展，契约理论已经超出了法学和经济学而蔓延到社会中的各个不同领域，如政治、社会中，发展成一种规则，并广泛应用于实践。管理是当今社会发展的重要条件，由于管理的核心是人，代表平等、相互、自由、主体、互惠、自律的契约理念在管理的过程中凸显出来，吸引了人们的目光。契约理念概括为价值理性和工具理性。价值理性体现了自由平等的意识，也就是人本主义思想。工具理性体现了公平、互惠、民主自律的意识。目前把契约理论应用到高等教育领域，作为分析高校教学管理行政化的一个新的视角，已成为必然的趋势。

（一）高校教学管理的原则

根据教育部颁布的《高等学校教育管理要点》，教学管理内部任何要素的改变都会影响到教学管理系统，教学管理是一个动态的过程。所以为了实现我国高校教学管理基本任务，必须明确高校教学管理的各项基本原则，按照高校教学管理的基本原则来履行高校教学管理的各项内容，如教学计划、教学运行、教学质量的管理，以及各项教学基本建设的管理。高校教学管理的基本原则表现如下。

1. 高校教学管理自治

教学就是教师的"教"和学生的"学"，高校教学管理自治分为教师教学自主和学生学习自由两个方面。坚持发扬蔡元培提出的"循思想自由原则，取兼容并包主义"的办学理念。在高校内部规范行政管理，强化行政部门的服务意识，尊重教师教学自主和学生学习自由的权利，是高校教学管理

自治的必要条件。

2. 教师教学自主

联合国教科文组织1997年发布的《关于高等教育教学人员地位的建议》中规定:"高等教育教学人员有权享受学术自由,也就是说,不受特定教条的限制,自由地教学与讨论,自由地开展研究、传播和发表研究成果,自由地对所在机构或系统发表意见,不受机构的检查和自由地参加专业或代表性学术机构。"高校教学内容与中小学教学内容不同,导致高校教师与中小学教师存在明显的区别,高校教师传授的知识不再是公共性的知识,更多的是具体研究方向的个体性知识。在教学管理过程中,必须保障高校教师拥有自主权,为教师创造良好的工作、生活条件,充分理解、尊重教师,为教师提供服务,通过情感关怀激发教师的事业心与责任心。

3. 学生学习自由

教学管理过程中坚持以人为本,除了尊重教师的教学自主之外,还需要关注作为教学主体的学生。在规范适当的基础上,建立民主平等自由的关系,以学生为本,保证学生在受教育的过程中作为独立主体的权利,创造一切条件充分调动学生的主观能动性,尊重学生的个体差异性,创造有利于学生成长的环境。

(二)契约理论思想与高校教学管理原则相契合

目前,契约理论在我国教育领域已经运用得极为广泛。比如,国内不少学者使用契约理论分支中的委托代理理论、不完全代理理论分析高等教育问题。在我国,任增元、刘元芳最早将契约理论应用于高校教学管理研究过程中,指出学校和学生之间存在契约关系,提出在契约理论指导下探讨大学质量定位和转变是非常必要的。高等学校是一个特殊的以培养人才为目的的行业,高校内部的管理则与企业内部管理具有一定的共通性,同属于管理性质。所以,将目前已经活跃于经济学以及其他各个领域的契约理论运用到高等教育的教学管理中,需要研究其适用性。教学工作是人才培养的关键性环节。高等学校的教学系统相对复杂,一定要针对性地对高校教学过程进行有计划、有目的的管理,才能够维持正常的教学秩序,使教学管理工作顺利开展。由此可见,契约理论中的思想与高校教学管理原则是相契合的。

1. 契约理论的民主理性思想与高校教学管理自治

契约理论之民主、理性的理念能够促进管理目标的实现,由各类人员组成的组织里,因人复杂多样的价值取向和行为特质(工种、能力技术、文化等)要求组织必须要具备有利的制度和文化环境,通过约束规范整合人的行为,使其制度化、规范化,从而达到目的的一致性,来实现共同利益。这一点和高校教学管理自治相契合。高校教学管理自治要求的学生学习自由和教师教学自主就是契约理论的民主、理性思想的体现。

2. 契约理论的权责统一与教师教学自主

契约理论强调主体的权力责任统一,责任和义务永远都是捆绑在一起的,它还强调人的全面发展,认为每个人都必须要不断地完善自己,进行自我调节管理,首先就是要加强责任与义务的意识,最终促进自我的发展。这一点和高校教学管理过程中教师需要教学自主权相契合。在高校教学过程中,让教师的个性发挥有足够空间,鼓励教师自主思考和参与,加强协作精神,协调好教学活动中的教师、学生、教学行政人员之间的关系,让每个人都能尽其最大的能力,自觉、主动地相互促进,成为一个整体,并在高校教学活动中将其统一起来,实现高校教学的可持续发展,培养自由全面发展的创新型人才。高校教师的身份和工作都具有复杂性,教师对学生而言是传授知识的引导者,对学校而言是教学工作的执行者,应该具有自主性,所以对教师的管理,最重要的是抓住教师的心理给予其心理需求,从情感上进行管理,让教师真正实现权力与责任的统一。

3. 契约理论的平等自由思想与学生学习自由

契约理论建立的基础是契约双方意志自由,这一点和教学管理中的学生学习自由相契合。高校教学管理工作是关注学生,保证学生在高校的主体位置,使教育真正地为学生服务。也就是说,在高校教学管理工作过程中,要尊重学生的需求和价值,不要只是把学生当成教育对象,学生是教学活动中的主体,应多考虑学生的个性发展,尊重学生在高校中的权利,努力把学生培养成有全面综合素质,同时又富含主体意识和创新能力的促进社会发展的人才。

二、契约理论下高校教学管理模式的构建

面对目前以行政管理为核心的高校教学管理模式,虽然一直在呼吁改革,但是行政权力首位的思想观念没有从根本上铲除,只是趋向于形式上的去行政化。要真正改革,必须从管理理念上转变思想,端正自己的意识。当前的高校教学管理想要改变,首先必须确立一个新的教学管理理念,也就是教学和行政协调一致、合理分工的管理理念。将契约理论的自治精神真正运用到教学管理中,体现教学管理的自治精神,发挥行政管理为教学服务的意识,合理配置资源。

（一）契约理论体现的高校教学管理新理念

契约理论中的自治理念，要求教师和学生自由参与决策，让教师和学生充分发挥自己的主动、创新意识，进行自我管理、自我创新。真正做到将高校内部的行政权力和学术权力相协调，改善大学中存在的教学管理行政化问题。

同时，契约理论要求高校行政管理部门以执行和服务为主，高校教学管理人员要树立以人为本的理念，加强教育服务的意识，调动教学管理人员服务教师和学生的积极性。高校是教学和科研的场所，是培养人才的地方，所以首先必须尊重教学的主体，保障学生和教师的主导地位，让他们在教学管理决策过程中拥有参与权。以学生和教师的全面协调发展为中心，将以前的行政管理转变为尊重师生的服务型管理，让学生有足够的自由开展自己的学习，让教师有足够的自由来开展自己的教学工作。真正从学生和老师的角度出发为他们着想，力图打造平等、自由的教学氛围，将学生学习的激情、教师教学的积极性发挥到最大。让高校的教学管理目标成为学生学习的方向、教师发展的方向，将高校、教师、学生多方面的收益整合到一起，建立全面、和谐、可持续的教学管理理念。

1. 主张教师、学生自主管理

高校教学管理过程中需要保障教师、学术的自主意识，这与契约理论的平等、自治精神不谋而合。尊重师生的自主权，以学生发展为方向，提供优质的服务。同时，充分激发学生自身参与教学管理，让他们的潜力得以发挥，而不再是压制性地要求学生去做、去执行某个指令，让他们从之前的被动管理中解放出来，找到自己的主体位置，做教学管理活动的主人，进行自我管理。这样使他们从心理上得到尊重，从而主动参与教学管理活动，达到全面协调发展的目的。

教师本来就是教学活动的主体，教学目标的实现、教学质量的好坏与教师是有直接联系的。教师的工作是区别于企业的员工的，用传统的行政管理方式来对教师进行管理，无疑会扼杀教师的创造性，因为行政化剥夺了教师教学的自由，导致教学管理出现一系列的问题。契约理论下的服务型教学管理模式要求恢复教师在教学管理活动中的位置，让教师拥有充分的教学自由。让教师真正体会自己的主人翁意识，从而指导学生的自我管理与自主意识。同时，充分尊重教师的权利，尤其是在教学管理中的各项决策制定和实施与否的发言权，让教师们切身体会到自己对教学管理的价值，以激发教师的工作激情。

2. 尊重教师和学生的个体特性

契约理论体现相互性，契约的责任理念还包含着义务和责任的一致性。这种一致性，既表现为义务主体和责任主体的一致，又表现为义务范围与责任范围的一致。责任和义务永远都是捆绑在一起的，契约理论强调人的全面发展，每个人都必须要不断地完善自己，进行自我调节管理，首先就是加强责任与义务的意识，最终促进自我的发展。在管理过程中，人是核心，当人受到重视和肯定时，才会尽最大力量为达成目标而努力，发挥其能动作用。在高校教学管理中坚持以人为本，也就是以教师和学生为本，教学管理以师生的利益为起点，充分理解教师和学生的个性差异。每个人都是独立的个体，自然有自己独立的思想、思维方式、处事风格等，作为教学管理主体的教师和学生同样也不例外。传统的教学管理强调统一化，限制了教师和学生的个性发挥，契约理论下的服务型教学管理模式尊重教师和学生的个性，尊重他们的兴趣爱好，将学生的兴趣爱好发展成特长，促进下一步的发展，让他们能够施展自己的个性；充分尊重教师的教学风格、教学方法，使得教师更有动力去从事教学研究，丰富教学内容，以提高学生的求知欲，达到高等教育培养人才的目的。高校教学管理者不是给学生和老师发号施令，进行控制，而是确定教学管理的一个方向，给教师和学生提供相应的帮助，让他们的教学工作和学习过程能够顺利开展。

3. 民主集中、科学管理相互作用

民主政治为契约理论提供了政治基础，减少了权力的负面影响，为近代契约理论所要求的自由、平等提供了制度保障。高校教学管理中更是如此，教学管理的民主强调以人为本，重视教师、学生参与教学管理活动，注重的是人的内心思想管理，采用的是激励、肯定、协调的管理方式，注重个人的差异性、心理情感等，从而激发人的自我管理意识达到教学管理的目的。科学管理则涉及管理的规范性、强制性、法制性。由于我国高等教育带有中国特色社会主义的特征，教育资源的利用有一定的局限性，因此要求高校通过科学管理来达到教学资源的有效运用，同时运用具体的具有强制性的规章制度来规范教师和学生的权利。服务型教学管理倡导民主管理和科学管理相结合，民主先行，科学做保障，在高校教学管理坚持人本主义的民主理念的同时，辅以科学管理来调整高校教学管理的秩序。因为脱离了民主管理，教学管理必然了无生气，缺乏人性化；没有科学管理的话，高等教育教学将混乱不堪。所以必须将民主和科学进行结合，真正实现高校教学管理的协调化。

（二）基于契约理论构建的高校教学管理新模式

我国高等教育目前还存在诸多问题，急切需要完善和改进。为了更好地实现高等教育培养人才的目标，在科学发展观的引领下，应该正视目前我国高校教学管理存在的普遍性问题，转变管理思路，构建新的以契约理论为核心思想的高校教学管理模式，分别从服务和专业两个角度出发，改变传统的教学管理理念，调整目前高校教学管理职能、机构，提升高校教学质量等。以期达到更好地服务我国高等教育的目的。其特征主要表现在以下几个方面。

1. 充分体现教学管理服务性职能

行政权力过于突出的现行高校教学管理模式，严重脱离我国高等教育科学发展方向。高校教学管理部门自身定位不清晰，没有认识到教学管理的本质是服务，教学管理人员只是一味地服从和执行，没有管理者该具备的主动性，高校教学管理方法未跟上高等教育发展的脚步，缺乏创新能力。与其相对应的服务型教学管理则完全不同，服务型教学管理以师生和教学管理人员的需求出发，完善教学管理制度和教学管理体系，为教学主体提供优越的服务。

（1）调整高校教学管理部门职责

契约理论下教学管理模式，对大学教学管理机构进行了调整，真正体现教学管理的服务性。学校的教学管理工作，由校长全面负责，主管教学的副校长主持教学管理工作，并通过教学管理职能部门的作用统一调动学校的各种资源为教学服务，统一对教学工作进程进行管理，信息及时反馈，以保证各项教学管理目标实现的效率。

学校教学管理机构分为校、院、系三级。教务处是学校管理教学工作的主要职能部门。整合教务处下设的科室机构，将学校之前的八个科室和一个中心进行调整，整合成三个科室、一个中心。之前的教务处办公室在原来的基础上并入学籍管理科，同时负责管理学籍的工作；教学管理科与教材管理科合并为教学管理科，负责教学管理和教材管理的工作；考试管理科不变；实验室管理科并入教育技术中心为教育实验中心；撤销素质教育科和评估办公室。三个科室和一个中心相互协调，负责组织高校教学改革和建设，保证教学工作运行秩序的稳定，同时加快提升管理工作的质量，做到稳中求胜。

高校教学秘书在高校院、系的教务管理机构中占主导地位，属于高校教学管理队伍中最基层的教学管理人员，作为学院和系部教学工作的重要管理者，在教学系主任或院长的领导下，对日常教学方面的行政工作进行处理，并关注教学状态、质量的提升。学校教务处和教学秘书在高校教务管理工作中充当着组织者和实施者的角色，发挥着高校教务管理机构的首脑作用，因此要加强教务处和教学秘书等教务管理工作人员的服务性指导，建立教师、学生与所有教学管理部门的沟通机制，提高高校教务管理的工作质量。

（2）教务部门全面为教师和学生服务

高校教务处直接对师生服务。教学就是"教"和"学"的对立统一，而教务部门正是这个"统一"的忠诚卫士，教务处在教学过程中担负着重要的保障工作，包括保障教材、实验设备、实验室、教学场地等一切硬件设施能够安全优质地运用于教学活动；及时地为教师提供最新的丰富的教学、教研信息，通过沟通机制，让所有的教师能够有参与教学管理各决策的权力，使教师能够得到最好的指导，有效地把信息和信息技术应用于教学之中；组织制定合理科学的人才培养计划并监督实施，保障教学质量；为师生提供简明易懂的办事流程，让师生获得一站式服务。

（3）校级教务部门为基层教学管理服务

契约理论教学管理新模式上体现出，高校校级教务部门直接对基层教学管理服务，如教务处有帮助教学秘书提高工作效率的责任和义务。教学秘书的工作是否有效关系着学校教务工作的质量以及学校的发展和壮大。所以，高校教务处必须重视对教学秘书的培养，提高教学秘书的整体素质，建立教学管理队伍的培训机制，培训教学管理人员的计算机应用、教学管理方法和教学研究方法的知识，更新教学管理人员的教学管理理念，完善教学管理人员的交流机制，为他们的经验交流提供平台。

2. 全面展现高校教学管理的专业性

我国高等教育规模扩大到现在，高校教学管理的工作已成为一个系统化的工程，不仅专业性强而复杂，而且特别重要。要顺利实现高校教学的目标，必须要有一个科学合理的管理方式和计划，以及各种软硬设施的支持。伴随高等教育的大众化，相对应的教学管理工作会变得更加繁杂，需要更科学的专业化教学管理方法和更厚实的专业型管理队伍。教学管理工作的有效实施与否关系到教学秩序是否稳定，人才培养的质量能否提高。目前教学管理模式中行政化教学管理的问题，一大部分原因在于教学管理的非专业化。所以为了让契约理论下的教学管理新模式正常运行，有必要从教学管理的专业性入手，只有教学管理专业化了，才能保障整个教学管理系统的可持续发展。

(1) 教学自治，自我管理

契约理论下教学管理模式体现以教学自治为中心的管理，在院（系）一级统一发挥自主权，进行自我管理和发展。行政管理协助教学，为教师、学生提供教学和科研自由。规范学术机构，比如各学科专业权威咨询委员会等机构参与学术活动的决策，参与学校教学的管理，提高学术机构的地位。

(2) 明确职责权限，协调管理

契约理论下的教学管理模式，明确划分行政和教学两类机构的职责权限范围，两者相互协作，共同承担学校的教学管理工作。同时教学管理机构之间相互咨询、审议后进行决策。建立沟通平台，充分发挥基层教师和教学管理人员的积极主动性，做好内部管理工作。重新设定校、院、系三级的职责权能。学校进行宏观管理，从整体上进行管理，权力下放将更多精力放在教学发展的整体规划和学校其他工作上；最为基层的系一级主体，对本学科的专业与课程的建设、改革与发展情况更加清楚，在本学科的教学方面更有发言权，应获得更大的教学自主权，同时能够调动他们的积极性。

(3) 教学管理队伍专业化建设

契约理论教学管理模式体现了教学管理队伍的专业化。首先要转变观念，将教学管理队伍的建设和教师队伍的建设一起提升，彻底改变以前教学管理队伍学历和素质不高的现象，培养专业型的教学管理人员。其次，提高教学管理人员的地位和待遇，吸引优秀的人才。再次，将教学管理人员的培训纳入高校的学习计划中，加强现代管理科学知识的培训学习变经验管理为科学管理；对教学管理人员进行法制教育，体现教学管理过程的依法治教和依法办学。教学管理人员必须经过培训合格后才能上岗，保障教学管理工作的规范性。

（三）契约理论建立的教学管理模式对行政化教学管理模式的突破

契约理论建立的教学管理模式和传统的行政化教学管理模式相比较而言，更具有可行性，从以人为本的理念出发，建立明确、规范的教学管理体系，同时要有科学合理的教学管理机制，真正实现教学管理的服务性与专业性。

1. 以师生为本的教学管理理念

面对目前以行政管理为核心的高校教学管理模式，虽然一直在呼吁改革，但是行政权力首位的思想观念没有从根本上铲除，只是趋向于形式上的去行政化。要真正改革，必须从管理理念上转变思想，端正意识。首先确立一个新的教学管理理念，也就是教学和行政协调一致、合理分工的管理理念。真正体现以教学为主导的思想，发挥行政管理为教学服务的意识，合理配置资源。让行政管理部门以执行和服务为主，让教师和学生参与决策，让教师和学生充分发挥自己的主动创新意识，进行自我管理、自我创新。真正做到高校内部的行政和教学相协调，避免行政化问题的产生。高校教学管理人员要树立以人为本的理念，加强教育服务的意识，调动教学管理人员服务教师和学生的积极性。

高校是教学和科研的场所，是培养人才的地方，所以首先必须尊重教学的主体，保障学生和教师的主导地位，让他们在教学管理决策过程中拥有参与权。以学生和教师的全面协调发展为中心，将以前的行政管理转变为尊重师生的服务型管理，实现教师和学生的平等关系，教学管理人员和教师、学生的平等关系，保障他们相互之间能够顺利地进行无阻碍的沟通，有问题及时反馈。让学生有足够的自由开展自己的学习，让教师有足够的自由来开展自己的教学工作。真正从学生和老师的角度出发为他们着想，力图打造平等、自由的教学氛围，将学生学习的激情、教师教学的积极性发挥到最大。让高校的教学管理目标成为学生学习的方向、教师发展的方向，将高校、教师、学生多方面的收益整合到一起，建立全面、和谐、可持续的教学管理理念。

2. 服务型的教学管理体系

高校的教学管理源于一个管理体系，体系内部各个部分都是相互影响的。为了保证高校教学活动的顺利进行、高校教学秩序的稳定和教学质量的提升，首先必须要完善教学管理体系，使教学管理活动的决策明确、规范，避免教学管理中出现无法可依、无章可循的情况；其次，契约理论视角下的教学管理体系在原本明确、规范的教学管理的前提下，进行人性化的改善，加强以人为本的意识，真正体现服务性质；再次，教学管理囊括的教学计划制订、教学管理活动的实施、教学质量的监督管理三方面都要体现教学管理的服务性、专业性。

(1) 教学计划的制订

高校教学计划是由国家高等教育主管部门或高等学校根据高等教育的教育目的和培养目标制订的，用于指导高等教育和高校教学的文件。高校教学计划是高校教学管理的主导核心，主要包括了培养目标、课程设置、教育教学活动、教学学时安排和学分分配五个方面的内容。契约理论视角下的服务型教学管理，把教学计划的制订放在首要位置，因为教学计划是高校教学管理的前提，起着指明灯的作用，没有计划的管理是盲目的。教学计划的制订是高校教学管理的第一步，关系着教学活动实施的效率和效果，必须要精心安排，并做到合理的构建。在制订教学计划之前，教学管理部门要与教师、学生进行沟通，保证教师、学生的参与权，并根据教师和学生的特征进行合理设置。

在培养目标方面，以学生全面发展为指导方向，本着教学自由、学习自主的原则，提高学生的综合素质。以前高校主要培养的是片面的通晓某一专业领域的人才，现在改变之前的单一化，培养集各种基础知识于一身的通用型人才，打造全面和谐发展的高等教育。一方面可以使各个领域的知识得以综合统筹，促进专业与专业之间的沟通；另一方面在综合知识的同时尊重师生个体的差异，发挥他们的长处，让培养对象在掌握基础知识的前提下还有自己引以为豪的专业领域知识。同时，设定目标时注意理论联系实际，挖掘出师生的创新意识。

在课程设置方面，真正体现服务的精神，课程设置以学生为本，根据不同年级的学生特征，适当适量安排合乎该年级学生的课程，防止课程任务过重或过轻。同时注意理论课程与实践课程相搭配，真正实现全面的教学管理。目前我国很多高校都存在选修课偏少的情况，很多学生都埋怨自己想选的课不在选修范围之内，造成学生学习激情丧失。针对这种情况，高校可以适当增加选修课的范围，充分发挥学生的兴趣爱好，培养学生的创新能力，丰富学生的知识结构，扩充他们的视野。另外，在教学学时安排和学分分配方面，遵循教学规律和学生的身心特点，保障教学的质量。

（2）教学过程的运行

契约理论下的服务型教学管理模式要求教学过程的运行管理要以教师和学生为本。教学过程的运行是高等教育人才培养的核心，是在制订教学计划以后，对教学活动进行调节和掌握，使教学活动在正常有序的秩序下运行。

从课堂教学到考试的整个教学运行过程中，必须要尊重教师和学生的主体地位。教学活动本来就应该是属于学生和教师的，教师不应再拘泥于传统的"规范"教学和统一的教学内容、教学方式、教学速度。服务型教学管理模式要求必须保障教师的教学自由。在能够达到教学计划要求的前提下，教师完全可以按照自己特有的风格，自由选择教学的方式、场所、速度、内容等。遵照学生身心发展规律及其个性差异，因材施教，对不同的学生选择不一样的教学方法；根据不同的教学内容，自由挑选适合本专业的场所进行教学，在学生掌握理论基础的前提下，同时加强他们的实践能力；加强教学互动，改变课堂教学上老师一味灌输的局面，让学生参与到教学过程中，教师和学生互相交流、互相探讨。这样改变了传统的灌输式教学方式，让学生不再是被动地接受知识,而是在轻松自由的环境下,提升自己的思维能力和逻辑分析能力,增强探索知识的能力和激情。

(3) 教学质量的监督和评估

契约理论下的服务型教学管理模式要求高校必须要有公平、公正、理性、全面的质量监督系统,保障高等教育中教学管理的正常运行,以达到培养人才的最终目的。为保证坚持服务的理念,监督方要本着为被监督方进行指导、服务的态度进行管理,避免给教师带来过大的心理负担,影响正常发挥。教学监督管理部门的存在,是为了在监督、指导之后,让教师们能够互相交流、取长补短,改进自己的教学方式,同时让自己的长处得到传承与借鉴,最终促进教学质量的提升。当然,在这个过程当中,最重要的是尊重教师,全面评估教师的教学活动,在评价的时候要客观、全面,一方面从教学活动的客观场所中分析存在的客观因素,评价的方式必须公平、合理;另一方面全面观察评估对象的特征,进行多方面评估。评估后及时进行反馈,以实现评估的作用和价值。给予教师获取评估结果的权力,在评估结果出来以后,充分肯定教师的优点以及所取得的优秀成绩,让他们觉得自己的工作是有意义的,对评估结果优秀的教师应给予适当的奖励;如果发现有走入误区的教师,在肯定成绩的同时,应给予适当的建议,让教师意识到自己存在的缺陷,然后自主进行改进。这样,让教学管理深入师生的内心,从师生的利益出发,多去考虑他们的处境,在最大程度上满足教师和学生的教学需要,展现教学管理的人性化。

三、契约理论下高校教学管理模式良性运行机制的形成

高校是培养全面发展的人才的特殊场所,是一个开放而动态的系统,高校的教学管理机制必须科学、合理。在我们构建社会主义和谐社会的过程中,大学作为我们社会的一部分,它所追求第一要务就是促进高等教育伟大事业的和谐发展。这也是社会落实科学发展观的前提。目前,传统的高校教学管理机制已经无法满足高等教育的发展,满足不了教师和学生的要求。所以必须重新建立一个以人为本的新的服务型教学管理机制,在高校内部充分调动师生员工的积极性和主动性。在契约理论的指导下,我国高校教学管理需要建立更优越的运行模式,由内而外进行开拓创新,本着自由平等之理念,重新建立内部权力系统,科学合理地运行管理机制。

(一) 建立沟通机制,尊重教师和学生的自主参与权

目前高校教学管理的权力系统相对混乱,行政管理严重,影响了教学管

理工作的顺利开展。针对这种情况，契约理论下的教学管理模式运行机制要求重新构建高校教学管理的权力系统，首先明确管理机构的权力，针对我国大学内部管理的权力不协调、行政权力泛化等现状，进行学院制改革，形成校院二级管理体系，使管理的重心下移。张月铭建议，把学校、学院、教研室等基层组织的基本职能定位为三个中心：学校成为"决策中心"，学院成为"管理中心"，教研室等基层组织成为"质量中心"。学校主要抓学校的发展规划，由直接管理变为目标的管理。

高校的特殊属性与契约理论中的不完全契约思想相契合，高校教学管理在系统规范管理制度的同时，灵活引入沟通机制，使教师和学生的自主权得到发挥。真正体现以教学为主导，发挥行政管理为教学服务的意识，合理配置资源。其前提就是建立平等的沟通机制，像教学管理新模式里面所体现的，教师和学生是平等的，教学管理人员和教师、学生是平等的，他们相互之间能够顺利进行无阻碍沟通，有问题及时反馈。

（二）建立服务型的评价机制，并进行信息化管理

要建立服务型的评价机制，改善评价不合理的情况发生。首先，学校成立以院系两级领导、退休老专家为主体的教学督导室，教学督导员深入教学一线调研、检查、听课，与教学管理部门和教学系部研究教学中存在的问题，提出整改措施。实行学生评价、组织评价、专家评价以及教学督导员随机评价相结合的课堂教学评价制度，不断提高专家听课、学生信息反馈、教学检查和教学督查等工作效果；完善教学检查、教学评价机制，学院坚持三段式教学检查制度，即学期初检查、期中检查教学进度和教学计划执行情况，期终总结、分析、评价教学效果。

如何全面、客观、公正地评估教师的教学活动在前文已有阐述，此处不再赘述。另外，当前教学行政部门是和学生、教师在同一个社会场所里面学习和工作的，大家都是互相监督的，除了教师和学生的质量评估系统之外，在行政管理人员方面，也要构建科学合理的评价机制，从行政人员的工作内容、工作方式、工作质量各方面的评价可以采用网络的方式进行信息传递，在学校的网站设置专门的版块搜集教师和学生的广泛意见，从而进行有效的监督和评价，以及时地修正、调整，提高教学管理质量，为教学管理运行提供良好的保障条件。

（三）建立专业化教学管理人员的培训机制

我国高等教育要跟上国际形势的要求，必须从高校教学管理入手，教学管理活动是高校管理的核心，而教学管理人员则是关键。大学的现状和教学管理人员整体素质偏低、教学管理人员培训力度不足、教学管理人员学历较低且地位不高等问题息息相关，要建立契约理论下的教学管理新模式，增加高校自身的竞争优势，适应知识经济时代的变更，急切需要建立专业化的教学管理人员的培训机制。

1. 端正对教学管理人员的观念认识

教学管理人员和教师犹如丝线和珍珠，教学管理人员的存在让教师本来相对单一的光彩更加绚丽、更加有价值。一所高校，没有优质的教师队伍是不可能提高教学质量的，但光有高水平的教师队伍，而缺乏专业化的教学管理人员同样无法实现高等教育培养人才的目标，他们是相互联系的，两者缺一不可。

2. 完善教学管理人员的培养制度

教学管理人员的培养需要一定的时间，转变对教学管理人员的观念之后，必须完善教学管理人员的培养制度。让培养有一个方向，确定一个目标，按照相关的制度实施，才能够培养出我们需要的专业化管理人才。一是要对教学管理人员的招聘条件进行严格把关。教学管理工作是专业性比较强的工作，管理人员首先要具备一定的学历，比如大学本科及以上学历；其次必须具有系统的知识基础，具有服务意识和态度，同时具有相关教育管理专业理论知识和实践能力，尤其是大学生心理学、高等教育学等必须精通，并进行相应的考核，合格后方能上岗。二是加强教学管理人员的上岗之前的培训力度。考核通过后，学校进行集中培训，针对大家的不同职位和部门设计相应的培训重心，包括现代系统科学的教育管理知识、相关的教育法律和法规知识等培训。三是规范教学管理人员的岗后定期学习。高校根据自身的办学特征，结合目前高校教学改革的需要，加强教学管理人员的岗后培养，对不同岗位的管理人员进行不同的培训，鼓励管理人员多出去交流学习，提升自身的能力，多去学习和了解当前教学管理的新渠道、新趋势，以便及时掌握前沿讯息与问题，提高教学管理人员的创新意识。

3. 强化教学管理人员的激励工作

教学管理人员的专业化培养，最关键的环节是对教学管理人员本身采取激励的措施，而不是控制和监督。用激励措施提高教学管理人员的工作激情，变被动为主动。进行情感上的投资，多关心教学管理人员，给予教学管理人员足够的尊重和理解。让他们心甘情愿地完成教学管理工作，同时还能够获得精神上的满足。所谓的成就感，就是将工作任务升级为自我价值的实现，主动去探寻教学管理的新方法。一方面，多理解教学管理人员的生存环境、生活压力和困难，并适当地帮助他们解决问题，让他们觉得自己的生活环境是温暖的；另一方面，多和教学管理人员进行交流，多鼓励，并给予一定的建议，让他们觉得自己不只是执行者，也是参与者。

设置目标，将教学管理人员的需求和目标融合。教学管理人员有自己的工作目标，如果让教学管理人员明确自己在高校管理中的位置和自己在高校管理的总体目标实现过程中发挥的作用后，将自己的工作目标与高校教学管理的目标相对应的话，教学管理人员将会看到自己个人事业发展的前景，这时候给予他们一定的主动权，必然能够激发他们带着责任心去实现高等教育的共同目标。这种情况下，教学管理人员就会尽心尽力工作，在工作中实现自己的个人价值，感受强烈的认同感，自觉地去考虑高校的利益以及高校的发展前景。

另外，适当地给予奖励，激励教学管理人员。高校管理中的绩效评估环节尤为重要，它是高校管理的一个非常重要手段，运用尤其广泛。评估必须公正、全面，考核人员在被评估之后，根据结果进行论功行赏，除了物质上的奖励，还涉及职称评定和晋升。

总之，学校领导必须重视教学管理人员的作用，进行专业化的培训，采用合理、合情的培养手段进行规范，让教学管理人员的工作热情充分发挥出来，积极、主动地投入教学管理的工作中，以提高高校教学管理的质量。

第二节 新建本科院校人性化教学管理模式创新

高校人性化教学管理是高校发展的内在诉求，就是从学生的切身利益和需求出发，对学生施行软控制，尊重学生的尊严，注重人的全面发展和自我完善，把学生当成完整的人来对待，为学生提供了一个充分发展的舒适空间。因此，要求高校在部门设置、职责范围上都体现出对学生的人文关怀。

所以说，高校人性化教学管理要贯彻"管理就是服务"的工作理念，发挥学生作为教育主体的作用，尊重学生的兴趣和个性发展，为学生提供人性化的服务，从而营造一个良好的成长和发展环境。这需要加强管理的弹性，采取非强制性方式，表现出对学生的关爱，从学生的切身利益和需求出发，充分尊重和理解学生，争取在学生心目中产生一种潜在的说服力，激发和增强学生的内在驱动力，充分发挥学生的特长和创造性，达到培养人的目的。

一、人性化管理概述

(一) 人性化教学管理的职能

1. 教化职能

管理的本质是"服务",教学管理的实质是"教化"。人性化教学管理的首要职能是"教化",即感化学生,培养学生的理想人格。首先,要尊重人格、尊重人的需求,让学生能体验到学校的安全感、亲切感;其次,强化感情投入、精神的感召,要动之以情,晓之以理,在思想上要正面疏导,分寸的把握上要恰到好处;再次,在方法上要刚柔相济,采取引导、鞭策、民主、共同参与、创新的管理手段,要体现宽容、尊重、信任,体现对学生博大而深厚的爱;最后,语言上应与人为善,少一些指责,多一些理解和帮助,开诚布公、以理服人,使学生在思想和行动上都乐于接受。

2. 激励职能

习近平总书纪在北京大学师生座谈会上指出:"青年的价值取向决定了未来整个社会的价值取向,而青年又处在价值观形成和确立的时期,抓好这一时期的价值观养成十分重要。"这就需要管理者要不失时机,恰当地运用激励手段,宣传组织的宏伟目标和优异成绩,使学生的情绪相互感染、相互激励,向着自立、自信和自强的方向转化。

3. 互补职能

基于共同价值观和心理文化氛围,调整、规范和平息人性的冲突,使学生对组织行为规范、规章制度能够认同、理解和内化,从而靠启发、引导和沟通来实现管理者的意志。

(二) 人性化教学管理的特征

1. 在质的方面表现为模糊性

人的情感是一种非常特殊的客观存在,是模糊的。教学管理者必须对这样本质上是模糊的问题进行模糊的处理,而不能采取非此即彼的处理方法,要立足多种选择,寻求"满意解"而不是"最优解"。

2. 量的方面表现为非线性

人的思想素质、认识水平等会影响内在主动性的发挥,同时人的潜能具有很大的弹性,是一个不断变化的动态值,可能成正比,也可能成反比,在量的方面是非线性的。

3. 在方法上强调感应性

在方法上强调感应性就是通过心灵沟通、感情认可,依靠人格的魅力、至诚的精神，在理解和尊重的基础上主动挖掘学生潜在的积极性，更好地发挥学生个人潜能，深化教育效果。这实际上是管理者与被管理者双方心灵的感应，一旦发生作用，就会变成发自内心而见之于外的自觉行动。

4. 在效果上表现为滞后性

人性化教学管理靠的是内在驱动性、影响的持久性，它要求放眼长远，解决传统的观念问题，把外在的规定变为内心的承诺，激发和调动学生的激情与活力，使之不仅主动执行，而且自觉维护，提高管理效率。当然，转化是需要时间的，会表现出一定的滞后性。

综上所述，人性化教学管理能够发挥学生主体作用，是适应未来发展趋势的最佳管理模式。

（三）人性化教学管理的宗旨

1. 人性化教学管理要满足大学生的基本需要

需要是人性的基础，与人的需要相结合，教学管理才能得到理想的教育效果。根据马斯洛需求层次理论，大学生的行为是受意识支配的，是由人的需求决定的。

首先，要关注大学生物质的需要。物质需要是人生存和发展的必需条件，人性化教学管理，要从关注其基本物质需要的满足做起，使其树立正确的物质利益观念。教学管理要结合必要的物质激励手段，满足大学生自身的需要，引导大学生将内在物质需求转化为外在的积极行动，从而促进大学生自身的全面发展。

其次，要关注大学生的社会需要。大学期间，社会关系进一步扩大和丰富，关注大学生社会性需要，开展多渠道的实践活动，引导大学生积极进行社会学习和社会参与，在激烈竞争的社会中，可以有效地解决好个人与社会之间的关系问题，培养学生的责任意识和社会奉献精神。

最后，要关注大学生的精神需要。需求是一个不断超越的过程，满足大学生尊重和交往的需要，可以直接促进大学生人性的发展与知识、能力及思想品德的提升。

2. 人性化教学管理要关注大学生的发展需要

新西兰惠灵顿维多利亚大学校长格兰特·吉尔福德教授说过："教育的目的绝不仅限于为就业做准备。一所大学的成功也不仅以金钱衡量，而应充分考虑学生自我价值感的培养"。因此，人性化教学管理要关注大学生的发展需要。

首先，随着时代的变化，人的需要是不断变化发展的。大学生通过学习和实践，知识、文化素质迅速积累和提高，每时每刻都在影响其思想和行为，因此，需要及时给予大学生正当需求的满足与调节。

其次，当今社会思想观念、价值追求趋于多元化，大学生需要的发展具有不平衡性，这就需要进行有区别的对待。在人性化教学管理中，不能一刀切地对待大学生的需要，而应以发展的眼光来正视大学生的需求，从大学生个体的实际出发，尊重其个性差异，深入了解其当前的紧急需要，对症下药，这样才能符合学生的切身利益，从而增强人性化教学管理的实效性与适应性。

当然，人性化教学管理要根据大学生需要的变化，相应地进行调整与完善。

3. 人性化教学管理要培育大学生的主体性

首先，注重大学生自主性的培养，培养自立能力至关重要，"授之以鱼，不如授之以渔。"大学生的主体性是造成教学管理效果差异的因素之一。因此，人性化的教学管理就要充分利用大学生自主性的特性，唤醒大学生的自我意识，培养和启发大学生的探索精神、创新思维，正确认识到自身能力、思想道德水平与社会要求之间的差距，引导学生克服困难与挫折。并在教育者的指导下，能主动地去探究、理解和获得知识，把社会外在要求转化为自己内在的需要，并创造性地加以内化，使自己的思想和行为向社会所要求的方向转变。

其次，引导大学生能动性、创造性的发挥。通过教育者的积极引导，增强大学生的参与意识，增加其参与机会。积极利用大学生的能动性、创造性，帮助学生建立合理的目标，并帮助他们实现自己的目标，在实现目标的过程中鼓励他们不气馁，不放弃，永不言败，从而不断地实现自我、超越自我，迈向成功。

二、教学管理理念人性化存在的问题及原因分析

（一）人性化观念较为淡薄

我国高校在决策及管理上更多强调的是集权与统一，受政府官僚体制的影响，学校的行政权力成为各项决策的依据，管理者追求严格的规章管理制度和绝对的服从，导致二级学院缺乏一定的办学自主权，结果必然会丧失组织中的"人性"。

特别是新建本科院校中刚成立的新校区（或子校区），由于各部门责权不明、力量分散，导致信息沟通不畅、管理效率不高，学生办事要花更多的

时间和精力，甚至到处碰壁。学生无法感受到管理的人性化，内心肯定会产生抱怨，降低了对学校的认同感、信任感和归属感，对学生的健康发展产生了负面影响。

（二）学生主体地位较为模糊

要实施人性化教学管理，突出学生主体地位，最重要的措施就是转变观念，为学生服务，但在一些调查中发现高校为学生服务的思想大多停留在口头，很少付诸行动，学生主体地位较为模糊。

一方面，科层制强化规章制度管理、强化权威与服从，追求管理过程、结果的规范和效率，这种教学管理模式掩盖了学生的主体地位，不顾学生自己的意志、愿望和人格尊严。主体的权利被忽视，导致想象力的缺乏、创造性的泯灭，学生的独特性、多样性不复存在，主体性难以形成和发挥。受政府官僚体制的影响，我国高校教学管理的传统模式就是以"管"为主，采用层级控制，强化权威与服从，追求严密的组织结构、严格的规章制度，使学生在制度规章的范围内活动，首先考虑到的是学生的稳定、秩序的井然，不顾学生的主观感受和接受能力，必然会丧失组织中的"人性"。例如，学校从学校资源出发，对请求转专业的学生设置了许多苛刻条件，这种非人性化的管理行为必然会遭到学生的软性反对，从某一方面也反映管理者对学生权利的漠视。

另一方面，新建本科院校形成的主要方式是多所大学的合并重组，这些大学一般具有不同的目标定位。对原目标定位强烈的认同感会导致各校区组织目标之间产生冲突。特别是对于层次相对差异较大的高校，学校内存在着明显的等级倾向，如重点大学与非重点本科院校、专科院校、成人高校进行的合并。对原本实力相对较弱的校区来说，学生既有获得知名学校品牌的喜悦，也有受到歧视的担心，归属感不强。还有一些学校存在校本部与新校区（或子校区）之间认知的不对等，校本部师生对新校区（或子校区）的认知程度远远不如新校区（或子校区）师生对校本部的认知程度。因此，学生复杂的心态对管理也提出了挑战。

（三）教学管理者人文素质参差不齐

新建本科院校的教学管理人员由于从事教学管理工作时间比较短，整体素质不太高，管理队伍不稳定，也缺乏正确的方法和相关经验，接受培训的机会不多，因此在教学管理工作时不能得心应手。另一方面，教学管理人员对新学校的教学目标、发展思路还不十分明确，缺乏工作的主动性，同时对教学管理多样性和复杂性了解不足，对新的教学管理体制不适应，单凭主观经验、主观感受去处理问题，导致教学管理制度无法有效地贯彻，整体的服务质量也会降低。

三、新建本科院校人性化教学管理模式的实施

（一）完善人性化教学管理的基本原则

完善人性化教学管理，必须结合高校实际发展情况，即必须深刻认识高校自身的特点，建立相应管理机制，而不可盲目照搬其他高校的模式。因此，在完善新建本科院校人性化教学管理过程中，必须遵循科学管理与人本管理相结合、依法管理与以德管理相结合、教学管理与教学服务相结合、刚性管理与柔性管理相结合等原则。

1. 科学管理与人本管理相结合

人本管理与科学管理是现代管理的两种基本方式。在新建本科院校推行人性化教学管理必须把人本管理与科学管理有机地结合起来。传统的教学管理片面强调科学管理，而忽视人本管理，一切按制度办事，缺乏人文关怀，容易引起学生反感，难以密切师生关系，不能调动广大学生的积极性、主动性和创造性。因此，在构建人性化教学管理新模式过程中，必须克服传统管理模式的弊端，在坚持科学管理的同时，加强人本管理，坚持以学生为本，把关心学生、满足学生的内在需要、促进学生全面发展作为教学管理的出发点、立足点和归宿。当然，我们强调人性化教学管理，并不是片面推行人本管理，而否定科学管理的重要性，而是主张把科学管理与人本管理有机结合起来。一方面把科学管理作为人本管理的前提，另一方面把人本管理作为科学管理的灵魂，使二者相互渗透、相互配合，不可分离。这样，才能提高人性化教学管理的实效性。

2. 依法管理与以德管理相结合

在建设法治国家的背景下，必须努力建设法治高校。而要建设法治高校，必须把依法管理与以德管理有机结合起来，推进新建本科院校人性化教学管理。所谓依法管理就是按照国家制定的高等教育法规进行教学管理，一切按法律办事，不允许任何人违反教育法规。依法治校是推行人性化教学管理的保障，离开了国家制定的高等教育法规，人性化教学管理就会乱套。当然依法管理并不是万能的，必须在坚持依法治校的前提下，倡导以德管理。首先，在制定相关法规时，要体现道德伦理精神，使教育法规成为善法。其次，在执行相关法规时，必须以遵守社会主义法律规范为条件，增强执法的合理性。再次，在遵守相关法规时，必须以社会主义核

心价值观为导向，增强守法的自觉性。在新建本科院校推行人性化教学管理，一方面，要坚持依法办事，不做违反国家法律法规的事情；另一方面，要坚持以德办事，把握道德底线，不做违反道德规范和良心的事。只有把依法管理与以德管理有机结合起来，才能营造多校区高校人性化教学管理新常态。

3. 教学管理与教学服务相结合

现代管理的基本理论就是"管理即服务"。在构建新建本科院校人性化教学管理新常态过程中，必须贯彻"管理即服务"的新理念，把教学管理与教学服务有机结合起来。传统的教学管理模式，把"管理"片面理解为"管制"，否定了教学管理对象即大学生的主动性，颠倒了管理者与被管理者的关系，似乎大学生不是主体，必须无条件地服从管理者。这样，必然会抑制广大学生的主动性、积极性和创造性。在推行人性化教学管理过程中，必须把管理看成"服务"，"一切为了学生，为了一切学生，为了学生的一切"，这应当成为教学管理者的座右铭。首先要把教学服务作为教学管理的宗旨，全心全意为广大学生服务；其次，要确立学生的教学主体地位，把推进学生的全面发展作为最终价值诉求；再次，要明确教学管理的角色义务，树立教学管理者是"人类灵魂的工程师"和"园丁"的思想，扎扎实实地服务于广大学生。只有把教学管理与教学服务有机结合起来，才能真正体现教学管理的人本性，才能实现人性化教学管理。

4. 刚性管理与柔性管理相结合

在新建本科院校推行人性化教学管理，既要注重制度的刚性管理，又要注重人文关怀的柔性管理。传统的教学管理，片面强调制度管理和刚性管理，缺乏人性化管理和柔性管理。从表面上看似乎可以增强教学管理的权威性，但从实际上看，这种片面的绝对的刚性管理，容易引起学生的逆反心理和抵触情绪。因此，在新建本科院校推行人性化教学管理过程中，一方面要加强制度管理，增强教学管理的刚性和权威；另一方面，要加强人文关怀和柔性管理，使教学管理具有一定的弹性。当然推行柔性管理和弹性管理，并不是不要制度，而是要使教学制度具有人文关怀，将人性管理融入制度管理之中，从而使教学管理既具有原则性又具有灵活性，从而增强教学管理的实效性。坚持刚性管理与柔性管理相结合的原则，要求我们做到：首先，制定和完善具有科学性的教学管理制度；其次，推行多样化、灵活性的教学管理方法；最后，把人文关怀贯穿于教学管理制度和教学管理方法中，增强教学管理的有效性。

（二）树立人性化教学管理理念

1. 转变传统的大学行政管理理念

纠正新建本科院校管理集权化管理的倾向，适度分权，管理重心下移，调动二级学院的积极性。各学院都有各自的特点，在各个方面存在差异，过分的集权会导致管理缺乏活力，也会失去发展的自我推动力，并不利于学生的全面发展。因此，给予二级学院以相对独立的办学实体的地位，推行分层管理模式，可以降低学校高层管理者的工作任务，通过科学合理的制度设计和安排，减少管理的层次，同时赋予二级学院必要的管理权，有利于二级学院根据自身的实际情况，在其权限范围内独立、灵活地开展各项工作。

所以，新建本科院校教学管理工作要与时俱进，突出管理的服务性，要根据学校的发展形势从思想观念、工作方式上及时做出调整，与环境的变化相适应。并不断探求更为科学合理的教学管理工作方法，主动了解学习先进思想和经验，在管理模式上不断完善和创新。特别是要结合新建本科院校的实际情况，有效地推行自治型的教学管理方式，对促进新建本科院校教学管理工作又好又快地发展有着积极的意义。

2. 提高学生在教学管理中的主体地位

教学管理必须以学生为本是高校生存与发展的根本，要树立学生是接受管理服务的主体的管理理念，从关心学生成长和发展的角度上开展好教学管理工作。

首先，坚持以学生为中心的新视角和新模式。服务学生是教学管理的出发点，要以理服人，以情动人，激发学生的学习热情，让学生的人格、能动性、创造性得以充分地展现，使学生能够发挥潜能，实现个人的自由发展、全面发展。

其次，从学生利益出发，努力为学生实现目标创造条件和机会。站在学生的角度，通过换位思考，来理解学生的态度和看法，政策和管理制度的制定要基于学生意愿、考虑学生利益。

最后，积极培养学生的质疑能力与创造性。质疑能力、创新能力是人为主体性的最高表现，是人的能动性发挥到极致的体现。随着人性化管理理念在教学管理领域的渗透，教师要给予真诚的鼓励，创设宽松、自由的氛围，让学生敢于质疑，通过质疑和提出问题，创新思维能力才能够得以不断提高。同时加强学生创造性能力的培养，充分发挥学生的主观能动性。如鼓励学生申报各级大学生创新课题，让他们在教师的指导下从事学术理论、实践技能的创新与应用。

对于新建本科院校而言，特别要解决以下几个问题：

首先，积极解决新建本科院校学生所关心的教学质量问题。

其次，积极解决新建本科院校学生所关心的就业问题。

最后，特别是对于层次差异相对较大的学校合并而成的高校，应对所有的校区一视同仁，消除等级倾向，消除对层次较低校区学生的歧视，增加他们对学校的认同，提高他们的主体意识。

3. 全面提升教学管理人员素质

高校管理人员的素质对于提升高校教学管理非常关键。特别是新建本科院校在师资力量配置方面存在一些不足，可以从以下几方面来提高新建本科院校教学管理者的素质。

首先，加强新建本科院校教学管理者的思想政治修养，使之有严谨的工作态度、良好的职业道德和高尚的道德情操。

其次，新建本科院校要与时俱进，加强培训以提高创新性与灵活应变力，通过不断学习掌握教学管理的科学方法、现代化手段及网络知识，才能使教学管理显出成效，有效地提高管理水平和效益。

再次，新建本科院校教学管理者要具有创新意识和创新能力，要能通过探索、研究，找到适合新建本科院校发展的道路。

最后，增加新建本科院校具有丰富实践经验的教学管理人员数量，同时加强教学管理人员的沟通交流，互相学习、分享在教学管理过程中的成功经验。

第三节 新建本科院校实践教学管理模式改进与创新

一、实践教学管理的基本情况

随着我国经济结构的战略性调整以及国民经济的快速发展，国家对高等教育的重视程度也在日益加深。自高等教育制度改革以来，短短 20 年间，我国已经成为在读大学生数量相当庞大的高等教育大国，直到现在我国在读大学生数量还在不断增加。但是我们需要注意到的是，在高等教育规模不断迅速扩大的同时，高校培养出来的学生质量却没有得到同样快速的提升，高校的教学质量令人担忧。

传统的教育模式重视的是理论知识的学习，而现代社会的需求则趋向于具有创新实践能力的复合型应用型人才，而非单一的服务性人才。我国多年来一直培养了许许多多服务型人才，已经形成了一套相对成熟的培养体系，但是，在如今的社会，单靠服务型人才已经不能满足社会和国家发展的需要了，创新性是服务型人才所欠缺的，因此，现在的高校必须重视学生创新能力的培养，而实践教学则是其中的关键环节。

国家已经看到了这一点，所以发布了一系列的文件要求高校关注人才培养模式的建立以及教学质量的提升，高校实践育人工作也确实得到了进一步的重视，取得了不小的成就。尽管如此，实践教学尤其是实践教学管理仍旧是高校人才培养中的薄弱环节，与国家要求的培养创新实践型人才的要求还有不少差距。

目前我国的高校中，虽然基本上都设置了实践教学的环节，但是在具体实施中，仍然是以传统的理论课程讲授为主导，无论是学生，还是教师，对实践教学的认知并不是很准确，对实践教学并不重视，教师随意备课，学生随意听讲，使得实践教学活动往往流于形式；另一方面，对于一所高校而言，教学质量是它的立足之本，因此，高校的职能部门中有许多都是与教学管理相关的，但是各部门之间的沟通和衔接并不是很顺畅，使得在开展实践教学及管理时，会出现多头管理，导致管理混乱、责任不清，这种情况下，即使教师和学生有心认真完成实践教育活动，最终也只能是无从下手、无力实施。

在许多高校，学生不论是专业实习还是毕业实习，大都由学生自行找单位落实，然后在实习结束或是毕业时上交相应的实习总结和毕业论文就算应付了事。学校很少会与相应的单位联系确认学生的实习内容的真假，甚至学生到底有没有去实习都不太关心，只以学生提交的纸质报告为准，只要有相应的报告，具体情况学校并不在意。这种情况在不少高校都普遍存在，其结果就是导致实践学习成为一纸空话，发挥不出应有的作用。

在现阶段，我国高校的教育模式还存在不少问题，多数学校还是以理论教学为主，也就是传统的教师在讲台上讲课，学生坐在下面听讲，互动性很少，过于机械，这种授课方式不利于学生对知识的理解和吸收，更会影响学习效率，很多的逃课现象也是由于上课方式过于单一、枯燥造成的。很少有高校会在没有单独安排实践教学课程的同时，在理论授课中穿插一定的实践课时，即使课程安排上有实践课时，但是大部分老师基本还是按照理论课的形式一起讲授，使得实践课时形同虚设。正是由于以上原因，目前许多高校的实践教学环节与理论教学环节相脱离，实践教学管理不到位，造成了学生在毕业后就业难，企业同样招工难的尴尬局面。

因此，为了能够将实践教学真正落实到位，使得我国高等教育目标和方向与社会需求相一致，必须要以市场需求为导向，在全面提高教学质量的同时，通过专业课程计划的调整以及人才培养方案的改革，找到目前高校在实践教学管理方面的不足，分析产生问题的原因，从而找到合适的创新的管理模式，提高高校教学质量，加强核心竞争力。

二、实践教学管理不足的原因

根据上文对高校实践教学及管理的不足之处的分析可以看到，虽然我国社会各界尤其是教育界对实践教学及管理的认知程度和重视程度在不断加深，但是在具体实行中仍然存在着不少的问题制约着实践教学的发展。这些问题看起来复杂，但是经过仔细分析总结后发现，其实造成高校实践教学管理不足的原因并没有那么繁多，主要在于以下几个方面。

(一) 没有结合社会需求及时更新高校的教育理念，人才培养目标不明确

当今是信息化时代，将信息技术、网络与管理相结合是如今世界经济和社会发展的主要趋势。在这样的大背景下，作为肩负着为国家培养高素质人才重任的高校而言，时刻关注社会的发展趋势，紧随时代发展的潮流，及时地更新教育理念，转变教育观念，制定相应的人才培养方案，做到与时俱进，才能更好地在社会上立足，为国家输送有用的人才。当今社会需要的人才是具有创新实践能力的复合型应用型人才，过去的教育理念已经不再适合现在的社会需求，但是许多高校依旧采用传统的教育理念和人才培养目标，认为高校应该以理论教学为主，大部分课程都是采用在一定范围内统考的方式进行考核，由于理论课程的考核结果可以进行横向对比，比较方式相对便捷，结果比较直观，因此各所高校对这方面都是非常重视的。但是就实践教学而言，虽然不少高校已经开设了一定的实践课程，但是重理论轻实践的观念并没有转变过来，最终导致实践课程形同虚设，无法真正锻炼学生的自主学习能力和创新实践能力，导致学生在走入社会后竞争力薄弱，难以适应社会的需求，高校的教学质量也就无法得到有效的提高。

(二) 没有建立合理有效的实践教学体制

实践教学体制主要包括以下几个部分：实践教学的实施细则、实践教学的管理制度、实践教学的评价机制以及实践教育的奖惩机制。教育体制具有规范性、稳定性、强制性和可操作性，它是衔接理论观念与实际操作的纽带，无论是哪种教育理念都必须具象化为具体的制度才能实际地去实施操作，否则只是一纸空话。

在学校层面，制度是需要不断地建设和完善的，只有依据社会需求，建立一个合理、统一、与时俱进的实践教学体制才是确保高校培养创新实践人才质量的关键因素，而实践教学管理制度的建立正是学校培养创新实践能力人才的有力保障。

在教师层面，实践教学相对理论教学而言，需要花费更多的精力去备课和实施，并且在实践环节中的不可控因素也会相对较多，而大部分高校并没有针对这一情况出台相应的奖惩机制，对认真实施实践教学活动的教师没有奖励措施，对不认真做的甚至是不做的教师也没有任何的惩罚措施，导致教师认为实践教学做好做坏一个样，打击了教师的积极性，自然也就阻碍了实践教学的发展。

在学生层面，一方面，由于高校主要还是以理论授课为主，实践教学为辅，大部分的实践课程都是选修课，甚至有部分实践课程虽然属于必修课程，但往往不是一门单独课程，而只是理论课程中的某几节课时，教师时常因为课时量少且备课复杂最终忽视实践课时，改成全部按照理论课时授课，并且目前大部分高校都没有针对实践课程出台专门的考核评判标准，基本还是沿用理论课程的方式，所以往往采用考查即提交报告的形式进行，因而容易使实践课程形同虚设。学生对实践环节不重视，也无法在实践课程上真正得到锻炼，更无法培养主动学习和探索的精神。

另一方面，随着我国经济的发展和对外开放的深入，用人单位虽然增加了对学生创新实践能力的要求，但是对于学生的学历及外语计算机能力的要求也并未放松，而我国高校目前的实践教学体制无法很明显地让学生获得创新能力及实践能力的提升，因而在现阶段的就业压力下，大部分高校学生还是会为了等级考试和考研等忙碌，而这些考试基本都是以理论知识为主，且考试时间大多在高校学生集中实践的大三、大四年级，占用了大量的实践时间和精力，影响了实践能力的培养。

（三）实践教学方面的各项投入不足，规划不合理

首要的不足体现在经费投入方面。许多的高校尤其是理工类学校的学生在实践过程中需要使用不少的仪器设备以及实验室，仪器设备的添置以及实验室的建设需要许多的经费支持，而高校自身的经费比较有限，扣除教学管理及相关部分的费用后，能留给实践使用的经费并不多，而不少学校本身对实践就不太重视，因而，即使有经费，也不一定会全部用于实践教学，造成很多实践课程不得不流于形式，一些实践环节被迫压缩时间和内容，学生在实践中走马观花，无法亲自动手实践，能力得不到锻炼，因此上交的实践报

告创新性弱、含金量低，有的甚至应付了事。另外，由于经费不足，一方面，实验室设备老旧、更新缓慢，同时因为各分院进行实验室建设时学校没有进行统一的规划布局，造成实验室功能单一，甚至出现重复建造的情况，造成资源浪费；另一方面，因为高校扩招造成在校生人数急速增加，教师的工作量也在不断递增，使得教师对学生的专业实习、毕业设计等实践环节投入精力不够，实践教学也就无法取得很好的效果。

其次是实践教学课程设置不合理，课时不足。我们都知道实践出真知。无论是多么先进的科学知识，都是建立在实践的基础上的，脱离了实践，科学知识和理论就无从谈起。现在的社会发展趋势告诉我们，现代教育应该是实践型的教育，我们的教学活动必须在以往理论教学的基础上，增加实践教学的环节，在实践教学的基础上传授知识理论，培养综合能力，只有这样学生才能更好地理解掌握已有的知识，发现新的知识，养成自主学习的习惯，锻炼实践动手能力，从而激发他们的创新精神。而现在大部分高校的课程设置中，实践教学的比重远远低于理论教学，且与理论教学相分离，无法起到相辅相成的作用。不仅如此，有的课程在授课时内嵌了一部分实践课时，本意是为了将理论与实践结合起来让学生更好地理解和掌握相关知识点，但实际上，大部分教师仍旧按照全部理论课时进行讲授，学生也不愿意进行实践，从而无法发挥实践教学的作用。

再次是校外实训基地建设投入不足。实训基地是学校开展实践教学的重要基础设施，是学生进行实习实训锻炼自身能力的重要场所。实训基地建设投入不足固然有经费短缺的原因，但是更深层次的原因是学校本身对实训基地在实践教育中的重要程度认知不够，没有认识到产学研合作建设的重要性，导致产学研合作不够密切，实习安排不够合理。许多校外实践基地的建设仅仅停留在与企业签署协议、挂牌的阶段，用于应付检查评审，不仅造成了资源浪费，还无法真正地发挥实践基地尤其是校外实践基地在整个实践教学环节中应有的作用。

（四）缺乏高素质的实践教学教师队伍

教师在整个教育活动中起到的是主导作用，若要构建一套科学合理、行之有效的实践教学体系，提高学校的实践教学水平，建立一支结构合理、实践经验和学术水平并重、专兼职结合的高素质教师队伍是至关重要的。由于一直受到传统教育观念的影响，我国高校多数重理论轻实践，理论课程师资配备齐全，由高学位高职称的教师担任负责人，而实践课程多数由普通教师兼任，甚至直接由实验室管理人员担任。所谓术业有专攻，大部分教师精于理论教学，本身并没有很好的实践能力，实践教学水平弱于理论课程教学水平，自然无法胜任实践教学。因此，要真正提升学校的整体教学质量，让实践教学发挥应有的作用，高校及各级教育部门要积极鼓励教师重视实践教学，为教师提高实践教学水平创造条件，以适应新时期实践教学在科学性、创新性、实用性上的要求，同时可以聘任一些富有实践经验的相关企事业单位人员作为校外导师，做到校内、校外导师相结合，加强学校实践教学师资队伍的建设水平，推动学校实践教学快速发展。

三、实践教学管理模式创新

传统的教学管理模式以及人才培养方式面对经济转型的形势和与社会接轨的要求，表现出越来越不适应社会需求的状态，人才培养模式尤其是教学管理模式亟待转型变革。在目前大众化教育的背景下，在教育全球化的冲击之下，各大高校纷纷认识到了单一的教学模式的局限性，开始积极探索符合现代化需求的教学管理模式和人才培养目标，由此提出了培养应用型、复合型、创新型人才的教学管理方式，以及三者合一的培养"三型"人才的教学管理模式。

（一）学校层面

1. 从整个学校的角度出发

学校需要积极转变教育理念，走出社科类学科不太需要实践教学的误区，以职业为导向，加大对实践教学的相关经费投入和支持力度。从整个学校的教育理念出发，由上之下、由表及里地进行改革，树立职业教育的理念，加大对实践教学的支持力度和相关经费的投入，想办法让教师和学生真正正视实践教学，重视实践教学。

2. 整个高校必须建立一个统一有效的实践教学管理体系

对于高校而言，虽然制定了相应的管理制度，也形成了一定的体系，但是在实际操作中还是会出现执行不力、管理混乱的情况。造成这种现象的原因很大程度上在于整个学校关于实践教学的管理没有形成一个统一的体系，将实践教学切割得过于细致，由不同的职能部门分管不同的部分，最终导致同一件事，因为不同部门管理的角度和本身职能的不同，最终下达到分院的任务也不尽相同，造成多头管理，从而产生混乱。

因此，不论分院建立的实践教学管理模式多么详尽，如果整个学校本身没有一个统一有效的实践教学管理体系去对各个分院的实践教学进行统一的规划管理的话，不仅会降低管理效率，增加管理成本，同时也会影响实践教学的顺利开展。

3. 分院要根据社会需求和市场变化，积极改进人才培养模式

传统专业的课程设计中理论课程居多，即便现在逐渐增加了实践课程的比重，课堂教学的主流方式仍然是以知识灌输为主，缺乏必要的实践技能的训练。

高校对人才培养方案进行了一定的改革，设置了不同的方向，同时在课程体系中设置了一些理论与实践相结合的课程，来加强教育的复合性，但是这些课程主要还是以理论为主，实践所占课时还不够，无法真正地成为复合型课程，与此同时，对交叉课程的理解过于简单，并没有真正体现交叉。因此，必须在以职业导向设置课程的基础上，根据社会需求的变化以及未来职业类型发展的趋势及时对已经设置的实务方向进行更新改革，不能一成不变，并以此方向设置具有针对性的实务交叉课程，而非单一的理论交叉课程。

除此之外，还要积极开展产学合作，建立产学合作的人才培养模式。产学合作人才培养模式已经是公认的复合型应用型人才培养的途径，也是职业导向的复合型人才培养的有效途径。

（二）教师层面

1. 组建一支复合型的教师团队

复合型的教师团队应该是"实务导师＋应用型专职教师＋校友实务导师"的模式。教师是培养创新型复合型应用型人才的关键因素之一，要想有高质量的教学育人成果，教师本身就必须要有较高的学术水平、科研能力、专业知识、实践能力，这样才能有效地提升整个学校的育人质量。但是我国高校目前总体的改革方向决定了科研在高校中所占的比重非常巨大，教师的职称晋升与岗位聘任都与科研密切相关，实务教学型的教师无疑受到了比较大的冲击，甚至会出现教学质量优秀、学生口碑优良的教师的教学评价与实际情况大相径庭的现象。与此同时，高校引进人才也主要由学历、职称和科研水平决定，最终导致教师队伍日益学术化，即便本身拥有相对丰富的实务经验的教师也逐渐向科研倾斜，越来越少地将时间和精力投入到实践教学中去。

2. 采用"请进来"＋"走出去"的方式

高校教师要在不断提高自身学术水平的同时，努力加强实务能力的锻炼，这可以采用"请进来"＋"走出去"的方式。利用高校的理论优势和资源积极吸引具有丰富实务经验的业界精英全过程参与人才培养，尤其是可以

请毕业校友参与实务授课和实践创新活动，让在校学生有着更为直观的感受和体验，这就是"请进来"；而"走出去"则是让专业教师通过挂职锻炼、应用型科研课题研究、兼职等方式逐步提高教师自身的实践能力，实现知识的转型升级，从而更好地提高人才培养的质量。

（三）学生层面

变"体验式"教学和实习为"参与式"和"项目制"，体现学生的主体地位。传统的教学方式主要以理论教学为主，教师是主体，基本上都是由老师在课堂上对学生进行单向的系统传授，学生只能相对被动地接受知识，同时由于教师的单向传授，学生的思维方式和教师的思维方式会逐渐雷同，长时间下来，学生就会形成固定的思维模式，不会对教师讲授的内容进行质疑，更不会进行创新。

然而现在社会的各项需求表明，传统的以教师为主体的理论教学方式已经不再适用，必须对其进行改革，重视实践教学，而实践教学与理论教学最为关键的不同就在于，它是以学生作为主体进行的，学生在整个实践教学环节中占据着主导地位，教师只是起到一个引导的作用，训练和培养学生"做"的能力。

学生是实践活动的参与主体、受益主体，全体学生应该发挥主观能动性，全面参与、全过程参与实践活动的各种角色、各个环节和各个层面。因此，学生更应该成为管理的主体，但是这个管理并不是传统意义上的对整个教学环节的管理，而是指让学生参与到相应实践项目以及实训基地的日常组织管理中去，主动参与到制度构建中去。学校一方面要积极鼓励学生参与实训基地的建设管理，让学生担任实训基地各个模拟机构的负责人，按照机构的实际运行情况进行管理；另一方面要在具体的课程实践环节安排指导教师，引导学生开展具有应用调研性质的科学研究。实务课程可以采取"项目制"运作方式，由学生自行组织团队，完成与项目相关的策划、实施、评价等环节的工作，让学生能够真正为能力而实践，而非为分数而实践。

四、创新模式运行的机制

（一）实践教学管理机制

首先，要确立服务型教学管理的理念，强化信息化管理，树立在规范中创新的改革思路，配合学院推行学分制教学管理改革，建立健全实践教学计划的执行制度，严格按照教学计划，细致分解实践教学任务，保持各个教学任务间的连贯性和相对独立性，规范实践教学的基本流程。

其次，要建立并完善实践教学质量监控的规章制度。学院要专门成立教学委员会、教学督导组、课堂质量评估小组、毕业论文工作指导小组、毕业论文质量监控小组等实践教学管理组织，并定期开展活动，从实践教学的每个环节入手，保证实践教学决策的民主化，实践教学质量控制过程化，实践教学质量评估公开化。

第三，针对实践教学的特点，对"学评教"的评价标准进行具体的细化和完善。"学评教"是学生对教师在课堂上的教学情况以及本身学习情况的一种反馈，许多高校都有"学评教"活动，但是现行的"学评教"的评价指标大都是针对理论课程进行设置的，无法真实有效地反映教师在实践课程的具体教学情况以及学生的表现，使得实践教学环节只能单向输出，没有反馈，导致实践教学效果不理想。因此学校应该针对实践课程的特殊性，建立专门的实践教学"学评教"评价指标，同时积极召开学生座谈会和教师座谈会，听取各方面的意见，了解真实的课堂教学情况和学生学习情况，了解教师对学院实践教学工作的意见和建议，倾听学生的需求，及时解决存在的问题，从而使学院的实践教学管理方式更为科学，提高管理的效率与质量。

（二）实验室及实训基地管理队伍的建设机制

随着实践教学课程设置的增多，实验室和实训基地的规模不断扩大，参与的学生人数也在不断增加，造成实践教学管理工作量不断增多。而目前参与实践教学的人员主要由行政管理人员、专职教师和校外兼职实务导师构成，每位专职教师承担的实践教学任务十分繁重，日常管理任务也是由部分专职教师和行政管理人员兼任，尤其是配套的实训场所的申报建设和管理工作量的无限增加，使得现有的实践教学管理人员远远无法满足实践教学管理工作的需要。

所谓术业有专攻，不同的人员按各自的能力进行分工合作才能将效率最大化。为了能够对实践教学进行强化、深化与优化，学院不仅要建立一支复合型的教学队伍，还要在挖掘现有教学队伍潜力的基础上，建立一支相对独立的专职实践管理人员队伍，并根据实际情况及时调整、配备实践教学管理人员，在用人上改变思路，招聘有理工科背景的人员专门从事实践教学管理工作，从而让专职教师可以将更多的精力放在实践教学上，并且有效克服了教师不懂仪器设备的困境，同时积极发挥理工科人员的信息化技能，更为有效地整合管理实验室及实训基地的相关资源，做到充分、有效、合理的利用，提高管理效率。

(三) 实践教学工作量统计以及实践教学效果的评价机制

在目前深化实践教学改革的背景下,以实验、实训和实习为代表的实践教学得到了明显的重视和发展,但是在传统的体制下,实践教学工作量并不等同于理论教学工作量,换句话说,实践课时需要打折。与理工科不同,在文科,尤其是社会科学的实践教学中,教师投入的工作量往往远小于理论教学,这在一定程度上影响了教师投入的积极性与参与度。

另外,学院还需要制定评判优秀的复合型创新型应用型人才的评价指标和评价机制,起到示范参照的作用,引导教师投入应用型人才的培养之中,把握正确的方向。

(四) 有效引导教师投入实践教学的激励机制和责任机制

我国高校正处于转型发展的时期,大部分学校都以科研为导向,忽视了高校需要培养符合社会需求,具有创新实践能力的高素质人才的核心任务。从表现上看,造成这种现象的原因是由于大部分高校对教师业绩和教学质量的核心考核指标是以科研为导向的,所占比重过大,但是更深层次的原因是学校没有建立能够有效激发教师在实践教学中的积极性的激励机制,以及正确有效培养创新型复合型人才的责任机制。在实践教学方面,教师无论干好干坏都是一个样,无法在整体的教学业绩评价中体现出来,再加上科研的压力,教师自然对实践教学没有了积极性。鉴于此,高校应该尽快建立关于实践教学的教师激励机制和责任机制,将教师对教学的投入程度、教学质量的好坏、学生的课堂评价情况等因素都纳入考核指标,同时,学校对教师的管理不能一概而论,要进行分类管理,制定实践教学优秀指导教师及团队的评选制度,鼓励教师和学生积极参与实践教学。

另外,除了激励机制外,相应的责任机制也是不可或缺的,它们就像权利和义务互相对等一样,责任机制的制定是为了督促教师认真对待实践教学,不能为了业绩和奖励而教学,从而保证实践教学的有效性、合理性和创新性。

四、创新模式运行的保障

根据现代社会的需求以及变化的趋势,制定未来四到五年的实践教学平台建设总体规划,设立开放式、立体化、综合性的实践教学体系总体目标,同时分阶段、分过程地设立细化目标,密切关注社会需求和市场变化,让学校的实践教学体系能够在基础性中体现创新性,在创新性中构筑综合性,从制度和政策方面保障实践教学发展方向的正确性,以及实践教学的教学质量。

在加大对实践教学的经费投入的基础上，还要保障经费投入的持续性。实践教育不是一蹴而就的，它是一个不断发展壮大的过程，与此相对应，实训场地建设、设备资料的更新维护等也是一个持续不断的过程，它们都需要大量经费的投入支持。如果经费的投入是一次性的，那么随着年限的增加，现有的仪器设备会因为折旧或是破损的关系被逐渐淘汰，设备完好率也会不断下降，而新的实训场所的建设和仪器设备的采购更新则会因为经费投入不足而无法到位，最终造成学校实训场所和实验设备缺口过大，实践课程无法有效地开展，这样离培养符合社会需求的创新型实践人才的目标也只会越来越远。因此，学校应该在制定合理的实践教学建设规划的基础上，保障合理的持续性的经费支持，这样才能推动实践教育更好地发展。

积极实行"请进来"+"走出去"的方式，不仅能够提高高校教师自身的创新实践能力，还能丰富实践教学的方式和内容，从而保障实践教学队伍的复合性、应用性和创新性，使学校的人才培养目标和实践教学管理模式能够更好地与社会需求接轨。

建立相应的实践教学管理监督机构，如实践教学管理委员会、实践教学督导组、课堂质量评估小组、实践教学工作指导小组、实践教学质量监控小组等，负责全过程监管实践教学的组织实施情况、组织教学质量评估等相关工作，并定期开展活动，保障实践课程组织实行的执行力和效率，提高实践教学的质量。

定期邀请相关实务部门的精英人士来学校进行讲座教育，让学生加强对实践教育环节的重视，从根本上扭转重理论、轻实践的观念，改变学生对实践课程敷衍了事的心态，从而保障实践课程的教学效果。

第四节　大学生参与教学管理模式的创新研究

教学管理是为了实现教学目的，通过组织协调社会、学校、教师和学生的教学活动，从而有计划地对教学资源进行配置、开发、控制和对教学活动进行安排、组织、指挥、规范、协调的意识状态和行动过程。高校教学管理是为了实现教学目的，提高高校的教学质量，根据高校教育教学的特点，通过组织、协调及控制学校、教师和学生的教学活动，而有计划地对高校的教学资源进行配置、开发的行动过程。

高校教学管理是一个复杂的系统，从内容上来说包括以下几个方面：一是对高校的教师、学生组织的教学活动的管理；二是对保障高校教学活动的基础设施的管理，如教学设备、教学软件、网络教学平台、数据资源、教学经费等的管理；三是对教学过程中具体教学环节的管理，如专业培养目标的制定、课程的设置、教师教学评价、学籍管理、课程考试、实习、毕业论文等；四是对教学部门进行组织体系的管理。本书的高校教学管理指的是对教学过程中具体教学环节的管理，即对教学计划中专业设置与培养目标的制定、课程的设置、教师教学评价、学籍管理、课程考试、实习、毕业论文等方面的管理。

一、大学生参与高校教学管理概述

（一）大学生参与高校教学管理的现实依据

1. 大学生的消费者身份决定了大学生参与高校教学管理的必然性

在高等教育实行收费制的背景下，许多人把对高等教育的支出看成是一种定期的消费与长期的投资行为。因为大学生作为消费者，一方面其支付学费属于生产性消费行为，目的是为了购买高等教育的知识来满足自身发展的需要；另一方面其支付学费又属于投资行为，目的是为了获得更高的知识回报。这样支付学费和获得回报就建立起了投资收益链，而大学生及其家庭就成了高校的投资人。随着高校收费制度改革，大学生作为消费者和出资人的权益观念早已深入人心，由此提出了大学生参与高校管理的权利观。而教学管理作为高校管理的核心领域，相应地要求大学生在课程设置、教学安排、教学评价和反馈等方面享有参与权，并要求建立一个稳定有效的保障机制。因此，大学生作为消费者和投资人的地位与权益决定了其参与教学管理具有必然性。

2. 大学生参与高校教学管理，是适应高校民主化管理的必然趋势

2013年浙江工商大学"90后"的大学生们积极参与校园听证会，热情体验学校的民主管理。除了浙江，在湖北、福建、广东等地高校，校园听证会也开始逐渐出现。听证内容从小至课表调整到大的教学事故的认定办法，这些都事关大学生的切身利益，充分体现了学校的民主管理。高校是个知识分子集中的地方，人员素养高，师生思想较为活跃，因而更加强烈地追求高校民主化管理。此外，高校要想培养出适应社会需要的人才，就必须唤醒大学生参与民主管理的主体意识，为他们提供更多参与民主管理的锻炼机会，从而提高他们的社会实践能力。由此可见，大学生参与高校的教学管理是适应高校管理民主化的必然趋势。

3. 大学生参与高校教学管理是大学生维权的必然要求

高校在《教育法》和《高等教育法》颁布后获得了教育机构法人地位，同时也引出了大学生维权问题。大学生的受教育权、名誉权和获得公正评价权受到侵犯的案例时而发生，如"田永诉北京科技大学案""陈颖诉中山大学撤销学位案"等。究其根本原因是高校对大学生正当权利的忽视，尤其是大学生参与管理权利的忽视。随着大学生的法律维权意识逐渐加强，大学生维权不但要求高校规范管理行为，而且要求能够切身参与到管理行为中。大学生要求参与高校教学管理恰恰是为了维护其参与权，可见，大学生参与高校教学管理也是大学生维权的必然要求。因此，高校要制定规章制度保障大学生在教学管理领域的参与权。

（二）大学生参与高校教学管理的可行性与局限性

1. 大学生参与高校教学管理的可行性

大学生参与高校教学具有可行性体现在以下几个方面：一是相关的一些法律法规为其提供了保障。如《关于加强高等学校本科教学工作提高教学质量的若干意见》规定："建立和完善教学管理和学籍管理制度，要吸收学生参与教学管理和制度建设"；《普通高等学校学生管理规定》也规定，"学校应当建立和完善学生参与民主管理的组织形式，支持和保障学生依法参与学校民主管理"，等等。二是历史传统为学生实践提供了基础。如欧洲中世纪的意大利波隆那大学就规定学生享有教学管理的权力；美国在20世纪60年代以后实行的学生参议院制度；我国西南联大成立的学生自治会，以及近些年北京师范大学和杭州师范大学进行的学生评教制度与教学信息员制度。三是大学生个体的发展提供了能力基础。大学生的身心发展的特点决定了其思想观念趋于成熟，具备了一定的解决问题的能力。

2. 大学生参与高校教学管理的局限性

大学生参与高校教学管理的局限性体现在以下几个方面：首先，大学生的管理能力具有局限性。在高等教育管理领域，学生在知识储备与社会工作经验上的不足决定了其管理能力有限，远远不如高校的行政管理人员。其次，大学生的管理水平有限。大学本科生在校时间一般为四年，他们的时间大多集中花费在学习任务上，也没有足够的精力放在复杂的教学管理事务上，这就决定了他们的管理水平有限。再次，大学生的参与管理权有限。大学生参与管理权力过大，这将在一定程度上削弱教师和行政管理人员的权威，降低他们的自我成就感，不利于激发他们工作的积极性。因此，大学生的参与管理权虽然重要且必要，但也不是无限制地参与，必须限定在一定范围和程度上。

（三）大学生参与高校教学管理的内容、方式与程度

大学生参与高校教学管理的情况如何，主要通过其在教学管理领域参与的内容、参与的方式及参与的程度来体现。

1. 大学生参与高校教学管理的内容

大学生参与高校教学管理的内容在本书中指的是参与微观层面的教学管理内容，即对教学过程中具体教学环节的管理，包括对教学计划中专业设置与培养目标的制定、专业课程的设置、教师教学评价、学籍管理、课程考试、实习、毕业论文等方面的管理。具体表现为：参与专业培养目标的制订、参与教师评价及评课教学、担任教学信息员、参与课程的选修、参与学籍档案的管理、参与重大教学问题的讨论、参与教学事务工作，如课程考试、实习、毕业论文文稿的整理及协助报名、考试、接待来访学生等。

2. 大学生参与高校教学管理的方式

大学生参与教学管理的方式，即参与教学管理的渠道。笔者归纳起来主要包括以下参与方式：校园网络平台参与，如网上选课、网上评教等；教务意见箱参与，如通过教务意见箱对教学管理的监督提出意见和建议等；工作参与，如参与教学信息员、学籍管理、学业服务指导、勤工俭学等；会议参与，如通过座谈会参与教学事务及教学问题的讨论等；问卷参与，如通过填写问卷参与对课堂教学的评价、对教师教学的评价及对教学管理服务的评价并提出改进的建议等；电话参与，通过电话对教学过程中出现的不良现象进行反馈与监督等；短信参与，通过短信互动参与教学部门组织的教学活动等。

3. 大学生参与高校教学管理的程度

大学生参与教学管理的程度，即大学生参与的深度。大学生自身发展能力的差异性及教学管理工作的复杂性、层次性决定其参与的深度。因此，高校应为大学生提供其力所能及且与自身利益高度相关的教学事务，让其深度参与，而对超出大学生认知能力的教学管理活动则可以让其浅层参与。参与程度体现在大学生能够全过程、全方位、多层次、多种方式地参与：一是参与全过程，即大学生参与教学计划、教学反馈、教学评估、教学决策等全过程；二是参与内容的层次性，即参与内容的层次上应包括由低到高多个层次的参与，其局限性的内容可调整学生参与的深度；三是参与渠道的多元化，即学生能够通过各种渠道、各种方式参与教学管理活动，如座谈会形式、工作形式、问卷形式、网络平台形式等。

二、大学生参与高校教学管理的问题原因分析

唯物辩证法认为外因是事务发展的重要条件,内因是事务发展的依据,因此看待问题要辩证地分析,既要分析外因的影响,也要分析内因的影响。大学生在参与高校教学管理过程中出现的问题,不是单方面因素造成的,而是多个层面的原因影响了大学生参与管理的广度、深度及程度。主要的原因分为外因和内因两个方面,外因主要是从高校管理层面、高校教职工层面、社会价值观层面分析。内因主要是从大学生个体层面的认知态度、参与动机、参与能力方面分析。

(一)高校管理体制压制了大学生参与教学管理的权力

当前我国高校实行的是传统的管理模式,即党委领导下的校长负责制。这种科层制的管理模式往往使得高校的管理具有行政化的倾向。从微观的校内管理来看,高校的组织机构呈现出浓烈的行政化色彩,高校的行政管理人员也具有官僚倾向。这种自上而下行政化的管理模式往往造成校内的行政权力压制学术权力和学生权力。大学生参与管理时缺乏有力的话语权,没有充分行使学生的权力,这无疑抑制了大学生参与管理的自主性与自发性,不利于管理体制的健全与有效机制的完善。同时,我国在保障大学生参与高校教学管理上缺乏相关的法律法规及高校的规章制度,而现存的学生参与高校管理的相关法律法规与规章制度过于笼统模糊,没有明文规定,这些都对大学生参与高校的教学管理的效度产生制约性。

(二)高校教师与教学管理者的观念阻碍了大学生参与教学管理的积极性

高校教师与教学管理者作为重要的外在因素影响着大学生参与教学管理,他们对大学生参与管理的态度是激励大学生积极参与的有效因素。因为在平时与大学生群体交流最密切、最频繁的是高校的教师和教学管理人员,所以他们态度上的支持与认可对大学生积极主动地参与教学管理事务起着举足轻重的作用。但是在对高校教师及管理人员的访谈中可以得出,他们的观点认为大学生还是应该集中精力在学业上,不是很赞同大学生过多参与教学管理事务。即使部分高校教职工认同大学生参与教学事务管理有利于提高高校整体教学质量,但是他们依然坚持把大学生适合参与的教学管理内容限定在较低层次的事务上,并且认为大学生不适合参与高层次的教学管理事务,一方面是出于大学生能力与精力有限的考虑,另一方面是认为大学生参与管理的工作效率低下,势必会导致教学秩序的混乱。

观念上的偏差、态度上的不认可使高校教师与教学管理人员对大学生的

参与管理没有充分放权，造成大学生参与管理流于形式，最终打击了大学生参与管理的积极性。

（三）社会价值观念影响了大学生参与教学管理的主动性

社会层面的影响主要体现在社会的价值观念对大学生参与管理的影响。由于受到传统观念的影响，所以学生参与高校管理的积极性不高。从古至今，我国高度集中的中央集权思想及政治体制深刻地影响了老百姓的社会观念，他们作为依附权威的个体，长期缺乏民主参与管理的观念。同时受儒家传统文化中君臣思想的影响，高校作为"君"，学生作为"臣"，大学生往往依附于高校的管理体制，自我民主参与管理意识不强，甚至有部分学生反而认为高校的教学管理是校方的事情，并非自己的事情。此外，我国高校内部事务的自治受到政府的管制，大学生参与教学管理的高层次的事务，如高校的重要决策和重要文件的制定等，都受到教育行政部门的制约，这使得大学生觉得自身参与的意义不大，因此大学生的民主参与管理意识也进一步地削弱。这不利于高校民主参与式的管理体制的建立，也不利于高校教学服务的完善，最终不利于教学质量的提升。

（四）个体认知态度不佳影响大学生参与教学管理的动机

大学生个体的参与认知态度是影响其积极参与的根本因素。学生个体的认知态度指导其具体的参与行为，当大学生个体的认知态度情况良好时，其参与管理的行为积极性较高。反之，当大学生个体的认知态度情况不佳时，其参与管理的行为积极性较低。通过对大学生参与教学管理的现状调查反映出大学生对高校的教学管理事务内容的认知程度不高，对参与教学管理的维权意识比较淡薄。通过对江西师范大学的本科生关于参与教学管理认知情况的调查可知，总体看来大学生不太熟悉、甚至不太了解学校教学管理机构的设置情况、学院的专业培养目标等。这有力地说明了大学生对参与高校的教学管理事务的认知态度情况距离良好状态还有一定的差距，也反映出了大学生个体的参与权利意识有待进一步提高。在我国，学生的民主意识和权利意识处于刚刚觉醒的萌芽状态，学生的维权行动只有在自身利益遭遇重大侵害时才会发生，而且多为个体行为，没有形成集体的普遍行动。

（五）个体参与动机不端正影响大学生参与教学管理的热情

大学生个体的参与动机是影响其积极参与教学管理的内在驱动因素。大学生内在的驱动力，可以激发起自身的热情与激情，全身心投入到对教学事务的管理过程中。强烈的动机可以激发具体行为的发生，而良好的动机又可以驱使大学生持续、良性地参与管理。众所周知，动机可以指导行为，因此，大学生参与教学管理的动机对其参与教学管理的实际效度起着极其重要的作用。但现实问题在于，部分大学生还是存在通过参与教学管理事务的方式来达到满足自身眼前利益的目的，如每学期的评优评先，每学年的奖、助学金的评选等功利化的动机，而这些短期的动机一旦得到实现，部分学生便会缺乏继续参与教学事务管理的热情，这不利于大学生健康、有序、持久、高效地进行参与式管理。

(六) 个体参与能力不强影响大学生参与教学管理的效率

大学生个体的参与能力是影响其积极参与管理成功与否的关键因素。大学生自身的知识储备与工作实践能力对其参与教学管理的广度、深度及效度起着制约作用。大学生的身心刚好还处于青春期发展阶段，对高深学问的求知才处于初步积累阶段，其具备的知识体系、实践阅历及工作能力尚不能独立地胜任高校的教学管理工作，这将使大学生在关键岗位、关键问题的处理上缺乏成熟的处事方法，无法预测重大问题处理不当后带来的不良影响，对问题的解决也缺乏客观科学的判断并难以给出建设性、有效性、及时性的意见与解决方案。此外，大学生自身所处的年级、家庭背景、政治面貌及个性因素都会影响其在参与管理中的能力发挥。而且，大学生一旦面临毕业和就业的压力就将无心参与教学管理事务，而高校的教学管理事务则需要连贯性、持续性地进行下去，这势必在一定程度上给高校的教学管理秩序造成混乱，从而影响高校教学管理的效率。因此，只有不断增强大学生个体能力才能不断提高其参与教学管理的工作效率。

三、促进大学生参与高校教学管理的策略

针对以上我国大学生在参与高校教学管理的实践过程中存在的问题，应该从高校校级层面、教师及教学管理人员、大学生个体三方共同解决，因此，本书有针对性地对各方提出以下对策与建议。

(一) 高校必须构建以学生为中心的参与管理保障机制

高校管理层应该在权利关系结构上关注学生权利，培养大学生参与管理的主体意识；在机构设置上，要考虑到学生自治组织机构的作用，发挥其纽带作用，把教学管理部门与学生密切联系在一起，进一步提升大学生的参与意识。

高校在完善教学管理体制的同时，还要把大学生由被管理的角色转换成参与管理的角色，从而使教学管理水平及教学质量得到提高。

1. 高校为大学生参与教学管理提供制度保障

为了让大学生具有民主地参与管理的权利，高校必须要建立和完善其参与高校教学管理的相关法律制度，这为大学生参与教学管理提供了坚实的制度保障。首先，在法律法规制度上，高校应该呼吁教育行政部门应加强对大学生参与高校教学管理方面的立法工作。目前，关于大学生具有参与高校管理的权利方面，我国的《宪法》《高等教育法》和教育行政部门制定的规章制度对此都比较模糊和笼统，尤其在具体参与管理的权利方面就更没有细化，因此，高校应呼吁教育行政部门出台具体化的法律细则，例如制定《大学生参与教学管理权利保障法》《大学生参与教学管理实施办法》等规章细则，以明确大学生参与教学管理的权利和义务。其次，在大学生参与教学管理的制度保障方面，高校管理者当务之急应该是依照上位法规制定校内相关制度，并修订一些与上位法规有冲突、有损大学生权益的管理条文。

2. 高校为大学生参与教学管理完善保障机制

高校管理层应从以下几方面进行努力：首先，在决策机制方面要设置专门的学生组织机构。高校应该设立大学生参与教学管理委员会，在组织上、人员上、财务上确保其独立性；在规章制度上规范其运作的程序；规范大学生参与教学管理自治组织的权利与义务；定期考核参与管理事务的业绩，对参与管理专业知识、参与能力和思想品德方面不及格的成员进行更换，对考核优异的成员给予适当的报酬和奖励。其次，在激励机制方面要不断完善。激励方式要多样化及规范化，如通过规则细则等形式明确规定相关的物质激励、精神嘉奖、荣誉激励及给予经济报酬等方式完善学校的激励机制。再次，在控制机制与评价机制方面要不断丰富。高校要多平台地提高学生对教学管理环节的监督作用，如教务意见箱、电话、微信、微博等。同时，高校要促使学生多渠道地参与教师评价、教学评价、课堂评价及教学管理评价。

3. 高校为大学生参与教学管理提供能力培训

高校之所以要加强对大学生参与教学管理的能力培训，是因为教学管理是一项复杂、系统、持续的工作，它要求参与管理人员具有过硬的专业知识、较丰富的工作经验和较强的工作能力。于是要求高校一方面要为大学生提供更多的参与管理的工作机会，让学生在工作实践中锻炼出自身的工作能力。另一方面还要注意学生参与教学管理能力的教育和培训。可以设置学生参与管理的培训课程，并将其纳入学生的选修课体系，挑选优秀的管理工作者甚至是校领导主讲，完成相关培训并经考察合格的学生可获得一定的学分。同时，还可以提供部分岗位给学生，给他们在实际岗位上接受培训的机会。总之，要想提升大学生参与教学管理的能力，离不开高校为其提供的加强锻炼能力、教育培训的保障。

（二）高校教师及教学管理人员必须转变观念、提高大学生的参与程度

1. 转变观念，建立合作型关系

任何教育主体的实践活动都是一定思想观念的投射表现，教育管理者思想观念的改变，是教育管理改革的前提，是改革成功与否的关键性因素。高校管理人员和教师受我国传统文化的影响，普遍把学生视为被管理的对象而非平等的高校管理的主体，认为学生在从事管理工作方面比较稚嫩，学生应处于服从地位。

这种传统观念严重影响了大学生参与教学管理的积极性。因此，高校教师及管理人员应首先转变传统观念，要与学生建立起合作关系。首先，高校教学管理人员对学生的管理要树立学生参与管理的民主理念，尊重学生作为高校主体的参与管理权利，强化自身的行政管理服务意识，努力为大学生参与教学管理营造出良好的环境氛围。其次，高校教师应确立"以生为本"的观念，与学生平等对话，多与之沟通交流，多尊重理解学生的思想行为，以促成和谐的师生关系。因为学生不仅是受教育者，也是参与教育、体现教育价值和教育质量的主体。

2. 扩充参与内容，加深参与程度

目前大学生参与教学管理的主要内容为参与选课、评教、教学信息员等教学事务，但其参与内容仍相对狭窄，参与的广度、深度、力度有待扩大和提升。因此，一方面高校管理者应充分放权，扩宽大学生参与教学管理的内容，提高参与的程度、层次、深度。高校管理人员应确保大学生能够参与高层次、深程度的教学事务管理，例如设置教学计划、设定培养目标、讨论重大教学问题等。此外，教学管理者要把握好学生参与管理专业性和层次性两者的关联度。专业性原则，也就是说，要让那些最具发言权的内行参与决策，即内行参与。例如根据专业性原则选举出能力较强、经验丰富的大学生直接参与高层次教学管理事务；根据层次性原则，让低年级的学生参与低层次的教学管理事务，如传递教学动态信息、宣传学教学政策等，而让高年级的学生参与较高层次的教学事务，如教学研讨、对教学决策提供建议等。另一方面，高校教师要引导大学生在参与管理工作的过程中坚持适度原则。高校教师适当地鼓励学生参与管理与自身利益相关的事务，可以提升大学生的参与热情。

3. 拓宽参与方式，畅通参与渠道

高校教学管理者及教师应该拓宽参与方式，畅通参与渠道来确保大学生能全方位参与教学管理事务。为此，应该从以下两点具体落实：第一，高校管理者要设立多种通道让大学生参与到教学管理过程中。如设立听证会的形式让学生参与教学管理事务，以维护自身参与管理的权力与权利；提供多种工作通道让学生参与教学管理事务；建立健全信息员制度，实行学生轮岗，防止学生由于工作时间长，导致工作僵化，逐步建立信息员队伍，实现教学管理质量的提升，加强对教学工作的信息反馈，从而促进教风和学风建设。[①] 第二，高校教师应积极提倡大学生充分发挥网络信息技术的作用来畅通参与教学管理的渠道。如号召学生积极参与到网上选课、网上评教、网上投票等；同时要提醒学生经常关注学校教务处的网络教学动态信息，了解课程大纲、教学计划等；高校教师课后要鼓励学生使用微信、QQ群、E-mail等与教师相互交流，增进互动，让教师倾听学生在教学方面的诉求，也提高教师的教学质量。在教学管理模式运行中的各个细节都要体现"以生为本"的要求，都要为培养学生的个性和创新精神创造良好的环境，为师生的互动创造良好的氛围。

（三）大学生必须不断加强参与教学管理的效果

1. 提高参与认知程度，增强参与的主动性与积极性

学生发挥管理主体性，积极参与教学管理，有利于优化教学环境，调动自身学习的自主性、积极性和创造性。基于利益相关者理论，大学生参与教学管理是为了获得自身的核心利益，即获得优质的教学质量，这就决定了其对参与管理的认知要不断加深。大学生个体要扩大渠道加强对教学管理的认知，首先，通过各种宣传方式加深认知。如通过教务处网站、学院网站等网络平台了解清楚课程设置、教学计划的安排、学院的专业培养目标等。其次，相关的学生社团或者是本专业高年级的学生要负责带动新入学的新生宣传教学管理相关的各种材料，如教学管理机构的设置、学院的概况、教务规程的各项文件规定、选课系统、网上评教系统等，提高低年级学生的认知度。再次，大学生个体可以加入学校鼓励学生参与管理的通道，可以采用获得社会实践学分的方式来提高其参与教学管理的积极性。

2. 端正参与动机，明确参与目的

参与动机表明学生准备实现的自我目标，具体表现为参与管理活动的主动性、积极性和自觉性。大学生的参与动机在一定程度上会影响参与途径、参与意愿，其参与目的也将在一定程度上影响参与管理的成效。为了解决学

---

① 余青明，孙超. 加强教学信息员队伍建设，促进教学质量提高 [J]. 科教文汇，2007 (1)：13.

生参与动机呈现功利化及参与目的不明确的问题，大学生要加强对参与教学管理的必要性的认识，大学生作为高校的利益相关者，首先在思想意识上要明确参与目的，端正参与动机。其次在实践行动上加深对参与动机重要性的认识。如促使学生积极参与学校或学院组织的讲座、座谈会及辩论会等，让学生个体体会到参与教学管理相关活动能够对自身受益。只有明确参与动机才能发挥大学生参与教学管理的作用，最终有利于提高学校的教学质量，然后自身能够获得更好的教学质量，达到实现个体的发展。因此，大学生在参与教学管理活动之前要树立正确的参与目的与参与动机，将自我发展与学校发展紧密相结合，最终促进整体的发展。

3. 提升参与管理能力，强化参与管理行为

大学生参与高校教学管理的能力是实行参与管理实践的前提，大学生只有自身具备了参与能力，才能在实施参与行为过程中胜任。为了提高参与教学管理的工作效率，大学生有必要利用各种途径不断提高自身参与管理的能力，强化参与管理的行为。一方面，为了提升自身参与管理的能力，大学生可以通过多元化的渠道参与到高校提供给学生参与教学管理的平台中，不断加强自身的专业管理知识体系，积累丰富的管理经验，锻炼自身的实践能力。另一方面，大学生要丰富自身的知识储备，如通过课堂或课后学习拓宽知识面。教学管理工作本质上是一种为学生学业服务的工作，这就要求学生首先要不断发展自我管理、自我服务的意识，培养自身参与教学管理的工作热情，然后将其转化为自动自发、由内而外的积极主动参与的过程，最终实现自我教育、自我丰富、自我成长的目的。只有不断提升自身的参与管理能力，才能达到参与教学管理行为的理想效果。

第五节 构建基于学生满意的教学管理创新模式

一、基于学生满意度研究高校教学管理的重要意义

（一）学生满意度视角下研究高校教学管理的理论意义

1. 体现了"以生为本"的理念

学生满意度的视角下研究是"以生为本"理念的具体体现。学生作为高校的主体，从学生的角度出发，有利于发挥学生的主体性。让学生对教学管理进行评价，使学生能够参与到教学管理中，并认识到良好的教学管理，提高了教学质量，对自己的学业及职业发展有促进作用。反之，则会对自己的

学业及职业发展产生负面的影响。学生参与对教学管理的评价，体现了对学生主体性的尊重，激发了学生的主人翁意识，使学生从被管理者的角色转变为评价者的角色，进一步激发学生的学习兴趣和热情，使其能够更好地参与学校的内部管理。

2. 拓展了利益相关者理论在高校教学管理实践中的理论基础

高等教育利益相关者理论是利益相关者理论在教育领域的具体应用。基于学生满意度的视角，深化了高校利益相关者理论在高校教学管理实践中的理论内涵。

美国学者罗索夫斯基在其著作《美国校园文化——学生、教授、管理》中将大学利益相关者进行了等级划分，并且将学生划为最重要的利益相关者。国内学者洪彩真认为利益相关者理论可以运用到高等教育领域，学生作为高等教育服务的顾客，是高等教育的核心利益相关者，高校必须要保护学生的合法权益。高校以学生为主体，坚持从学生的需要出发，为学生提供满意的服务以适应当前社会发展的需要是当前高等教育改革的迫切需求。

3. 维护大学生权利的内在需求

在教育法律法规中，大学生作为受教育的主体享有参加教育教学活动的权利，获得奖、助学金的权利，获得评价的权利等，学生作为高校的主体，作为教育活动的对象，有权利也有义务参与教学管理，并且对教学管理做出相应的评价。学生对教学管理作出的评价是大学生履行其权利的表现。高校让学生对教学管理做出相应的评价能够保障和体现大学生的权利。尊重学生，从学生的角度考虑问题，也是实现大学生权利的内在需求。

（二）学生满意度视角下研究高校教学管理的现实意义

从现有的高校教学管理研究的现状来看，高校教学管理更多的是基于学校的内部管理体制和教学管理人员而进行的一项管理活动。学生作为高校的主体，在高校的教学管理活动中没有得到充分的体现。本书从学生满意的视角分析评价教学管理，从以下几个方面阐述学生对高校教学管理的现实意义。

1. 提升高校教学管理水平

高校教学管理水平的高低，一方面受教学管理的资源条件、人员等客观因素的影响，另一方面也受学生评价的影响。学生对教学管理满意的评价，能够使教学管理人员知道在哪些方面存在问题，哪些方面需要不断地优化，哪些方面需要继续坚持。为教学管理人员提供有针对性的意见，促使教学管理人员更好地服务教学、服务师生，提高教学管理水平。

2. 有利于构建和谐校园文化

学生对教学管理的满意,可以为教学管理人员开展教学服务提供支持,学生对教学管理评价可以更好地激发教学管理人员的服务热情。使学生和教学管理服务人员实现互相促进,共同发展。进一步促进师生之间的和谐,为校园和谐文化的建设提供支持。

3. 保障高校教学质量的需要

高校教学管理质量的高低关系着高校教学质量的高低,良好的教学管理可以为师生提供更好的教学环境,让教师和学生之间交流互动更加地有保障,教师有更多的精力专注于教学,学生更有动力去学习。良好的教学管理可以提高教学管理的质量和效率,使得教学开展的过程更加顺畅,使教学服务价值凸显,保证教学目标顺利地完成。良好的教学管理对提高教学质量以及人才培养质量具有重要的作用,是保障教学质量的需要。

4. 完善现代大学制度的要求

高校教学管理体制创新发展是大学章程的具体表现形式,是完善大学制度的具体措施。现代大学制度下高校教学管理必须转变教学管理理念,突出以人为本,改变现有的教学管理方式方法,变被动服务为主动服务,切实增强学生的存在感和满意度。

二、基于学生满意度的高校教学管理创新对策与建议

高校教学管理是为高校教学服务的,应充分认识到高校教学管理对教师、学生以及学校发展的重要性。高校教学管理的好坏影响着学生对教学管理满意度的评价,影响着学校正常的教学开展,影响着教学质量,一定程度上影响着人才培养的质量,因此必须充分地认识高校教学管理的重要性,强化高校教学管理,提高教学管理水平。

(一) 树立"学生满意"的高校教学管理理念,提高学生满意度水平

管理理念是管理行为的先导,管理理念决定管理行动。树立"学生满意"的高校教学管理理念要求在高校教学管理活动中,坚持以"学生满意"为高校教学管理的行动指南,教学管理工作的最终目的是为了提高教学质量,促进学生的全面发展,提高人才培养质量。

高校教学管理长期以来受传统行政管理体制的影响,形成了一种上传下达命令的管理形式,教学管理者和学生之间的是一种管和被管的角色。学生对于教学管理中的教学计划、课程安排以及教学管理中的各种规章制度大多是被动地接受。随着高等教育的发展,学生作为高等教育的消费者,越来越

重视高等教育提供的服务，越来越看重高校是否符合自己要求，符合自身特点和个性。

针对现今学生的个性和特点，教学管理人员应该转变教学管理理念，树立"学生满意"的高校教学管理理念，在教学日常管理中对教学计划、课程设置、课程安排等方面更多地征求学生的意见。在教学保障管理方面增加学生自习室数量，优化学生自习室环境，满足学生的需求。把学生的需求作为教学管理为学生服务的出发点和落脚点，为学生提供优质的教学管理的服务，增加学生的认同。

贯彻"以师生为本"的服务理念，增强服务师生的主动性。高校教学管理服务的对象为师生，教师和学生作为学校存在的主体，教学管理应该围绕着教师的教和学生的学，为师生提供满意的教学管理，充分发挥教师的主导和指导作用，让教师教得安心。同时将学生看作教学主体，以学生为中心，围绕着学生的学习进行管理，想学生所想，站在学生的角度考虑问题，为学生全面发展提供支持和平台。

（二）创新高校教学管理体制，提高学生学习的积极性和主动性

高校教学管理制度是保障高校教学顺利进行，是教师和学生在高校教学活动所必须遵循的规范和准则，对提升教学质量甚至人才培养质量具有重要的现实意义。对高校的老师和学生具有规范和指导作用。创新高校教学管理体制从以下几点着手。

1. 健全学生参与教学管理的制度

高校教学管理主要针对的是保障教学质量及人才的培养，学生作为培养的主要对象，应该赋予其更多地参与教学管理的权利和义务。高校应该依据现有的教学管理制度，进一步完善校内的相关规章制度，保障学生拥有更多地参与教学管理的机会，使得大学生的需求和愿望得以充分地反映。

一方面，建立相应的机构和组织使得学生能够参与教学管理，保证学生在参与教学管理时有方向、有目标、有重点，提高其参与的兴趣和积极性，深化学生参与的层次，丰富学生参与的形式，提升学生参与教学管理的水平。另一方面，学校应该加强对学生的教育和培训，提升其参与教学管理的能力和水平，能够使学生在参与教学管理时更加的专业化和精细化。学校可以开设相应的课程或者提供更多地参与教学管理的机会，解决学生参与教学管理存在的自身能力水平不足的问题。

2. 完善教师参与教学管理制度

教师参与教学管理制度建设体现在：一方面要保障教师的教学自主权。

使教师可以根据现有的教学资源和条件，制定相应的个性化的教学方法，推进教师在保证教学计划的情况下开设特色课程，鼓励教师的创造性、积极性。允许教师根据自身课程的特点，自主确定考试形式和内容，鼓励老师丰富考试形式和内容。另一方面，高校应该积极鼓励教师参与教学计划、课程设置等教学政策的制订，教师作为教学计划执行者，高校应该更多地听从教师的意见和建议，给予教师更多的支持和鼓励，给予其更多的发展平台和空间。教师参与教学管理是对教师的一种尊重，对教师自身工作的一种肯定，能够促进教师工作的积极性，提高教学管理工作的效能和水平。

3. 加强对教学管理专业人员管理体制建设

高校教学管理人员是教学管理的实施者，其水平和素质决定了教学管理的水平。对教学管理人员的发展，应该有一整套完整的选拔、聘用、考核制度。注重对教学管理人员职前、职后的教育培训，使教学管理人员的专业化程度更高、综合业务素质能力更强、教学管理水平更突出，满足教师和学生的需求。

（三）创新高校教学管理方式，提高服务学生的效率和水平

高校教学管理方式随着社会和高校的发展而不断地变化。突出地表现在更加地注重信息化管理，更加地注重精细化管理。

一是利用互联网推进教学管理创新。利用信息化建设使高校教学管理更加方便快捷，教学管理手段方式得到创新。利用互联网提供的大数据，分析教学管理存在的问题，及时解决问题。同时利用互联网在教学管理的应用，对可能出现的教学管理问题作出预防。用互联网分析教学管理尤其是考核评估中存在的问题，有针对性地提出相应的解决措施。

二是注重教学管理的精细化。教学管理突出的是服务性，不同的学生由于个性特点不同，其要求也不同，为了提高教学管理服务的水平，满足不同学生的需求，必须更加注重教学管理的精细化，注重教学管理在不同学院、不同专业的差异，促进教学管理更加差异化、特色化，更加地有针对性。

三是教学管理手段多样化。教学管理不仅仅需要专业的管理人员，更需要学校各个部门、各个组织共同参与。除了传统的行政制度手段外，更要发挥适应学生特点的管理手段，比如开设与教学管理相关的讲座，组织开展教学管理服务学生活动，让学生了解并且参与其中，促进教学管理的顺利实施，拉近教学管理与学生之间的距离。

（四）提高教学管理人员专业化水平，使其能够更好地服务学生

高校教学管理人员作为直接的教学管理主体，提高教学管理水平必须有一支高素质和高水平的管理队伍。具体来说，需要做到以下几点。

一是加强对高校教学管理人员在职业和素质方面的培训力度，提高教学管理人员的综合素质能力。提升教学管理专业人员的责任意识、服务意识以及创新性和积极性，从思想和理念上提高其认识水平。

二是增强高校教学管理人员业务水平，努力形成一支既懂得高校教学管理相关的理论知识，也善于从事高校教学管理实践，具有创新性和开拓性的教学管理人员。形成一支完善的教学管理队伍，对于推动高校教学管理创新发展，提升其专业化水平具有重要的实践意义。

三是建立完善的聘用体系，注重对教学管理人员专业化的考核及培训，强调管理人员职业能力的培养，促进高校教学管理人员走职业化的发展道路，适应高校教学管理发展的需求，提升教学管理质量。

四是建立切实、完善的激励、考核、淘汰、晋升机制，充分激发教学管理人员的积极性和创造性，使教学管理人员有压力也有动力，有危机感也有责任感和成就感，使得对教学管理工作人员的管理有规可依、有章可循。促进管理人员自我完善、自我激励、自我发展、自我进步，以高素质、高能力、高水平的专业性服务教学、服务师生、服务学校发展，以适应高校教学管理发展的需要，推动教学管理质量上升，使教学管理更加科学、更加全面。

（五）创新教学管理质量考核方式，促进学生的多元化发展

一是要多角度考核。针对教师、学生、教学管理人员的考核不能仅仅看量化的分数，还要看其在素质能力等其他方面的表现，综合考虑，全面、多层次、多角度地实行考核，加强对其综合性的评价。

二是引进第三方评价机制。引进第三方的评价机制，促进教学管理考核的公正性和客观性，推动教学管理人员不断地改进工作方式、方法，提高学生满意度。

参考文献

[1] 安心. 高等教育质量保证体系研究 [M]. 兰州：甘肃教育出版社，1999.

[2] [美] 伯顿·克拉克. 高等教育新论——多学科的研究 [M]. 王承绪，译. 杭州：浙江教育出版社，2001.

[3] 陈玉琨. 高等教育质量保障体系概论 [M]. 北京：北京师范大学出版社，2004.

[4] 陈玉琨. 发展性教育质量保障的理论与操作 [M]. 北京：商务印书馆出版，2006.

[5] 陈玉琨. 教育评价学 [M]. 北京：人民教育出版社，1999.

[6] 陈玉琨. 中国高等教育评价论 [M]. 广州：广东高等教育出版社，1993.

[7] 陈玉琨，代蕊华，杨晓江，等. 高等教育质量保障体系概论 [M]. 北京：北京师范大学出版社. 2004：6-15.

[8] 房剑森. 高等教育发展论 [M]. 桂林：广西师范大学出版社，2001.

[9] 江彦桥. 高等学校教学质量保证体系的研究与实践 [M]. 上海：上海外语教育出版社，2002.

[10] 江彦桥，赵伟建，付克阳. 高等学校教学质量保证体系的研究与实践 [M]. 上海：上海外语教育出版社，2003.

[11] 孔繁敏. 建设应用型大学之路 [M]. 北京：北京大学出版社，2006.

[12] 刘凤泰，李进才. 本科为本 质量为先——新建普通高等学校发展及本科教学工作评估研究 [M]. 北京：高等教育出版社，2013.

[13] 冒荣，刘义恒. 高等学校管理学 [M]. 南京：南京大学出版社，1997.

[14] 王立人，顾建民. 国际视野中的本科应用型人才培养 [M]. 杭州：浙江大学出版社，2008.

[15] 王前新，刘欣. 新建本科院校运行机制研究 [M]. 北京：科学出版

社，2007.

[16] 王淑义."职业导向，形式多元"教学模式研究［M］.北京：北京理工大学出版社，2013.

[17] 吴志宏.学校管理理论与实践［M］.北京：北京师范大学出版社，2002.

[18] 肖晓春.人性化管理沟通［M］.北京：中国经济出版社，2008.

[19] 熊志翔.高等教育质量保障体系研究［M］.长沙：湖南人民出版社，2002.

[20] 薛天祥.高等教育管理学［M］.桂林：广西师范大学出版社，2001.

[21] 薛天祥.高等教育管理学［M］.上海：华东师范大学出版社，1997.

[22] 杨式毅.高等学校教学管理的基础建设，高等教育教学改革［M］.北京：高等教育出版社，1995.

[23] 俞仲义，刘守义，朱方来，等.高等职业技术教育实践教学研究［M］.北京：清华大学出版社，2004.

[24] 约翰·布伦南，特拉沙赫.高等教育质量管理［M］.上海：华东师范大学出版社，2004，

[25] ［美］约翰·杜威.道德教育原理［M］.王承绪，译.杭州：浙江教育出版社，2003.

[26] 毕育恺.提高大学生社会实践能力的教育管理模式探析［J］.理论界，2013（3）：197-199.

[27] 薄建国，王嘉毅.高等学校去行政化：内部权力结构的重构［J］.现代教育管理，2012（5）：21-25.

[28] 崔兴凯，武艳艳，李占雷.新时期高校教学管理队伍专业化建设的研究［J］.高教高职研究，2007（4）：8-9.

[29] 单贺年.教育管理模式的创新研究［J］.佳木斯教育学院学报，2012（6）：270-272.

[30] 邓义桂.以人为本的高校教学管理理论探析［J］.西南农业大学学报（社科版），2009（6）：215-218.

[31] 冯巍，冯译明，傅伟韬.核心价值体系铸魂 知行统一文化育人［J］.吉林医药学院学报，2013（2）：158-160.

[32] 工明莉.论高校教学管理目标及其科学设置［J］.世界教育信息，2011（9）：66.

[33] 郭超.新建本科院校的转型发展与办学定位研究［J］.职教论坛，

2016 (17): 58-62.

[34] 郭玟, 徐锋. 创新教育管理工作机制, 大力培养创新型合格人才 [J]. 赣南医学院学报, 2008, 28 (5): 773.

[35] 候威. 高等教育质量保证机制的国际比较 [J]. 外国教育研究, 2002 (10): 43-47.

[36] 胡生泳. 教育管理理论发展与实践中的问题及对策 [J]. 中国成人教育, 2014 (2): 43-44.

[37] 李建辉, 詹曙盟. 论高等学校教学质量管理体系的构建与运作 [J]. 大学研究与评价, 2007 (6): 37-41.

[38] 李丽, 白东清, 乔秀亭. 关于高校系级教学管理的思考 [J]. 科技创新导报, 2010 (2): 19.

[39] 李明枝. 论审核评估视角下高校教学质量保障体系的重构 [J]. 北京教育, 2015, 7 (8): 103-105.

[40] 李楠, 王延川, 中建军, 等. 创新实践教育模式的探索 [J]. 电气电子教学学报, 2014, 36 (3): 80-82.

[41] 李庆丰, 章建石. 高校教学质量保障体系的理论构建 [J]. 中国高等教育, 2008 (11): 33-35.

[42] 李亚东. 我国高等教育质量保障体系的建构 [J]. 中国高等教育评估, 2004 (1): 46-49.

[43] 李勇, 宋远航. 构建高校内部教学质量保证和监控体系的分析与探讨 [J]. 中国高教研究, 2001 (4): 55-56.

[44] 李志平. 新建本科院校本科教育基本特征研究 [J]. 中国高教研究, 2004 (9): 2.

[45] 潘家耕. 谈谈实践教育体系的构建 [J]. 教育与现代化, 2007 (4): 23-27.

[46] 彭旭. 试论新建地方本科院校教学质量监控体系 [J]. 黑龙江高教研究, 2012 (6): 170-172.

[47] 钱素平. 论新建本科院校教学质量保障体系的构建 [J]. 莆田学院学报, 2013 (6): 80.

[48] 乔东, 李海燕. 从模式管理到实践管理: 管理思想哲学基础反思 [J]. 山东师范大学学报 (人文社会科学版), 2005, 50 (4): 15-19.

[49] 邱均平, 徐蕾. 应用技术型大学人才培养质量的内部保障 [J]. 重庆大学学报 (社会科学版), 2017 (1): 71-75.

[50] 王海燕．从预设走向生成的课程本质［J］．教学与管理，2008（30）：72-73．

[51] 王建华．高等教育质量研究——管理的视角［J］．高等教育研究，2009（2）：1-9．

[52] 肖芬．审核评估背景下高校内部质量保障体系的重构［J］．黑龙江教育，2015（11）：62．

[53] 肖菊蓉．论高校院系教学管理创新策略［J］．邢台职业技术学院学报，2000（3）：19-21．

[54] 许丽英．对建立以人为本的高校教学管理制度的思考［J］．福建农林大学学报（哲学社会科学版），2004，7（4）：53-56．

[55] 杨彩卿，霍新怀．以培养学生职业能力为中心的实践教学目标体系的构建［J］．教育与职业，2012（18）：40-42．

[56] 杨彩霞．新建本科院校内部教学质量保障体系探析［J］．高教发展与评估 2010（3）：69-76．

[57] 姚新良，茶世俊．略论大学生参与教学管理［J］．大学教育科学，2006（4）：47．

[58] 余青明，孙超．加强教学信息员队伍建设，促进教学质量提高［J］．科教文汇，2007（1）：13．

[59] 张国义．创新教育管理的实践与思考［J］．当代教育科学，2005（18）：47-49．

[60] 张利庆．全面质量管理与高校教学质量保障体系的构建［J］．广东经济管理学院学报，2003（4）：84-88．

[61] 张晓鹏．审核评估：最为个性化的高等教育评估模式［J］．上海教育，2009（20）：36-37．

[62] 张晓鹏，姜沽．美国的高等教育审核评估——以田纳西州为例［J］．中国大学教学，2011（9）：92-95．

[63] 赵强．新建地方本科院校参与新一轮评估的几点思考［J］．北京城市学院学报，2015（4）：70-73．

[64] 朱烈，王祥．高校二级院系教学管理中存在的问题和措施［J］．教育研究，2007（12）：215-216．

[65] 卞钮．新建应用型本科高校实践教学研究［D］．南京：南京师范大学，2011．

[66] 茶世俊．高校学生参与教学管理模式研究［D］．长沙：中南大学，2001．

[67] 丁丽军．基于AUQAD的澳大利亚高等教育质量保障模式研究［D］. 上海：华东师范大学，2010：11.

[68] 李树林．技术本科教育实践教学体系研究［D］. 上海：华东师范大学，2009.

[69] 刘品．新建地方本科院校实践教学体系研究［D］. 南昌：江西师范大学，2012.

[70] 沈美娟．论大学生参与教学管理的理论与实务［D］. 上海：同济大学，2008.

[71] 张闯．我国应用型本科教育实践教学研究［D］. 南昌：南昌大学，2007.

[72] 张郭红．大学生参与高校管理的研究［D］. 广州：华南理工大学，2010.

[73] 张晋．高等职业教育实践教学体系构建研究［D］上海：华东师范大学，2008.

[74] 庄乾杰．大学生参与高校民主管理的现状研究［D］. 南昌：南昌大学，2012.

后 记

在学校"桂林航天工业学院2018年度教学改革研究"项目基金的资助下，在本部门领导的大力支持下，在课题组同仁的共同努力下，这本书终于如期出版了。

我记不清经历了多少没有周末的日子，多少加班加点的夜晚，当听到这本书即将付梓印刷的消息时，感觉所有的辛苦都是值得的。

希望这本书能起到抛砖引玉的作用，能对新建本科院校教学质量保障体系研究有所裨益，能对新建本科院校教学管理创新研究有所促进，能对提升新建本科院校人才培养质量有所贡献。

基于本项研究成果，我校正在初步构建"全过程管理保障、全方位资源保障、全员参与保障和闭环监控"的"三全闭环"教学质量保障体系，作为研究者，最为期待的就是自己的研究成果能在实践中加以应用推广，本成果在学校质保体系建设中的实践情况，期待能有机会再总结出版。

感谢本部门张立国处长在本书撰写过程中提供的大力支持，感谢课题组成员李兴富教授、程丽华副教授、刘新良副研究馆员、张雪老师对本书提出的宝贵意见。

本书如有这样、那样的不足之处，敬请各位读者批评、指正，我们将在再版时一一改正。

刘 伟

2019年4月